# 중국 고대의 환관

르언훙(任 洪) 지음
이상천(李商千) 옮김

UUP

中國古代的宦官
任洪 著
商务印书馆国际有限公司



# 중국 고대의 환관

2009년 8월 11일 초판 인쇄
2009년 8월 20일 초판 발행

지은이 | 르언홍
옮긴이 | 이상천
발행인 | 김도연
발행처 | UUP(울산대학교출판부)
출판등록 | 제 370-1996-000001호(1996.3.13)
홈페이지 | http://uup.ulsan.ac.kr
주소 | 680-749 울산광역시 남구 대학로 102(무거동)
울산대학교 출판부
전화 | (052) 259-2488
팩스 | (052) 277-3011
편집 · 표지 디자인 | 지미정 · 김수연

값 10,000원


* 이 도서의 국립중앙도서관 출판시도서목록(CIP)은 e-CIP 홈페이지(http://www.nl.go.kr/ecip)에서 이용하실 수 있습니다.
(CIP제어번호: CIP2009002334)

*ISBN 978-89-7868-183-4*

## 저자 서문

환관(宦官)을 시인(寺人) · 엄인(閹人) · 환자(宦者) · 중관(中官) · 내관(內官) · 내신(內臣) · 내시(內侍) · 내감(內監) · 태감(太監) 등으로도 칭했는데, 특히 거세된 남성을 지칭하던 단어들이었다. 영화나 TV 연속극에서 수염 없는 얼굴, 보드라운 피부, 또 여자처럼 날카로우면서도 약간은 쉰 듯한 목소리를 가진 이들을 쉽게 만나볼 수 있다. 그들이 권력을 전횡하거나 혹은 굽실거리며 아첨하는 모습은 사실 별로 좋은 느낌은 아니다. 당(唐) 현종(玄宗) 때의 고력사(高力士)나 자희(慈禧)태후 주변의 이연영(李蓮英)과 소덕장(小德張) 같은 사람들이 바로 권세를 누렸던 환관들이었다.

환관은 중국에만 있었던 것이 아니라 외국에도 있었다. ≪성경 · 마태복음≫ 중에 "처음부터 엄인으로 태어난 자도 있고, 다른 사람의 손에 의해 거세된 자도 있고, 천국을 위해 스스로 거세한 자도 있다. 그를 받아들일 수 있다면 받아들이거라."라는 기록이 있다. 기록에 의하면 기원전 1450~1250년 사이에 아시리아 제국의 왕궁 안에서 오로지 후궁만을 위해 일하는 거세된 노예가 있었다고 한다. 기원전 5세기에 키루스 대제는 거세된 노예를 이용하여 자신을 보위하게 하였다. 그는 거세된 노예들은 가정과 거리가 먼 데다 결혼해서 아이를 낳을 수도 없고 혈육간의 정도 문제될 것이 없으니 자신들의 주인에게 충성을 다할 수 있을 것이라고 여겼다. 페르시아 제국 시절에는 거세되어 옥에 갇히는 죄수야 흔한 일이었다. 그리스의 유명한 역사학자 헤로도투스는 페르시아 사람 중에 거세된 자들은 대부분 잘 생긴 죄인들이었다고 기술하였다. 페르시아의 왕 테리우스는 바빌론 왕국과 아시리아에 잔존하던 왕국들에게 500명의 거세된 노예를 바치도록 요구한 적이 있는데, 거세된 노예를 파는 행위도 이때부터 시작되었던 것 같다. 예컨대 이탈리아의 어떤 사람은 전문적으로 어린애들을 거세시켜 교회 성가대의 소프라노 가수로 양성하거나 유럽 각지의 오페라 극장에다 팔아 넘기기도 하였으며, 로마와 그리스 그리고 아랍의 일부 국가에서는 거세된 노예들이 매매되거나 후궁에서 종사하거나 귀부인들의 정부로 길러지기도 하였다. 19세기 말에서 20세기 초에 이르러 몇몇 제국이 멸망하면서 엄인들도 비로소 종적을 감추게 되었다.

중국의 환관은 대략 기원전 8세기의 주(周)나라에서 생겨났다. 고대의 천문역법을 논술한 ≪성경(星經)≫에 "환이라는 것은 네 개의 별인데 임금자리의 서쪽에 있다.(宦者四星, 在帝座之西.)"라는 기록이 있다. ≪주례(周禮)≫에 "궁중의 소신은 왕후의 명을 관장하고, 왕후가 출입할 때 앞에서 길을 안내한다.(內小臣掌王后之命. 后出入, 則前驅.)"라고 했는데, 그 주석에 "이 소신은 엄인으로, 왕후에게 길을 안내하는 것이 그의 일상이다.(此小臣, 是奄人, 與后導道是其常也.)" [≪십삼경주소(十三經注疏) · 주례주소(周禮注疏)≫ 권7]라고 하였다. 또 "시인은 왕의 내인들을 관장하고 ......천자의 비빈들을 보좌하고 예에 관계되는 일들을 관리하였다.(寺人掌王之內人......佐世婦治禮事.)"라고 했는데, 그 해설에 "......시인은 거세한 남자들이었기 때문에 비빈인 세부를 보좌하고 장례에 관한 일이나 예에 관한 일들을 관리해야 했다.(以寺人是奄者, 故得佐世婦治喪事、禮事.)"라고 하였다. 이밖에 ≪시경(詩經) · 소아(小雅) · 모서(毛序)≫에 "항백은 유왕을 풍자한 시로, 시인이 중상모략에 폐해를 받았기 때문에 이 시를 지었다.(巷伯, 刺幽王也. 寺人傷于讒, 故作是詩也.)"라고 하였다. 시인과 항백은 모두 환관을 일컫는 말인데, 이것은 아마도 중국의 역사서에서 환관에 관해 언급한 것 중 가장 빠른 기록일 것이다. 이로부터 이 전제주의(專制主義)제도의 희생자인 환관들은 지옥에 떨어지거나 혹은 단번에 높은 지위에 오르기도 하면서 2000년이 넘도록 중국 역사의 거대한 무대 위에서 놀라운 활극을 연출하였다. 아래에서 역사의 궤적을 따라 중국 환관들의 고락과 영욕을 더듬어 볼 것이다.

# 옮긴이 서문

이 책에서 다루고 있는 것은 우리가 흔히 사극에서 보아 왔던 내시에 대한 이야기이다. 요즘으로 말하자면 남성으로 태어났지만 자신의 성 정체성에 의문을 품고 있다가 수술이라는 수단을 통해 여성으로 재탄생되는 소위 트랜스젠더와 흡사하다고 하겠다. 그러나 이 트랜스젠더는 자신의 본성에 대한 의구심 때문에 자원하여 외형적인 남성을 제거하고 여성화되는 것이지만 내시란 군주제 역사 속에서 사회적으로 절대약자에 속하는 집단에서 그야말로 생계의 한 수단으로 자의 또는 타의에 의해 성이 전환된 계층으로 사실 여성화 욕구와는 거리가 먼

사람들이다.

이들은 주로 어릴 때에 성을 전환하고 임금이 거처하는 궁으로 들어가 평생을 복역하다 늙어서야 출궁 당하는 그야말로 남자도 여자도 아닌 제3의 성으로 치부되는 소모품과 같은 존재였다. 그러나 절대 권력자와 그의 수많은 비빈들은 일상생활의 모든 것을 이들에게 의존해야만 가능했다고 하니 천한 처지와는 어울리지 않는 최측근자라는 신분은 간혹 현실 정치에 기형적 형태로 반영되기도 하였다. 그 예로 당 현종이 양귀비와 사랑에 빠지면서 정치적 권한을 최측근 내시였던 환관 고력사에게 내어준 것을 들 수 있다. 고력사는 현종이 방탕한 생활에 탐닉하고 있는 동안 절대 권력을 이용하여 조정을 좌지우지하고 온갖 수단으로 사리사욕을 채운 탓에 결국 안사의 난을 초래하여 역사상 가장 찬란한 문명을 구가했던 제국을 다시는 회복할 수 없는 지경으로 밀어 넣고 말았다. 또 하나 최측근자로서의 총애를 바탕으로 역사에 큰 업적으로 보답한 경우도 있었다. 그 일례로 명나라 성조 때의 환관 정화를 들 수 있다. 그는 명나라의 영향을 확대하려는 황제의 뜻을 받들어 보선 62척을 건조하여 2만 7천 8백 명을 이끌고서 서사군도를 비롯한 동남아 지역의 방문을 기점으로 모두 일곱 차례에 걸쳐 아프리카 동부해안에 이르기까지 콜럼부스가 신대륙을 발견한 것보다 무려 87년이나 빨리 해양을 정복하며 인류 항해사에 큰 족적을 남겼다.

이렇게 악당으로든 영웅으로든 한 시대를 풍미했던 내시들은 왕조사에서 늘 있어왔지만 역사에서 그들은 늘 어둠의 한편에 방치되거나 의도적으로 무시되어왔다. 전제군주 역사에 있어 주체는 당연히 절대 권력자를 중심으로 하는 통치 집단이겠지만 그들의 그림자는 바로 이들 내시였다. 최고 권력자가 성실할 때 내시는 그림자로서 그 역할에 충실했지만 최고 권력자가 황음무도하거나 통치 능력이 부족할 때면 내시는 곧 권력의 중심이 되어 온갖 악행을 저질렀다. 이들 내시들과 결탁했던 자들은 권력구도 속에서 좀 더 유리한 고지를 차지할 수도 있었고, 그렇지 못한 자들은 권력층에서 밀려나거나 죽임을 당하는 경우도 있었다. 이처럼 내시들은 권력구도에 지대한 영향을 끼쳤지만 학술적 연구에서 이런 점들이 제대로 다루어지지 않는 것은 안타까운 일이다. 이렇게 된 데에는 아마도 그들이 자신들의 불완전한 몸에 대한 지독한 열등감과 부모형제는 물론 남에게까지 인간적인 대우를 얻어내지 못한 것도 하나의 원인일 것이고, 또 승자의 기록이라는 역사의 속성 때문에 알게 모르게 방치된 것도 하나의 원인일 것이다.

이런 점에서 이 책은 내시의 연원에서 소멸까지 통사적으로 통찰하고 있어 일반인들에게는 역사 이면의 흥미를 제공하는 동시에 학술적 연구에는 개론적 이해를 제공할 수 있다는 점이 최대의 성과라고 할 수 있을 것이다. 근년 들어 중국의 중앙텔레비전방송국 CCTV의 "백가강단(百家講壇)"이라는 프로그램에서 ≪삼국지≫, ≪논어≫, ≪장자≫ 등의 고전을 강연하여 선풍적인 인기를 얻은 적이 있다. 나도 이 책을 통해 독자들에게 중국인과 중국역사에 대해 또 다른 측면을 소개할 욕심으로 미력이나마 경주해 보긴 했지만 독자들의 기대에 얼마나 부응할 수 있을지 심히 염려스럽다.

2009년 5월
마장골에서 옮긴이
문학박사 이상천

## ■ 일러두기

1. 이 책은 1997년 3월에 출간된 ≪중국고대환관(中國古代宦官)≫(北京: 商務印書館國際有限公司, 134쪽 10만 자 분량)을 우리말로 옮긴 것이다. 원서는 임홍(任洪)이 편찬한 것이다.
2. 원서는 중국식 약자인 간체자(簡體字)로 되어 있는데, 이 책에서는 모두 정자(正字)라고 할 수 있는 번체자(繁體字)로 바꾸었다.
3. 원서의 본문이나 인용 예문에서 문맥상 오자가 명백하다고 판단되는 것은 원전을 확인한 뒤 바로 수정하여 번역하였다. 또한 원문의 내용을 이해하는 데에 보충할 부분은 모두 옮긴이의 주석으로 처리하였다.
4. 이 책의 번역문은 가능한 한 원문의 틀을 유지하여 충실히 옮기려고 노력했지만 번역문의 유창함을 위해 만연체로 너무 긴 문장은 두 세 문장으로 나누거나 단락으로 구분하였다.
5. 원서에서 인용문의 경우 독자들의 이해를 위해 가능한 한 ( ) 속에 넣어 번역문과 함께 병기하는 것을 원칙으로 했으나 저자의 이해를 바탕으로, 명백한 현대 중국어로 인용문 처리를 했을 경우는 생략하기도 하였다.
6. 중복 출현하는 인명이나 시호 혹은 서명이나 지명의 경우 반복 사용을 피했지만 장이 바뀔 때 이해의 편리를 돕기 위해 다시 병기하기도 하였다.
7. 원서에서 밝히지 않은 인물의 생졸년이나 연호사용 연대도 가급적 믿을 만한 사전에 근거하여 보충하였다.
8. 이 책에 쓰인 주요 부호는 다음 원칙에 따랐다.

   · 병렬할 때
   
   " " 인용할 때
   
   ( ) 인용원문을 제시하거나 한자를 표기할 때
   
   ≪ ≫ 책이름을 표기할 때
   
   < > 편명을 표기할 때
   
   [ ] ( )로 이중처리 될 부분의 혼동을 피할 때

# 차례

## 인간의 참극-환관의 기원

최초에는 환관(宦官)을 모조리 엄인(閹人)들로만 채웠던 것도 아니었고 엄인들 또한 꼭 환관이 되었던 것도 아니었다. 앞에서 언급했던 외국의 엄인들은 가노(家奴)이거나 후궁을 위해 일하거나 예인(藝人)이거나 하였다. 중국도 동한(東漢) 이전에는 이와 같았다. 엄인 중에 어떤 자는 환관이 되어 왕실을 위해 일했다. 예컨대 ≪사기(史記)≫에 제(齊)나라의 환공(桓公)이 엄인 수조(豎刁)라는 자를 재상으로 삼으려고 했다는 기록이 있다. 관중(管仲)이 중병을 얻게되자 제 환공은 그에게 "신하들 가운데 누가 그대를 이어 재상이 될 수 있겠소?" "수조라는 사람이 어떠하오?"라고 물었다. 관중이 대답하기를 "군주 곁에 접근하고자 스스로 거세하는(自宮) 방법은 보통 사람들의 정리에 어긋나는 일이오니 믿기 힘든 사람입니다"라고 하였다. 형벌로 엄인이 된 사람도 있었지만 환관이 되지는 않았다. 대 사학자로 꼽히는 사마천(司馬遷) 같은 사람은 흉노(匈奴)에 투항한 이릉(李陵)을 변호하다 궁형[宮刑; 부형(腐刑)이라고도 함]에 처해졌다. 궁형(宮刑)이라고 하는 것은 남자일 경우는 거세(去勢; 고환을 제거하는 것으로 勢는 사람과 동물의 고환을 이름)시키고, 여자일 경우는 유폐(幽閉; 난소를 제거함 -옮긴이)시키는 것으로, 중국 고대 5대 형벌(五刑) 중의 하나였다. 사마천은 치욕을 참으며 분발하여 천고의 명작인 ≪사기≫를 완성하였다. 사마천은 사관(史官)이었지 환관은 아니었다. 한(漢) 효무제(孝武帝)가 총애했던 이연년(李延年)도 궁형을 받았는데, 그는 "노래를 잘 해 새로 변화한 음률을 만들었다. 임금이 바야흐로 하늘과 땅에 제사 드릴 사당을 짓고 악시를 만들어 음악에 맞추어 노래하게 하려고 하였다.(善歌, 以變新聲, 而上方與天地祠, 欲造樂詩歌弦之.)"(≪사기 · 영행열전(佞幸列傳)≫) 이연년은 천재성을 가진 음악가였다. 한나라 초기에는 "중상시라는 관직을 두기는 했지만(置中常侍官)" "사인들도 중상시관의 선발에 참여하여 임명되기도 했는데, 그들은 모두 은과 옥 혹은 담비의 꼬리로 장식한 관을 쓰고 궁중에서 봉직하였다.(然亦引用士人, 以參其選, 皆銀璫左貂, 給事殿省.)"(≪후한서(後漢書) · 환자열전(宦者列傳)≫) 동한이 "중흥하던 초기에는 엄인들만을 환관으로 기용하고 더 이상 난잡하게 다른 관리들을 선발하지 않았다.(中興之初, 宦官悉用閹人, 不雜調它士.)" 한 명제(明帝)

영평(永平) 연간(58~75)에야 비로소 환관의 수를 규정하여 중상시(中常侍) 4명, 소황문(小黃門) 10명을 두게되는데, 이후로 환관의 수가 나날이 증가하여 명대(明代)에 이르러 가장 많을 때는 10여만 명에 달하기도 하였다. 청(淸)나라 말기 자희(慈禧)태후 때까지만 해도 3,000여명이 있었고, 민국(民國) 11년(1922) 선통(宣統)황제 주변에 여전히 1,137명이 있었다고 한다. 마지막 황제였던 부의(溥儀)의 기억에 의하면 2차 세계대전이 끝난 후 그가 다시 황제의 자리에 앉았을 때도 주변에 여전히 10명의 태감(太監)이 남아있었다고 한다.

그렇다면 역대 왕조에 이렇게 많은 환관들이 어떻게 만들어졌을까? 이에 대해 다음의 몇 가지로 나누어 볼 수 있다.

첫째, 죄인이나 전쟁중의 포로들로서 강제로 거세된 자들이다. 갑골문(甲骨文)의 “”자는 그림상으로 보면 한 쪽은 칼이고 다른 한 쪽은 남성의 생식기로, 바로 거세를 의미한다. 사서에 은(殷) 왕조의 임금 무정(武丁)이 일찍이 서북의 귀방(鬼方)과 강방(羌方)에 군대를 보내 잡아 온 포로 전부를 거세했다는 기록이 있다. 만력(萬曆; 1573~1619) 연간에 심덕부(沈德符; 1578~1642)가 민간에서 얻은 얘기들을 엮어 만든 ≪만력야획편(萬曆野獲編)≫이라는 책의 기록을 보자. 명나라 영종(英宗) 천순(天順) 연간에 귀주(貴州)를 정벌했을 때 포로의 대부분이 묘족(苗族) 사람들이었다. 그 당시에 호광(湖廣)지방과 귀주(貴州)지방을 지키던 환관 완양(阮讓)이라는 자가 잡혀온 1,565명의 어린애들을 거세했는데, 그 중 329명이 죽게되자 어쩔 수 없이 사람을 사다 그 수를 채웠다고 한다. 중국 고대의 5대 형벌에는 상(商)나라와 주(周)나라 때의 이마에 글자를 새기고 먹물을 바르는 묵형(墨刑)·코를 베는 의형(劓刑)·발을 자르는 비형(剕刑)·생식기를 자르는 궁형(宮刑)·사형에 처하는 대벽(大辟)이 있었다. 궁형은 바로 남성의 생식기를 잘라내는 것["정신(淨身)" 혹은 "거세(去勢)"라고도 함]이었다. 진시황(秦始皇) 때는 "궁형을 받은 무리 70여만 명(隱宮刑徒七十餘萬人)"을 징발하여 능묘(陵墓)와 궁전을 축조하게 하였고, 서한(西漢) 경제(景帝)는 "무리들을 사면하여 양릉을 만들도록 했는데, 사형수들 가운데 부형을 원하는 자에게도 거세를 허락하였다.(赦徒做陽陵者, 死罪欲腐者, 許之.)" 동한 초년 광무제(光武帝) 유수(劉秀) 때는 죽을죄를 저지른 죄수들을 엄인으로 만드는 형벌에 처하였다. 나중에는 반역죄도 궁형에 처했는데, 역대로 대부분 이를 따라하였다.

둘째, 각지에서 공물로 조정에 진상된 자들이다. 황실에서 사용할 옷감·음식재료·일상용품·놀이용품 등등은 모조리 전국 각지에서 진상되어왔다. 그래서 환관이 되는 엄인들 중 일부는 지방에서 진상된 자들이었다. 예를 들면, 당대(唐代)의 광동(廣東)·광서(廣西)·복건(福建) 등 소위 "오랑캐 땅(蠻荒之地)"에서는 행정장관이 조정에 잘 보이려고 현지의 아이들을 잡아다 강제로 거세시켜 황궁으로 보냈다고 한다. 당(唐) 현종(玄宗)의 총애를 받았던 대환관 고력사(高力士)가 바로 영남토격사(嶺南討擊使) 이천리(李千里)가 바친 "역사(力士)"와 "금강(金剛)"이라는 두 명의 어린 내시 중의 하나였다. 당대에는 광동 지방에 남한국(南漢國)이라고 하는 환관의 공급지가 출현할 정도였다. 이 작은 왕국은 엄인만을 임용했는데, 어떤 자들은 관리가 되기 위해 자발적으로 거세를 요구하기도 해서 이 지역에 2만 명이 넘는 엄인들이 집중되기도 하였다. ≪신당서(新唐書) · 환자전(宦者傳)≫은 "여러 도에서 해마다 '사백'이라고 부르는 어린 내시들을 바쳤는데, 민령이라는 곳이 가장 많았으며, 후에 모두 궁중에서 일을 맡게 되자 그 당시에는 민 지방을 환관 지역이라고 하였다.(諸道歲進閹兒, 號'私白', 閩嶺最多, 後皆任事, 當時謂閩爲中官區藪.)"라고 기록하였다. 명대(明代)에도 이런 기록이 있는데, ≪명사(明史) · 기강전(紀綱傳)≫은 "거세한 집안의 자식들 수백 명이 근신에 충당되었다.(腐良家子數百人充左右.)"라고 적고 있다. 또 ≪만력야획편보유(萬曆野獲編補遺)≫ 권1 <엄유동(閹幼童)>조에는 정통(正統) 연간(1436~1449)에 복건총병영양후(福建總兵寧陽侯)였던 진무(陳懋)라는 자가 거세한 어린아이 108명을 진상하였고, 경태(景泰) 연간(1450~1456)에 복건 지역을 지키던 우감감승(右監監丞) 대세보(戴細保)라는 자가 거세한 어린아이 진석손(陳石孫) 등 59명을 진상하자 황제는 사례감(司禮監)으로 보내도록 명하였다고 적혀 있다.

셋째, 스스로 거세한 자, 즉 자궁(自宮)이다. 전국(戰國) · 진(秦) · 서한(西漢) 시기에 자궁을 했던 환관이 있었다는 기록은 없고, 후한(後漢) 말기로 접어들면서 처음으로 자궁한 사람들이 출현한다. 한나라 화제(和帝) 때 "등태후가 여왕의 신분으로 정권을 잡았지만 정치적인 일이 무척 번잡하였다. 조정의 신하들이 국사를 논의하고자 해도 내궁으로 들어갈 방법이 없었다. 칙령을 내려도 내궁의 밖으로 전해지지 못하자 어쩔 수 없이 환관을 임명하여 국정을 맡길 수밖에 없었다.(鄧太后以女主臨朝, 而萬機殷遠, 朝臣國議, 無由參斷帷幄, 稱制下令, 不出房闈之間, 不得不委用刑人, 寄之國命.)"(≪후한서 · 환자열전≫) 등태후가 엄인들을 중용했던 일은 후한 때 스스로 거세하고 출세하기를 바랐던 자들이 출현하게 된 원인으로 작용되었을 것이다. ≪후한서 · 환자열전≫은 "강력한 권력을 가진 자들에게 빌붙기를 바라는 자들은 모두 거세하고 나서야 출세하였다.(希附權强者, 皆腐身熏子, 以達.)"라고 하였다. ≪구당서(舊唐書) · 환관(宦官)≫ 중에도 많은 기록이 남아 있다. 양사욱(楊思勖)과 이보국(李輔國) 등과 같은 환관들은 다 환관에 의해 양아들로 길러진 "젊은 내시(少閹)"였다. 송대(宋代)에 이르러서는 자궁한 자들이 적지 않아서인지 송 태조(太祖)는 관리들의 집에서 사사로이 엄인을 양성하거나 민간에서 어린애들을 매매하는 엄인들은 사형에 처할 것이라고 경고하였다. 그러나 후에 또 규정하기를 일반적으로 자궁하고 환관이 되고자 원하는 이들은 병부(兵部)로 가서 등록한 다음 길일을 택해 거세하고 후궁에서 채용할 날에 대비한다라고 하였다.

명대(明代)에는 환관들이 나라의 권력을 쥐고 권세를 휘두르게 되자 많은 사람들은 환관을 축재와 득세의 지름길로 여겨 스스로 거세하거나 어린아이를 거세시키는 경우가 많았다. ≪일지록(日知錄)≫의 기록에 따르면 명나라 경태(景泰)연간에 어떤 사람이 자궁하고 환관이 된 후로, 나라의 가혹한 노역을 두려워하거나 부귀영화를 꿈꾸거나 하는 경성(京城) 부근의 사람들 중에 자궁을 원하는 이들은 모두 환관의 등록을 맡아 처리하는 예부(禮部)로 몰려들었는데, 이때부터 매일 수많은 환관들이 생겨나게 되었다고 한다. 자궁한 자들이 너무 많아서 환관들도 이를 걱정할 지경이었다고 한다. ≪만력야획편보유 · 금자궁(禁自宮)≫의 기록에 따르면, 명나라 정덕(正德) 연간(1506~1521)에 북경(北京) 근처에서 3,500여명의 자궁한 자들이 채용되지 못해 생활이 형편없게 되자 조정에다 수용해줄 것을 연명으로 상소하였고, 조정은 어쩔 수 없이 남원(南苑)을 수용소로 삼아 이들을 거두었는데 가장 많을 때는 수 만 명의 엄인들을 수용하기도 했다 한다. “가정 5년(1526) 2월에 남해의 호구 중에 거세된 남자 970여 명이 또 수용해줄 것을 요구하자 임금은 노하여 금의위에 명해 원적으로 돌려보내고 우두머리는 곤장을 치라고 하였다.(嘉靖五年二月南海戶淨身男子九百七十餘人, 復乞收入, 上怒, 命錦衣衛逐還原籍, 爲首者杖之.)” [≪엄산당별집(弇山堂別集) · 중관고십(中官考10)≫] 또 천계(天啓) 연간(1621~1627)에 조정에서 부족한 환관 3,000명을 모집했는데, 응모한 자가 2만여 명에 달하여 어쩔 수 없이 1,500명을 추가로 더 뽑았다고 기록하고 있다.

조정에서는 자궁한 자들을 대량으로 고용하는 동시에 자궁하는 것을 금지시켰다. ≪만력야획편보유≫에 영락(永樂)연간(1403 ~1424), 장사부(長沙府)의 백성들 중에 자궁을 하고 내시(內侍)가 되고자 하는 자가 있었는데, 임금이 말하기를 “빈둥거리며 게으르고 효성스럽지 못한 자가 스스로 잔인하게 부모와 인연을 끊고서 어찌 근신으로 가까이 있을 수 있으며, 징발되어 변방을 지키는 병졸이 될 수 있겠는가?(遊惰不孝之人, 忍自絶於父母, 豈可在左右, 發爲卒戍邊?)"라는 기록이 있다. 또 홍치(弘治) 6년(1493)에 군인 마영(馬英)의 처 나씨(羅氏)가 자신의 어린 사내아이 마오(馬五)를 거세시켰는데, 이 일이 발각되어 나씨는 직접 손을 쓴 자라는 죄로 참형에 처해져야 했다. 그런데 형부시랑(刑部侍郎) 왕가경(王嘉慶)을 비롯한 세 사람이 곤장을 치는 죄로 바꾸었고, 이를 알게 된 임금은 노하여 왕가경을 외지로 부처하고 나씨는 법대로 사형에 처하였다. 자궁한 자에 대한 징계는 ≪명실록(明實錄)≫에도 기록이 있다. 성화(成化) 원년(1465)에 직할하던 위현(魏縣)의 백성 이당(李堂) 등 11명이 자궁을 하고 궁궐에 들어가기를 바랐는데, 오히려 금의위로 압송되어 치죄당하고 남해로 보내졌으며 자식들은 채소 재배노동에 처해졌다. 조정에서 비록 여러 차례 자궁하는 것을 금하고 일부 사람들을 처벌했다고는 해도 환관에 대한 총애가 두터웠기 때문에 자궁한 자들은 늘어날 뿐 줄어들지 않았으며, 어떤 때는 한 마을에 거세한 자들이 수백 명이나 되었다고 한다.

개별적인 환관도 있는데, 이것은 개인이 한 때의 이해득실 관계로 분개하여 자궁한 경우이다. 명대에 성은 강(剛)이고 이름은 철(鐵)이라고 하는 교지(交趾; 지금의 월남)사람이 있었다. 태조(太祖)를 따라 천하를 평정할 때 여러 차례 공을 세웠다. 태조는 심복으로 여겼고, 후에 태조가 출정할 때 그에게 궁궐을 지키도록 하였다. 그는 나중에 비방을 당할까 두려워 스스로 거세하고 거세한 물건을 말의 안장 속에 숨겨두었다가 태조에게 바치려고 하였다. 태조가 개선하자 과연 그가 궁궐 안에서 음란한 짓을 했다는 비방이 난무하였고, 태조는 이 말을 믿고 강철(剛鐵)을 죽이려고 하였다. 강철은 "황상께서 먼저 말의 안장을 조사해보고 나서 저를 죽여도 늦지 않을 것입니다.(請皇上先查驗馬鞍, 再殺我不遲.)"라고 말하고는 말의 안장을 뜯어내어 그 물건을 보이며 억울함을 호소하자 태조는 더욱 그를 신임하게 되었다고 한다. 후에 영락제(永樂帝)를 따라 전쟁을 수행하며 생사의 공을 세웠고, 함께 했던 자들은 공후(公侯)에 봉해졌다. 강철은 "신이 사례감이라는 벼슬을 얻었으니 두터운 은혜에 감사할 뿐입니다!(臣得司禮監, 已感厚恩矣!)"라고 말하고는 즉시 환관이 되었다.[1]

청말(清末)의 노 환관이었던 신수명(信修明)은 10년 동안 공부하고 나서 공명을 구하고자 수사학당(水師學堂)[2]과 태의원(太醫院)[3]에 시험을 쳤지만 다 실패하였다. 부친이 죽고 난 후 모친

1) ≪늙은 환관의 회고(老太監的回憶)≫, 북경연산출판사(北京燕山出版社) 1992년 판, 136쪽.

2) 청말의 해군학교. 최초의 수사학당은 북양대신(北洋大臣)이었던 이홍장(李鴻章)이 광서(光緒) 6년(1880)에 천진(天津)에 세울 것을 주청하여 이듬해에 정식으로 개학하였다 - 옮긴이.

3) 의료기구의 명칭으로, 통치계급을 위한 의료보건조직이다. 금대(金代)에 처음 설치되어 청대(清代)까지 줄곧 이어졌고, 선휘원(宣徽院)에 예속되어 왔다. 최고 장관을 정5품인 태의원제점(太醫院提点)이라고 했으며, 그 아래에 사(使)·부사(副使)·판관(判官) 등을 두었다 - 옮

과 나이 어린 동생들을 부양하기 위해 결혼해서 아들을 얻은 후 23세 때 스스로 거세하고 태감(太監)이 될 결심을 하고는 광서(光緒) 28년(1902)에 황궁에 들어가 환관이 되었다. 후에 그는 궁중에서 자신이 24년 동안 보고들은 것들을 기록하여 ≪늙은 환관의 회고(老太監的回憶)≫라는 책을 썼다.

청나라 때 자잘한 이야기들을 모아 기록했다는 ≪청패류초(淸稗類鈔)≫는 또 이런 두 가지의 일을 기록하고 있다. 강희(康熙) 때 당헌신(唐憲臣)이라고 하는 사람이 아내를 얻어 여자아이를 낳았다. 외지로 나가 장사를 하다 손해를 보게되자 세상에 낙담하여 스스로 거세하고는 태묘(太廟)에 들어가 관리인이 되었다. 자희(慈禧) 때 장영(張榮)이라고 하는 태감(太監)은 원래 수재(秀才)로서 성시(省試)에 참가했다가 실수로 먹물을 시험지에 엎어 낙방하게 되자 화가 나서 스스로 거세했다고 한다. 자희는 매번 어려운 문제가 생기면 그에게 물었는데 대답이 물 흐르듯 하여 자희는 그에게 4품 정대(頂戴)[4]의 벼슬을 상으로 주었다고 한다.

거세를 당했건 스스로 거세했건 반드시 한번은 잔혹하고도 비인도적인 "수술"을 해야 했다. 도대체 어떻게 거세했는지 사료의 기록은 일정치 않다. ≪남성태감혹형고(男性太監酷刑考)≫[5]

---

긴이.

4) 관리들의 품급을 구별하는 장식품으로 장식용 보석과 색깔로 구별하였다 - 옮긴이.

5) 이 문장은 진존인(陳存仁)이 저술한 ≪被閹割的文明≫이라는 책의

에 근거해 보면 거세의 방법에는 음경(陰莖)과 고환(睾丸)을 전부 잘라내는 것, 고환만 잘라내는 것, 고환을 눌러 부셔버리는 것, 수정관을 잘라내는 것의 네 가지가 있었다고 한다. ≪왕조 마지막 태감의 비밀(末代太監秘聞)≫이라는 책에서는 다음과 같은 두 가지 방법이 있다고 소개하고 있다. 하나는 "실로 묶는 방법(繩系法)", 즉 삼실로 어린 아이의 고환의 뿌리 부분을 꼭꼭 동여맨 채 오랜 시간을 유지시켜 생식기의 기능을 없애는 동시에 점차 괴사(壞死)시켜 가는 방법이고, 또 다른 하나는 어린 아이에게 일종의 마취약을 먹인 후 침으로 계속 고환을 찔러 기능을 잃게 만드는 방법이다.

외국에도 있었다. 예컨대 고대 이집트의 거세는 먼저 가늘고 질긴 실로 거세할 자의 생식기를 단단히 묶고 면도칼로 실을 따라 잘라낸 다음 바로 뜨거운 기름이나 뜨거운 재로 지혈한다. 그런 다음 금속봉을 요도 속으로 집어넣고 피수술자의 배꼽 아래를 뜨거운 모래 속에 묻어두는 방법이었다고 한다. 그러나 이런 거세방법은 사망률이 아주 높았다. 남인도(南印度)에서는 수술 받을 자를 타일로 된 작업대에 앉혀놓고 생식기를 대나무 조각으로 양쪽에서 누른 다음 면도칼로 대나무 조각을 따라 잘라내고, 수술 후 상처부위에 뜨거운 기름을 뿌린 다음

---

한 부분이다. 이 책은 <여성의 혹형인 전족에 관한 연구(女性酷刑纏足考)>와 <남성의 혹형인 태감에 관한 연구(男性酷刑太監考)>라는 두 부분으로 구성되어 있다. 이를 근거로 보면 본서에서 인용된 문장의 제목이 저자의 착오로 순서가 바뀐 듯 하다.

기름을 먹인 천으로 상처부위를 덮고 반듯하게 눕혀 쉬게 하면서 우유를 주식으로 삼아 마시게 했다고 한다. 이런 수술방법은 성공률이 높은 편이었다.

중국에서는 ≪청패류초≫의 기록에 의하면, 청대(淸代)에 궁궐 안에는 신형사(愼刑司)라는 관청을 두었고, 궁궐 밖에는 유명한 "도자장(刀子匠)"인 필오(畢五)와 소도류(小刀劉)라는 사람이 있어 전문적으로 거세하는 일을 했다고 한다. 늙은 궁녀들의 과거얘기를 기록한 ≪궁녀의 옛 이야기(宮女談往錄)≫라는 책에 거세하는 방법이 비교적 자세하게 기록되어 있다.

청대는 북경 성안에 거세를 전문으로 하는 두 집이 있었다. 남장(南長) 거리 회계사(會計司) 골목에 살았던 필오(畢五)라는 자와 지안문(地安門) 외방전(外方甎) 골목의 "소도류(小刀劉)"라는 자가 황제로부터 현(縣)의 태야(太爺)보다도 한 등급 높은 6품 정대 벼슬에 책봉(冊封)된 적이 있었다. 집집마다 계절별로 내무부(內務府)에 40명의 태감(太監)을 바쳐야 했다.

청대에 거세할 사람들은 다음과 같은 물건을 준비해야 했다.

1. 좁쌀 30근과 식량 1달 분.
2. 광주리 몇 개 분의 옥수수 대(땔감용).
3. 참깨 쭉정이 몇 짐(태워서 피부를 태우지 않을 만큼 부드러운 재로 만들어 하체 부분에 뿌린다).
4. 창호지 50장.

거세를 시행하는 방은 바람이 통하지 않도록 따뜻하게 하고, 방의 구들 중간에 골을 만들고 나무판자로 여닫을 수 있도록 하여 대변을 해결하는 데에 편리하도록 만든다. 문짝의 위와 아래 그리고 중간쯤에 자물쇠 꾸러미를 설치했는데, 거세될 사람의 손발과 다리를 단단히 묶어 수술할 때 함부로 움직이지 못하도록 하고 수술 후에도 함부로 만져 감염으로 짓무르는 것을 막기 위해서였다.

대마 · 쑥 · 민들레 · 인동덩굴을 물에 끓여 아랫도리를 깨끗하게 씻는다. 두 개의 신선한 돼지 쓸개를 두 개의 계란과 함께 삶는다. 딱딱해질 때까지 삶을수록 좋다.

먼저 대마의 물을 마시게 했는데, 머리 속이 어질어질해지고 살과 피부가 붓고 마비가 된다.

제1보 고환을 잘라낸다. 계란을 입 속에 밀어 넣어 비명소리를 내지 못하도록 하고, 구낭(球囊; 불알) 양측의 깊은 골을 따라 가르고 힘줄을 자른 다음에 힘을 주어 고환을 짜내어 잘라낸 후 편(片)으로 만든 돼지 쓸개를 구낭 양측에 붙여 지혈하고 붓기를 삭인다.

제2보 거세한다. 다시 입 속에 차갑고 단단한 삶은 계란을 집어넣은 다음 세(勢; 생식기)를 잘라내고, 요도 속으로 보릿짚을 밀어 넣은 다음 별도의 담낭을 갈라 수술부위에다 덮는다. 3일 후에 삽입물을 뽑아내고 오줌이 흘러나오면 수술은 성공이다.

두 개의 고환 중 한 개를 거세하기 전에 서명한 계약서(거세를 담당한 사람과 거세될 자의 부모가 계약을 하는데, 노인 세 명과 젊은이 네 명을 증인으로 삼아 자원에 의해 거세하며 수술 중에 살든 죽든 따지지 않겠다고 쓴다)와 함께 석회를 반쯤 담은 됫박에 넣은 다음 붉은 보자기로 됫박의 주둥이를 단단히 묶어 방의 들보 위에 보관한다. 이것을 붉은 보자기를 높이 올린다는 의미의 홍포고승(紅布高升)이라고 하였다.6)

청(淸)나라 사람 저인획[褚人獲; 생졸년 미상, 대략 강희(康熙) 20년(1681) 전후로 살았다고 함 - 옮긴이]가 양제를 섬기려고 하였다. 그는 태감 장성(張成)을 찾아가 방도를 물었고, 장성은 그에게 마취제 한 포를 주며 술에 타 마시면 아픔을 모를 것이라고 하면서 지혈과 상처를 아물게 하는 오색 가루약 한 포와 함께 머리카락도 자를 만큼 예리한 칼을 주었다. 이 몇 가지 기물로 볼 때 거세하는 방식은 대동소이했던 것 같다.

거세된 생식기를 보물이라는 의미의 "보(寶)"라고 했으며, 그것을 밀봉된 용기에 담아 들보 위나 높은 선반 위에 올려 두는데, 이를 높이 오르라는 의미의 "고승(高昇)"이라고 하였다. 일단 승진할 기회가 있을 때면 반드시 "고승"을 꺼내어 상사(上司)에게 검사를 청함으로써 자신의 신분을 증명하였다. 어떤 사람은 부주의로 "고승"을 잃어버려 승진 할 시기에 어쩔 수 없이 다른 사람의 것을 빌려쓰거나 세를 내어 썼다. 환관이 죽게 되면 반드시 "고승"을 관속에 함께 넣어 주었는데, 이것은 저

---

6) 포(布: bù)·승(升: shēng)자는 발음이 같은 걸음 보(步: bù)와 오를 승(昇: shēng)자로 연상되는데, 이것은 순조롭게 승진하라는 염원을 의미한다. - 옮긴이

승에서 "남성(男性)"으로 쉽게 회복될 수 있도록 해주기 위함이었다.

부모형제의 집으로 돌아가는 것은 태감의 일생 중 가장 큰 기쁨으로 대부분 4, 50세에 집행된다. 2, 30년을 괴롭게 견디며 얼마간의 돈을 저축했다가 고향의 유력자를 통해 거세해준 분의 집으로 선물을 보내고 돌아올 이유를 설명하고 가격이 협상되면 은자(銀子)를 보낸다. 자신의 양물을 담은 됫박인 승(升)이 돌아가는 날이 되면, 꽃가마에 양아들을 태워서 거세해준 스승의 집으로 보내어 스승에게 승을 꺼내달라고 청하게 하고, 세 번 절하고 아홉 번 머리를 조아리는 극진한 예로써 거세해준 스승에게 사례한 다음, 승을 선영(先塋)으로 보내게 한다. 태감 본인은 그곳에서 기다렸다가 계약서를 꺼내어 사람들 앞에서 불사르게 되는데, 이때 태감은 큰소리로 "아버지께서 주신 뼈와 어머니께서 주신 살을 지금 제가 받들고 돌아왔으니 오늘은 제가 다시 조상을 뵙게 되는 날입니다!"라고 부르짖는다.

반생의 고생과 원망 그리고 치욕이 이때 다 쏟아져 나온다.

# 황실의 노예 - 환관의 직책

환관(宦官)이나 엄인(閹人)은 중국이든 외국이든 대부분 황궁에 노역을 제공하였다. 노예사회든 봉건사회든 제후나 제왕은 모두 수많은 처첩을 거느렸던 사람들이었다. 춘추시기에 제후가 다른 나라의 여자를 정실부인(嫡夫人)으로 삼게되면 여자 측에서는 조카딸을 데리고 시집을 가야했고 이 여자들에게도 각자 조카딸이나 여동생이 있으면 따라왔다. 이렇게 실제로 한 번 장가가는데 아홉 명의 여자를 맞이한 경우도 있었는데, 이 아홉 명의 여자를 첩이라는 의미의 "잉(媵)"이라고 불렀다. ≪예기(禮記)· 혼의(昏義)≫에 근거하면 "옛날 천자의 후는 6궁 · 3부인 · 9빈· 27세부 · 81어처를 두었다.(古者天子后立六宮、三夫人、九嬪、

二十七世婦、八十一御妻.)"고 한다. 또 ≪사기 · 진시황본기(秦始皇本紀)≫는 "후궁과 열녀가 만여 명(后宮列女萬餘人)"이었다고 하고, 진(秦) 혜문왕(惠文王) 때 왕후(王后) · 부인(夫人) · 미인(美人) · 양인(良人) · 팔자(八子) · 칠자(七子) · 장사(長使) 등이라고 부르는 이름이 여럿 있었다고 한다. 한(漢)나라 초기에는 진나라의 제도를 계승했는데, 무제(武帝)와 원제(元帝) 때는 첩여(婕妤) · 소의(昭儀) 등의 관직호칭을 포함 14등급으로 나누었다. 정식으로 관직호칭을 얻은 사람 이외에도 무수히 많은 궁녀가 있었다. 수(隋)나라 양제(煬帝)가 강도(江都)지역을 유람할 때면 "따르는 궁녀들이 항상 10만 명이나 되었다.(從幸宮掖, 常十萬人.)". (≪수서(隋書)· 식화지(食貨志)≫) 진(晉)나라 무제(武帝)의 액정(掖庭)[1]에 거처하던 궁녀가 만 명에 가까웠으며 총애를 받은 궁녀도 적지 않았다. 황제는 어느 궁으로 가야 좋을 지를 몰라 항상 양이 끄는 수레에 올라 양이 가다 멈춘 곳에서 밤을 보냈다. 이렇게 되자 궁인(宮人)들은 대나무 잎을 문에 꽂고 소금물을 바닥에 뿌려서 양을 유인해 황제의 사랑을 얻으려고 하였다. 이후 역대 왕조의 후궁들 수는 늘기만 하고 줄지는 않아서 다음과 같은 우스개 소리가 출현한 적도 있다. 남북조(南北朝) 때 송(宋)나라 폐제(廢帝)의 누나인 산음(山陰)공주가 "면수(面首)[2]"를 두었던 일로 폐제와 다투었다. "나와 폐하는 다 선제의 소생인데

1) 비빈과 궁녀들이 거처하던 정전 옆의 궁전 - 옮긴이.
2) 귀부인들이 노리개로 삼는 미남 - 옮긴이.

폐하는 육궁에 만 명이나 두면서도 나는 어째서 부마 한 사람만 두어야 하죠? 이것은 정말 불공평합니다"라고 하고는 결국 30명의 면수를 두었다고 한다. 당(唐) 현종(玄宗) 때에 이르러서는 "시녀가 8천 명(先帝侍女八千人)" [두보(杜甫)의 시 ≪공손대낭의 제자가 공연하는 검기무를 구경하고서(觀公孫大娘弟子舞劍器行)≫]이나 되었다. 명(明)나라가 망할 때 후궁(后宮)에 궁녀가 9,000명이나 남아 있었다. 이렇게 많은 젊은 여자들을 관리하고 시중들 사람이 꼭 있어야 했는데, 가장 중요한 것은 제왕의 순수 혈통을 보장해야 하는 일이어서 후궁에 다른 남자가 있어서는 안되었다. 그러나 어떤 일은 궁녀가 할 수 있는 일이 아니어서 엄인이 필요해진 것이다. 유명한 사상가 고염무(顧炎武: 1613~1682)는 "후궁과 황비들이 많았는데, 환관들은 이 때문에 세력을 얻을 수 있었다(後宮皇妃衆多, 宦官因此得勢.)"고 지적하였다. 군권(君權)이 강화되면서 군왕의 생활은 사치스럽고 음란해졌으며, 환관들도 그 수가 많아질수록 권세도 커져 명 왕조가 멸망할 즈음에는 10여만 명이나 되었다. 나중에는 친왕(親王)이나 부마(駙馬) 등 제왕의 친척들도 환관을 이용하기 시작하였다.

환관은 도대체 무슨 일을 했을까? 이것은 일상적인 일과 "특별한(非常)" 일로 나누어야 할 것이다. 먼저 이들의 일상적인 일을 살펴보자. ≪주례(周禮)≫에 "엄인은 왕궁의 중문을 관장하고 지키는 것(閽人掌守王宮中門之禁)"과 "시인은 왕궁의 내인 및 궁녀의 계율과 명령을 관장하는 것(寺人掌王宮之內人及女宮之戒命)"이라고 하였다. ≪월령(月令)≫에 보면 "음력 11월에 환관의 우두머리인 엄윤에게 문을 여닫는 것을 살피게 하고, 궁실 문이 굳게 닫혀 있는지 신중을 기하도록 하였다.(仲冬, 令閹尹審門閭, 謹房屋.)"는 기록이 있다. 이때 환자(宦者)의 책임은 단지 출입문이나 지키는 것이었고, "총재(冢宰; 후세의 재상)"의 관할 속에 있었다. ≪문선(文選) · 범엽(范曄) · 환자전기(宦者傳記)≫ 이선(李善)의 주석에 "환이라는 것은 기른다는 뜻이다; 엄인을 길러 그들로 하여금 궁인들을 시중들게 했는데, 이들이 바로 소신이다.(宦者, 養也; 養閹人使其看宮人, 此是小臣.)"라고 하였다. 전국(全國) 시기에는 환자령(宦者令)을 두었고, 진(秦)나라 때는 소부(少府)를 두고서 속관(屬官)으로 중서알자령(中書謁者令)과 승(丞)이 있었으며, 또 장행(將行)과 위위(衛尉)가 있었다. 한(漢)나라 때는 장행을 대장추(大長秋)로 고쳤으며, 모두 내궁(內宮)의 일을 관장하였다. 서한(西漢) 말 성제(成帝) 때 태복(太僕) 1명을 더 두어 태후의 거마를 관장하게 했기 때문에 황태후경(皇太后卿)이라 통칭하였다. 이후로 태후궁의 이름을 관호(官號)로 삼았는데, 장신소부(長信少府)나 장락소부(長樂少府)가 바로 그것이다.

후한(後漢) 때는 대장추를 설치하고 중궁(中宮)의 명을 선포하는 책임을 졌다. 중궁복(中宮僕) 1명은 수레 몰이를 책임졌고, 중궁알자령(中宮謁者令) 1명과 중궁알자(中宮謁者) 3명은 통보와 연락을 책임졌으며, 중궁상서(中宮尙書) 5명은 문서를 주관하였고, 중궁영항령(中宮永巷令) 1명은 궁인(宮人)을 주관하였다.

처음에는 진(秦)나라 역시 중상시관(中常侍官)를 두었는데, 모두 "은이나 옥 혹은 담비의 꼬리로 장식한 관을 쓰고 궁중에서 봉직하는 환관들이었다.(銀璫左貂給事殿省.)" 한(漢)나라는 제도상으로 중상시(中常侍) · 시중(侍中) · 황문시랑(黃門侍郞)을 두었는데, 편지와 상소문을 전달하고 발표하는 데에 이용하였다. 영평(永平) 연간(58~75)에 처음으로 중상시(中常侍) 4명과 소황문(小黃門) 10명의 정원으로 규정하였다. 명제(明帝) 이후로 정원이 얼마간 증가하자 "금당우초(金璫右貂)"[3]라고 불리는 환관으로 바꾸었다. 등태후(鄧太后)는 황후의 신분으로 섭정을 했지만 공경(公卿)들을 가까이 할 수 없어 "전적으로 엄인을 이용해서 두 궁 사이에 명을 전달할 수밖에 없었다(悉用閹人, 通命兩宮.)". ≪한서(漢書) · 형법지(刑法志)≫에 "궁형을 받은 자는 궁궐 안을 지키게 한다(宮者使守內)"라고 하였다. 안사고(顔師古)는 "궁은 음형으로, 남자는 생식기를 잘라내었고, 여자는 난소를 제거하는 것이다.(宮, 淫刑也, 男子割腐, 婦人幽閉.)"라고 하였고, 또 "사람의 길을 끊었으니 일을 시키기에 편리하였다.(人道旣絶, 于事便也.)"라고 하였다. 환관이 초기에는 주로 후궁에서 일하는 데에 이용되다가 명제(明帝) 이후로 "공경들의 직무를 겸하면서(兼領卿署之職)" 후궁의 직분에만 국한되지 않았다.

수(隋)나라는 내시성(內侍省)을 두어 내시(內侍)와 내상시(內常侍) 등의 관직을 이끌게 하였다. 수 양제(煬帝)는 또 내시성을

---

3) 당(璫)이라는 옥은 진한(秦漢) 환관들 중에 무직(武職)을 맡은 자들의 관식(冠飾)으로서, 후대에는 "당"을 환관의 대칭(代稱)으로 삼기도 하였다. 담비(貂)나 담비꼬리(貂尾)는 중상시(中常侍) 관(冠)위의 장식물이다. 후대에 "초당(貂璫)"을 환관의 대칭(代稱)으로 삼기도 하였다.

장추감(長秋監)으로 고쳐 영(令) 1명 · 소령(少令) 2명 · 승(丞) 2명을 두고 환자(宦者)를 이용하여 액정(掖庭) · 궁위(宮闈) · 해관(奚官)의 세 관청을 거느리게 했는데, 이때 또 시인을 추천 임용하여 궁정 내부의 사무를 관장하게 하였다.

당대(唐代) 무덕(武德) 초년(618)에는 장추감을 내시성으로 바꾸고 모두 환관을 이용하였다. 내시와 내상시는 "궁궐 안의 시봉과 명령의 선포를 관장하는(監掌內侍奉、宣制令)" 책임을 졌다. 아래에 액정(掖庭) · 궁위(宮闈) · 해관(奚官) · 내복(內僕) · 내부(內府) · 내방(內坊)이라는 6국(局)을 두었다. 내시성에 내상시 6명을 두어 성(省)의 일을 처리하였다. 내급사(內給事) 10명이 성의 업무, 즉 내시성의 업무를 분담하였다. 예컨대 원단(元旦)과 동지(冬至)에 백관들이 아침에 황후에게 하례할 때, 내급사가 길을 안내하거나 조서를 읽는다든지, 또 궁인들의 의복 비용을 품계에 따라 산정한 다음 중서성(中書省)으로 보내는 일이다. 내알자감(內謁者監) 10명을 두어 의법(儀法)[4]과 선주(宣奏)[5] 등의 일을 맡겼는데, 대부들의 부인들이 황제에게 아뢸 일이 있을 때, 입조하여 황제를 배알하도록 안내하는 일을 책임졌다. 후에 내알자감(內謁者監)을 폐지하고 내전인(內典引) 18명을 두게 되면서 진정으로 "이름이 그 직무와 일치하게 되었다(名符其職)". 내시백(內侍伯) 6명은 궁내의 불법적인 일을 규찰하는 책임을 졌다.

4) 예의와 법 - 옮긴이.
5) 상주문을 읽는 것 - 옮긴이.

시인 6명은 황후를 호종하며 출입하였다.

아래에 6국(局)을 두었는데 그 직무는 다음과 같다. 액정국(掖庭局)은 궁인의 명부(名籍)·장부(簿賬)·여공(女工)을 책임졌고, 궁위국(宮闈局)은 후궁의 출입문과 물품의 출입 그리고 황후를 호종할 때 부채를 드는 일 등을 관장하였으며, 해관국(奚官局)은 궁인들의 생노병사의 일을 책임졌고, 내복국(內僕局)은 궁중의 수레를 관리하며 황후의 출입을 책임졌으며, 내부국(內府局)은 궁중의 창고 및 필요한 등촉·목욕탕·장막설비 등을 책임졌다.

당(唐) 태종(太宗)이 정한 제도를 보면 내시성에 3품관을 두지 못하도록 하여 영순(永淳) 연간(682~683)까지 50여 년 동안 환관은 궁문을 지키거나 음식과 의복을 시중드는 업무만을 관리하였다. 중종(中宗) 때 환관 3,000명 가운데 7품 이상을 받은 사람이 1,000여 명이었다. 현종(玄宗) 개원(開元)과 천보(天寶) 연간(713~755)에 장안대내(長安大內)·대명궁(大明宮)과 흥경궁(興慶宮)·황자십택원(皇子十宅院), 황손백손원(皇孫百孫院)·동도(東都)의 대내궁(大內宮)과 상양궁(上陽宮)에 궁녀가 4만 명·7품 이상의 환관 3,000여 명·3품에서 5품까지의 환관 1,000여 명을 두었다.(≪구당서(舊唐書)·환관전(宦官傳)≫)

명대(明代)는 환관들이 가장 많았던 시기였다. 명 태조 주원장(朱元璋) 때 환관을 효율적으로 관리하기 위하여 각 사(司)로 하여금 그 직무를 맡게 하고 내시성을 없앴다. 9감(九監)·2고(二庫)·6국(六局)을 설치하였다. 나중에 24아문(衙門)으로 발전했는데, 12감(監) 8국(局) 4사(司)가 바로 그것이다. 그것들의 직책은 다음과 같다.

사례감(司禮監)은 24아문의 으뜸으로 권한이 막강했다. 사례태감(司禮太監)을 사람들은 "재상의 이름은 없지만 재상의 실권을 가지고 있다(無宰相之名有宰相之實)"고 하였다. 대소 신료들의 상소문에 대한 회답과 황제의 명령과 성지를 전달하는 역할을 관장하는 동시에 동광(東廣) · 남경수비(南京守備) · 내서당(內書堂)이라는 3개 주요기관을 통솔하였다.

내궁감(內宮監)은 궁실 · 창고 · 능묘의 축조를 관장하는 동시에 동양(銅錫)[6] · 장렴(粧奩)[7] 같은 기물을 구매하였다.

어용감(御用監)은 황제가 사용하는 병풍 · 침대 · 제반 목기 및 각양각색의 진기한 보물 등의 구매를 책임졌다.

사설감(司設監)은 노부(鹵簿)[8] · 의장(儀仗)[9] · 유막(帷幕)[10] 등을 관장하였다.

어마감(御馬監)은 황실의 말들을 관장하였다.

신궁감(神宮監)은 역대 황제들의 신위를 모신 태묘(太廟) 및 각 사당의 청소와 등불 등을 관장하였다.

상선감(尙膳監)은 어선(御膳)[11] · 잔치 및 궁내의 식용을 관장

---

6) 말이나 방패를 장식하는 구리 - 옮긴이.
7) 화장대 - 옮긴이.
8) 황제의 행차 - 옮긴이.
9) 황제가 외출 때 쓰는 깃발·부채·양산·무기 따위 - 옮긴이.
10) 막사를 만들 때 쓰는 장막 - 옮긴이.
11) 황제의 음식 - 옮긴이.

하였다.

상보감(尙寶監)은 옥새 · 칙부(敕簿)[12] · 장군의 인신(印信)[13] 등을 관장하였다.

인수감(印授監)은 고금의 통집고(通集庫)[14] · 철권(鐵券)[15] · 첩황(貼黃)[16] · 인신(印信) · 신부(信符)[17] 등의 업무를 관장하였다.

직전감(直殿監)은 각 궁전(殿), 복도(廊), 뜰(庭)의 청소를 관장하였다.

상의감(尙衣監)은 황제의 의복 · 모자 · 신발을 관장하였다.

도지감(都知監)은 초기에는 각 감(監)의 행이(行移)[18] · 관지(關知)[19] · 감합(勘合)[20]을 관장하다가 나중에는 전문적으로 어가(御駕)[21]를 따라 길을 안내하고 깨끗이 청소하는 책임을 졌다.

이 12감(監)에는 모두 정4품관인 장인태감을 두어 책임지도록 하였다. 그 아래에 종4품인 좌우소감(左右少監) 각 1명, 정5품인 좌우감승(左右監丞) 각 1명, 정6품인 전부(典簿) 1명, 정원이 없었던 종6품인 장수(長隨)와 봉어(奉御)를 둘 수 있었다.

---

12) 황제의 명령을 적어놓은 장부 - 옮긴이.
13) 관인(官印)이나 공인(公印) 등의 총칭 - 옮긴이.
14) 문서보관창고 - 옮긴이.
15) 임금이 공신에게 주던 쇠로 만든 패 - 옮긴이.
16) 상소문의 미진한 부분을 황지를 끝에 첨부하여 부연하는 것 - 옮긴이.
17) 통행증 - 옮긴이.
18) 동급 관서간의 공문왕래 - 옮긴이.
19) 통지 - 옮긴이.
20) 신분증명서 - 옮긴이.
21) 황제의 수레 - 옮긴이.

4사(四司)는 석신사(惜薪司), 보초사(寶鈔司), 종고사(鐘鼓司), 혼당사(混堂司)이다. 석신사는 궁궐에서 사용할 숯과 땔감을 관장하였고, 종고사는 종고(鐘鼓)는 물론 내악(內樂) · 전기(傳奇) · 과금(過錦)과 같은 여러 잡희(雜戲)를 책임졌으며, 혼당사는 목욕하는 일을 맡았고, 보초사는 표면이 거칠거나 매끄러운 종이를 제작하는 일을 주관하였다.

팔국(八局)도 각각 전문적인 직무를 맡았다.

병장국(兵仗局)은 병기와 화약 같은 무기를 제조하는 일을 책임졌다.

은작국(銀作局)은 금이나 은으로 기물이나 장식물을 제조하는 일을 책임졌다.

완의국(浣衣局)은 나이 들어 궁궐에서 물러난 사람을 위한 곳으로, 황실의 기밀누설을 방지하고자 이 국(局)은 궁궐 안이 아닌 덕승문(德勝門) 밖에 두었다.

건모국(巾帽局)은 부마(駙馬)의 신발·관 및 번국(藩國)의 깃발 · 모자 · 신발 그리고 궁중에서 사용되는 모자와 신발을 관장하였다.

침공국(針工局)은 궁중 의복의 제조를 감시하는 책임을 졌다.

내직염국(內織染局)은 어용 및 궁궐 안에서 필요한 비단의 염색과 제조를 책임졌다.

주초면국(酒醋面局)은 궁중에서 식용으로 하는 술 · 식초 · 설탕 · 간장 · 밀가루 등등을 관할하였다.

사원국(司苑局)은 궁중에서 음식재료로 사용할 채소와 과일 등을 관장하였다.

사(司)마다 사정(司正)과 사부(司副)를 두었고, 국(局)마다 대사(大使)와 좌우부사(左右副使)를 두었다.[22] 감(監)과 국(局)의 환관 수는 수시로 늘릴 수 있었다. 유관 자료에 의하면, 명 효종(孝宗) 때 "모든 감과 국은 관인을 관장하며 함께 일했는데, 많을 때는 3, 40명에 달하였으며(諸監、局掌印合事多至三四十人)", 무종(武宗) 때에 이르러서는 "백 수십 명(百數十人)"으로 늘었다고 한다. 이것이 말해주는 것은 환관 중에 직권을 가진 자를 비롯해 크고 작은 권한을 가진 환관이 수없이 많았다는 점이다.

24아문 외에도 환관은 또 내부공용고(內府供用庫) · 사약고(司鑰庫) · 내승운고(內承運庫) 등 각 고방(庫房) 및 어주방(御酒房) · 어차방(御茶房) · 어약방(御葯房) · 첨식방(甛食房) 등 각 부문을 관할하여 궁궐 안에서 필요한 모든 것을 공급하였다. 이밖에도 제(帝) · 후(后) · 태후(太后) · 비빈(妃嬪)의 신변에는 이들을 위해 일하는 태감이 있었고, 궁궐의 각 문(門)과 전(殿)에도 파수 · 청소· 관리 등을 맡은 태감이 있었다.

이런 환관들의 일상적이고도 일반적인 일은 황제와 그 가족들을 위해 일하는 책임을 지는 것으로 먹고 마시고 잠자는 일에 이르기까지 관여하지 않는 것이 없었다. 부의(溥儀)는 ≪나의 젊은 시절(我的前半生)≫이라는 글에서 "나의 유년생활에 태

22) 이상의 자료는 모두 명(明) · 유약우(劉若愚)의 ≪작중지(酌中志)≫ 권16에서 취하였다.

감을 빼놓을 수 없다. 그들은 내가 밥을 먹거나 옷을 입거나 잠을 자는 것에도 시중을 들었고, 나와 함께 놀아주기도 하였으며, 공부하는 것을 시중들기도 하고, 옛날 이야기를 들려주기도 하였다. 간혹 내게서 상을 받기도 하고 매를 맞기도 하였다. ……(講我的幼年生活, 就不能少了太監. 他們服侍我吃飯、穿衣和睡覺, 陪我游戲, 伺候我上學, 給我講故事, 受我的賞也挨我的打. ……)"라고 소개하였다. 그는 자신이 어화원(御花園)에서 놀았던 장면을 아주 생생하게 언급하였다. 수십 명의 태감들이 수행했는데, 제일 앞쪽은 경사방(敬事房)의 태감으로 "츠이츠(吃一吃)"라는 소리를 입에 달고 있었는데, 이것은 사람들에게 빨리 비켜서라는 경고로 황제가 납신다는 뜻이었다. 뒤쪽은 두 명의 총관(總管) 태감이 따르는데, 황제가 가마를 타면 바로 가마를 메고 가고 황제가 걸으면 부축해서 걷는다. 더 뒤에는 큰 양산을 든 태감 및 각종의 물건을 든 태감들이 따른다. 이를테면 수시로 앉을 수 있는 접이용 의자 · 간식과 차 · 각종의 구급약품 · 심지어 대소변기까지 모두 휴대했던 것이다. 또 청대의 대환관이었던 이연영(李蓮英)의 경우 처음에는 자희(慈禧)태후에게 머리카락을 빗겨주는 소태감(小太監)이었지만, 자희(慈禧)가 새로운 스타일의 쪽머리를 하고 싶어하자 이연영은 바로 기원(妓院)으로 달려가 머리 빗는 법을 배우기도 하였다. 후에 이로써 자희의 총애를 받게 된다. 자희가 잠자리에 들면 압풍(押風)이라고 부르는 두 명의 태감 수령이 침상 앞에 시좌(侍坐)하고, 좌경(左更)이라고 부르는 소태감(小太監) 백여 명이 복도에 시립(侍立)하는데, 날이 새고 나서야 해산하였다.

손요정(孫耀庭)

후에 일부 왕공대신들의 집에서도 환관을 쓰기 시작하였다. ≪청패류초≫의 기록에 따르면, 가경(嘉慶) 연간에 개인 저택에서 쓰는 태감에 대해 친왕(親王)은 7품의 태감 수령 1명과 태감 40명을, 군왕(郡王)은 8품의 수령 1명과 태감 30명을, 패륵(貝勒)[23]은 20명, 패자(貝子)[24]는 10명을 허락하고……1품 이상의 문무(文武)대신들은 4명을 두어도 된다고 규정하였다. 1994년까지만 해도 건재했던 태감 손요정(孫耀庭)[25]이 막 북경에 왔을 때 바로 재도(載濤; 1888~1970)의 패륵부(貝勒府)에서 태감을 지냈는데, 당시가 이미 민국(民國) 5년(1916)이었다.

23) 청나라 종실 및 몽고 외변에 수여된 작위의 명칭 - 옮긴이.

24) 패륵 아래의 작위 - 옮긴이.

25) 1995년에 신화사(新華社)에서 방송한 내용에 의하면 중국 최후의 태감 손요정은 병이 들어 향년 94세로 세상을 떠났다고 한다. 저자가 이 책을 집필할 당시까지만 해도 손요정이 살아있었던 것 같다. 이 책은 1997년에야 출판되었지만 그동안 언급된 손요정 신상의 변화에 대해서는 수정을 가하지 않았던 것 같다. 역서에서 언급되는 손요정에 관해서는 이 책 저자의 집필 당시 상황을 존중한다면 '아직도 생존하고 있는'이라고 번역해야 하겠지만 나는 독자들이 읽는 시점인 지금이 더욱 중요하다고 여겨 '1994년까지만 해도 건재했던' 이라는 표현으로 수정하였다 - 옮긴이.

이상에서 환관의 일반적이면서도 정상적인 직무와 환관의 세력이 창궐했던 당나라와 명나라 때 환관의 중임은 물론 몇몇 특수한 직무를 설명하였다.

당대 후기에 번진(藩鎭)이 할거하자 조정은 환관을 감군(監軍)으로 삼아 각 진(鎭)에 토벌대를 파병하면서 군대의 지휘관과 대등한 지위를 가지도록 하였다. 출정하는 장수를 감시하기 위하여 당나라는 또 관군용사(觀軍容使)를 두고 환관으로 채웠는데, 대종(代宗) 때의 어조은(魚朝恩)이나 희종(僖宗) 때의 전령자(田令孜)가 바로 그와 같은 자들이다. 당 덕종(德宗) 정원연간(貞元; 785～805)에는 금군(禁軍)인 신책군(神策軍)을 좌우 두 편으로 나누고 환관 두문장(竇文場)과 왕희천(王希遷)으로 하여금 각각 통솔하게 했는데, 이때부터 환관이 군대를 통솔하는 것이 제도로 정착되었다. 당 덕종(德宗) 때는 궁궐 안의 시장인 궁시(宮市)를 두고 궁시사(宮市使)라는 벼슬에 환관을 임명하여 민간의 물자를 사들이도록 했는데 실제로는 강탈하는 것이나 마찬가지였다.

명대에 이르러 환관의 권력은 절정에 달한다. 먼저 환관이 책임지는 동창(東廠)·서창(西廠)과 내행창(內行廠)을 설치하고는 관부(官府)나 민간에 대해 조사체포와 형벌투옥을 자행하였다. 명대의 환관은 재정에 간섭하였고 황실토지를 관리하는 것은 물론 창고의 경리까지 맡았으며, 건축·보석채굴·무역선·방직·주조 등에 대해서도 감독권을 가졌다. 이런 것들에 대해서는 명대의 환관을 언급할 때 상세하게 논의하겠다.

당과 송을 이어 명나라 때도 환관이 감군이 되어 경성의 군대를 지휘 감찰하였다. 영종(英宗)이 복위한 후 태감 조길상(曹吉祥)을 수도권을 지키는 군대인 오군영(五軍營) · 삼천영(三千營) · 신기영(神機營)의 총독에 임명하였다. 헌종(憲宗) 때는 환관을 직접 병영에 파견했는데, 이를 "감신창(監神槍)"이라고 불렀다.

환관은 수도권의 군대를 장악했을 뿐만 아니라 지방으로 파견되어 군대를 주둔시키고 수비하는 권한도 가지고 있었다. 무종(武宗) 때에는 환관들을 선발하여 내조(內操) 혹은 정군(淨軍)이라고 하는 군대를 편성했는데, 황실의 충직한 수하가 되었다.

어떤 환관은 심지어 사신의 신분으로 외국에 파견되기까지 하였다. 왕종(王琮)을 진석왕(眞腊王)에 봉해 파견했던 일이나 마빈(馬彬)을 자바(爪哇) 등 여러 나라에 사신으로 파견했던 일 등이 그 예라고 하겠다. 어떤 이는 명대의 환관을 "마치 수은이 땅바닥으로 스며들 듯 들어가지 않은 구멍이 없었다(如水銀泄地, 無孔不入)"고 하였다.

# 환관의 생활과 심리상태

일반적으로 말해서 남에게 거세되었건 스스로 거세했건 궁궐에 들어 온 환관은 대부분 가난한 집안의 아이들로서 대부분 학교에 다녀본 적이 없었다. 하지만 환관의 직책이란 어느 정도의 소양을 필요로 해서 주로 궁궐 안에서 공부를 시켰다. 역사자료에 의하면 한대(漢代)의 등태후(鄧太后)가 권력을 독점하던 시기(106~121)에는 내시(近臣)를 선발하여 동관(東觀) 안에서 경전을 가르쳤다고 한다. 이것이 환관 학교의 시초일 것이다. 오대십국(五代十國) 시기에 후진(後秦)의 부견(苻堅)은 엄인들 가운데 총명한 자들을 선발하고는 경학박사로 하여금 그들에게 경학을 가르치도록 명하였다. 송대의 가창조(賈昌朝)는 왕이나 동궁의 앞에서 학문을 강의하는 시강(侍講)이었는데 자선당(資善堂)의 서적을 편수하는 것이 명분이었지만 실제로는 내시들에게 글을 가르치는 것이었다.

명대 초에 태조는 환관의 글공부를 엄격히 금지시켰지만 나중에 사례감(司禮監)이 들어서면서 전적과 문서를 관장해야 했기 때문에 영락(永樂) 연간(1403년부터 시작)부터는 어쩔 수 없이 내관도 글공부를 하도록 명하였다. 선덕(宣德) 원년(1426)에 환관 학교인 내서당(內書堂)을 설립하고 열 살 또래의 어린 환관 2, 300명을 선발하여 교육시켰다. 길일을 택해 지성(至聖) · 사림(詞林)이라고 하는 글을 가르쳐 줄 선생에게 절하고 양초 · 손수건 · 용계향을 "속수(束脩)"라고 하는 입학금으로 삼아 내게되면 나이가 많은 자 18명을 학생 대표로 파견하였다. 배우는 책은 천자문(千字文) · 백가성(百家姓) · 대학(大學) · 중용(中庸) · 논어(論語) · 맹자(孟子) · 신동시(神童詩) 등이었다. 잘못이 있으면 사림 선생이 질책할 부분을 지적하고 감점시켰다. 형부주사(刑部主事) 유충(劉翀)과 대학사(大學士) 진산(陳山)도 내서당에서 훈육을 한 적이 있었고, 후에는 네 명의 한림관(翰林官)을 교사라고 할 수 있는 교습(教習)으로 두었다. 청대에 이르러서는 교습 1명을 파견하여 만선전(萬善殿)에서 나이 어린 태감들을 가르쳤다. 건륭(乾隆) 연간에 이르러 고종(高宗)이 "내감은 궁정에 사용되도록 공급되니 그들에게 약간의 글을 알게 하는 것도 괜찮은 일이나 굳이 전문가를 보내 그들에게 문장의 깊은 의미까지 가르칠 필요가 있겠는가? 전대 명나라에서 환관들이 권력을 전횡하게 된 것은 바로 내시들에게 글을 많이 읽힌 탓이다. 이와 같은 폐정은 속히 근절시켜야 한다."라고 하였다. 그래서 다시는 고문을 가르치는 교사인 한문교습(漢文敎習)이 만선전(萬善殿)에서 글을 가르치는 일이 없게 되었다.(≪청패류초·내감의 글공부를 개혁하라는 고종의 명(高宗改內監讀書之制)≫)

환관에게는 엄격한 등급이 있는데, 부의의 ≪나의 젊은 시절≫에서 소개한 것에 따르면, 대체로 총관(總管) · 수령(首領)과 일반 태감(太監)으로 나눌 수 있다. 청대에 3품인 화령도령시(花翎都領侍)는 각처 태감 중 최고의 우두머리로 궁궐 안 48곳의 태감들을 관리하였다. 그 아래는 구당총관(九堂總管)으로 3품에서 5품까지 있었다. 또 그 아래는 태감수령이 있는데 4품에서 9품까지였다. 또 그 아래는 일반 태감으로 대부분 죄를 지은 자들이었다. 청말의 태감총관 이연영(李蓮英)과 장겸화(張謙和)는 2품 정대에 추대되는 상을 받았다.

이밖에 각 궁전의 환관 중에도 총관(總管) · 수령(首領) · 문서관리자 · 전달자와 소태감(小太監)이 있었다. 궁내의 각 처소는 또 수령(首領) · 대사부(大師父) · 대반(帶班) · 진인(陳人) · 도제(徒弟)로 나뉘었다. 등급이 아주 엄격해서 한 등급 차이라도 넘을 수 없었다. 규정에 따르면 태감 중 월봉이 가장 높은 자가 은 8량 · 쌀 8근 · 엽전 1관 300이었고, 가장 낮은 월봉은 은 2량 · 쌀 1근 반 · 엽전 600이었다. 실제로 고위층 태감의 수입은 이들보다 훨씬 많았다. 부의가 소개한 것에 의하면, 자신의 이총관(二總官)이었던 완진수(阮進壽)는 겨울이면 매일 한 벌 씩 가죽

도포를 갈아입었는데 같은 것을 입은 적이 없었다고 한다. 또 새해 때면 그는 안감이 털로 되어있고 전체를 해달 가죽으로 만든 마고자를 입었다고 하는데, 하급 중앙관료 한 사람이 평생 생활할 수 있는 값이었다고 한다.

태감수령이나 총관들은 많은 어린 태감들의 시중을 받으며, 자신의 주택 · 가족 · 주방을 가지고 있어 매일 산해진미를 즐겼지만 그 아래 태감들은 그들이 남긴 것을 먹을 뿐이었다. 특히 막 궁궐에 들어 온 어린 태감들은 일년 내내 고생하면서도 매까지 맞았다. 청말의 늙은 태감 신수명(信修明)에 의하면 "하루라도 빨리 들어오면 스승이 되고 하루라도 늦게 오면 도제가 되었는데, 태감이 태감을 관리하는 것은 궁형보다 더 심했다. (早來一日爲師, 晩來一日爲徒, 太監管太監, 尤甚于宮刑.)"라고 하였다.

환관이 옷을 입고 모자를 쓰는 것에도 다 일정한 규정이 있었다. 예를 들어 명대의 경우 태감은 강차모(鋼叉帽)[1]를 쓰도록 규정하였다. 그리고 장수(長隨) · 내사(內使) · 소화자(小火者)는 가늘게 자른 죽오리로 태(胎)를 만들고 푸른 비단으로 씌웠다. 옷은 세 겹으로 입어야 했는데, 첫 겹은 개면(蓋面)이라고 부르는 안감(貼裏)과 둥근 깃(圓領) 같은 것이고, 두 번째 겹은 친도포(襯道袍)라고 하였으며, 세 번째 겹은 철령도포(綴領道袍)라고 하는 것으로, 그 옷깃은 백장포(白漿布)로 만들었다. 이 세 겹의 옷안

1) 가늘게 자른 죽오리로 태(胎)를 만들고 주름진 푸른 깁으로 덮은 Y자 모양의 비녀를 지른 모자 - 옮긴이.

에는 마고자(褂)나 저고리(襖)를 입을 수 있었고 바깥에는 외투(罩甲)를 입을 수 있었다. 일반 옷은 감색 · 군청색 · 검은색이었다. 태감들은 모두 하얀 모시나 누런 비단으로 만든 행주 같은 수건을 가지고 다녔다. 길이는 5척, 너비는 3촌에 장식용 술이 없는 헝겊으로, 의복 안감의 오른쪽에 반 정도가 바깥으로 드러나도록 단다. 발에는 부드러운 바닥에 얇은 안감을 댄 검은 가죽신을 신었다. 내사(內使)와 소화자(小火者)는 한쪽 면이 청색 천으로 된 신발에 청색 양말(青布襪)을 신었다.

청대의 환관 복식은 회색 · 남색 · 진홍색 · 다갈색 · 연 다갈색의 다섯 가지 색으로 구분하였다. 봄에는 궁궐 내의 대총관(大總管)부터 시작하여 일률적으로 남색 의복으로 바꿔 입는다. 여름에는 다갈색과 연 다갈색 의복을 입는다. 가을과 겨울에는 남회색 도포를 입는다. 상전의 생일 때는 진홍색 옷을 입고, 기일(忌日) 때는 반드시 푸른색이 도는 자주색 옷을 입어야 했다. 태감총관과 수령은 마고자를 입을 수 있었고, 그 외 태감들은 반 팔 조끼만을 입을 수 있었다. 총관과 수령은 긴 장화를 신을 수 있었고, 그 외 태감은 뿔처럼 각이 진 신발(角靴)만을 신도록 하였다. 사시장철 언제나 무명양말(老布襪)을 신었다. 바짓가랑이만 있는 덧바지(套褲)를 입는 것은 발목부터 무릎까지 3, 4촌 정도로 하고, 바지허리와는 허리띠로 연결하였다. 우측 바지 띠에 삼각형으로 접은 손수건을 꽂고 다니다가 수시로 꺼내어 손위에 펼쳐 상전을 도울 준비를 한다.

환관은 궁궐 안에서 아첨하며 비위를 맞추어 황제에게 총애를 받을 절호의 기회를 가지고 있었고, 황제도 환관은 대부분 어려서 궁궐에 들어와 바깥 조정과 그다지 연계되어있지 않아 신뢰할 만하다고 여겼다. 더군다나 일부 대환관들은 어려서부터 자신들이 성장할 때까지 시중을 들어주었던 사람들임에랴 더할 나위 있겠는가? 왕진(王振) 같은 이는 명 선종(宣宗) 때 입궁하여 태자 주기진(朱祁鎭)의 글공부를 시중들었는데, 주기진이 즉위하여 명의 영종(英宗)이 되면서 신임을 얻게 되었다. 득세한 이런 환관들은 황제의 총애를 믿고 조정을 기울게도 할 수 있었지만 일반 공경대신들은 도리어 그들을 무시하였다. 사마천(司馬遷)은 ≪임안에게 알리는 편지(報任安書)≫에서 "옛날에 위나라의 영공이 환관 옹거와 함께 마차를 타자 공자는 치욕을 느끼고는 진(陳)나라로 떠나버렸습니다. 상앙이 환관 경감의 추천으로 진(秦) 효공(孝公)의 중용을 얻게 되자 현자 조량은 낙심하였습니다. 환관 조담(趙談)이 문제(文帝)의 동승자가 되자 낭중관이었던 원앙(袁盎)이 노하여 이를 제지하였습니다. 예부터 사람들은 환관을 수치스러워했습니다.(昔衛靈公與雍渠同載, 孔子適陳; 商鞅因景監見, 趙良寒心; 同子參乘, 袁絲變色; 自古而恥之.)"라고 하였다. 사마천은 예부터 사람들이 궁형에 처해진 사람들에 속하는 것을 수치스러워했다고 말했다. 춘추시기에 공자가 위(衛)나라로 가게 되었는데, 위 영공이 부인과 마차를 타고 외출할 때 환관 옹거(雍渠)를 태우고 나서 공자를 타게 하였다. 공자는 커다란 모욕을 느껴 "나는 여인을 좋아하는 것처럼 덕을 좋아하는 이를 보지 못했다"라고 말했다. 이리하여 위(衛)나라를 떠나 진(陳)나라로 가버렸다. 상앙(商鞅)은 전국시기의 유명한 정치가로서 진(秦)나라에 두 차례 변법(變法)을 실시하여 든든한 기초를 다졌다. 하지만 그는 환관 경감(景監)의 추천으로 관직을 얻었다고 해서 진(秦)나라의 현자였던 조량(趙良)은 관직을 얻은 방법이 온당하지 않다고 여겨 물러나기를 권유하였다. 한 문제 때 환관 조담이 문제와 함께 마차를 타고 나서는데, 중랑장(中郎將) 원앙(袁盎)이 발견하고는 문제 앞에 엎드려 "제가 듣기로 천자는 오로지 천하의 영웅호걸과만 수레를 같이 탄다고 들었습니다. 지금 조정에 인재가 없다고 할지라도 폐하께서는 환관과 수레를 같이 타셔서는 아니 됩니다"라고 간하였다. 이처럼 환관은 사람들에게 무시되었다는 것을 알 수 있다.

또 이런 얘기가 있다. 송나라 때의 환관 동관(童貫)이 황제의 총애를 믿고 거만하게 굴었는데 사람들은 그 앞에서 아첨을 해대었지만 전앙(錢昻)이라는 사람만이 그를 인정해 주지 않았다. 하루는 외출하려고 동관을 기다렸다. 그러나 동관은 상당한 시간이 흐른 후에야 나타났다. 전앙이 "태위께서 어찌 늦으셨습니까?"라고 묻자 동관이 "당나귀가 작아 타기 어려웠네. 움직였다 하면 번번이 이리저리 날뛰어 이렇게 늦고 말았네"라고 대답하였다. 전앙이 "태위의 나귀가 수컷이지요?"라고 물으니 동관이 "그렇다네"라고 답하였다. 전앙이 "나귀가 이렇게 말을 안 들으니 불알을 까버리는 게 좋겠습니다"라고 하며, 동관을 아예 무시하였다.(≪송인일사휘편(宋人軼事彙編)≫ 하책).

당대에 위세가 대단했던 환관 어조은(魚朝恩)은 정국공(鄭國公)

에 봉해지자 조정의 신하들을 아예 무시하였다. 곽영예(郭英乂)라는 조정의 신하가 재상이었는데 어조은의 위세에 눌려 두 차례의 중요한 연회에서 어조은의 자리를 각 부(部)의 상서(尙書) 앞에다 배치하였다. 문무백관(文武百官)들이 이에 분개했지만 감히 입 밖에 내지는 못했다. 검교형부상서(檢校刑部尙書) 안진경(顔眞卿)만이 곽영예의 비굴한 행위를 질책하는 글을 지었다. 그는 유명한 ≪쟁좌위첩(爭座位帖)≫이라는 글을 남겼는데, 후인들은 이 작품을 ≪난정서(蘭亭序)≫에 비견할 만하다고 칭송하였다. 이백(李白)이 황제의 부름에 응하여 지은 글로 고력사(高力士)의 신발을 벗긴 일이 있었다. 이에 대해 고력사는 "나는 성은을 입어 큰 위세를 누리고 있고, 황태자께서도 나를 형이라 부르는 것은 물론 여러 왕 · 백 · 후들조차도 나를 노인장(翁)이나 어르신(爺)이라고 부르는데, 이백 같은 이런 하찮은 학사가 감히 궐내에서 내게 모욕을 주다니!"라고 하며 분개해하였다.

환관들은 사인(士人)이나 백관(百官)들에게 무시당했기 때문에 그들에게는 늘 일종의 보복심리가 작용하였다. 그래서 일단 득세하게 되면 권력을 전횡하는 것은 보통이고 조정의 백관들에게까지 모욕을 주었다.

역대 환관의 행동거지에 약간의 규정이 있었다. 예를 들면 엄인은 황제의 명을 조정에 전달하고, 재상을 만나면 무릎을 꿇고서 말을 하고 들어야 하며 일어설 수 없게 하였다. 또 길에서 백관을 만나면 배알을 위해 말에서 내리고 지나간 다음에야 말에 오르며 수레도 탈 수 없도록 하였다. 공경(公卿)을 막는 엄인은 목을 베도록 하였고, 백관을 막는 엄인은 유배를 보내도록 하였으며, 어른 환관이 말을 잘못하게 되면 죽이도록 하였고, 어린 환관이 말을 잘못하면 쫓아내도록 하였다. 그러나 이런 규정들은 한 때에 집행되었을 뿐이었다. 제왕이 교만하고 방종하게 되면 환관도 이에 편승하여 갈수록 두려움이 없어져 고의든 아니든 대신들을 모욕하며 자신들의 한을 풀었다. ≪만력야획편≫의 기록에 이런 사건이 보인다. 융경(隆慶) 2년(1568)에 환관 허의(許義)라는 자가 남의 재산을 속여 취한 일이 있었는데, 성내를 순시하던 어사(御史) 이학도(李學道)에게 잡혀 채찍으로 매질을 당하였다. 환관들이 이 소식을 듣고 분기탱천하여 이튿날 좌순문(左順門)을 지키고 있다가 이학도가 지날 때 포위하고는 구타를 가했다. 이 사건이 황제에게 알려지자 구타에 가담한 환관들에게 곤장 백대를 치고 우두머리는 변방의 수비로 보내버리고 나머지는 모조리 효릉(孝陵)으로 보내어 능을 지키는 병사인 정군(淨軍)으로 만들어 버렸다.

또 하나의 기록이 있다. 만력(萬曆) 30년(1602)에 예부시랑(禮部侍郎) 오문정(敖文禎)이 선무문(宣武門)을 지나다가 말을 타고 온 술 취한 환관 세 명에게 붙잡혀 이유 없이 심한 매질을 당하고 가마가 부서지는 봉변을 당하였다.

청대(淸代) 광서(光緖) 연간에 이르러서는 중앙 관료 중 문책을 당하는 자에게는 대부분 환관을 통해 황제의 뜻이 전달되었다. 관료에게 무릎을 꿇리고 성지(聖旨)를 받들도록 하는 것이

보통인데, 이 때 사람들이 듣기에도 거북한 심한 욕을 퍼부어 댄 태감(太監)도 있었다. 당시에 새로 설립된 우편전달을 책임지는 우전부(郵傳部)의 상서(尙書)였던 장백희(張百熙)가 시랑(侍郎)이었던 당소의(唐紹儀)와 사이가 좋지 않아 서로 탄핵하고는 휴가를 내고 부서에 출근도 하지 않았다. 이 일로 두 사람 다 황제에게 질책을 받게 되었다. 먼저 장백희를 파면한다는 성지를 전하는 환관이 "염치없는 새끼, 꺼져라!(混帳王八蛋, 滾下去!)"라는 식의 심한 욕을 퍼부어 대었고, 이런 욕을 먹은 장백희는 얼굴에 핏기가 가실 정도로 분노하였다. 또 당소의에게도 성지를 전달했는데 당소의는 재빨리 400냥의 은자를 주어 욕은 면할 수 있었다. 장백희가 이 소식을 전해 듣고는 얼마안가 화병이 나서 죽고 말았다.

청말에 광서제와 자희(慈禧)태후가 연이어 세상을 떠났는데, 국상(國喪)기간동안은 관리들이 상소문을 올릴 수 없는 것이 상례였다. 그러나 대학당(大學堂)에서 감독과 편수를 책임졌던 유정침(劉廷琛)이라는 자가 상소문을 올리는 바람에 질책을 받게 되었다. 유정침은 400냥의 은자를 낼 수 없자 아는 사람을 통해 잘 말해 반만 내게 되었다. 성지를 받들 때 환관에게 들을 욕의 절반인 "염치없는 놈(混帳下去)"이라는 소리를 들었는데, 이를 반욕(半罵)이라고 하였다. 유정침은 물러나 사람들에게 "선비를 죽일 수는 있어도 모욕을 주어서는 아니 된다고 했거늘 난 정말로 나라에 이런 더러운 관례가 있는 줄 몰랐소이다!(士可殺不可辱, 我眞沒想到國家有此惡例!)"라고 하였다.(≪청패류초·

태감이 대신을 모욕하다(太監侮大臣)≫)

≪청패류초≫의 기록에 의하면, 대 태감 이연영(李蓮英)도 종종 기회 있을 때마다 고관들을 모욕했다고 한다. 청말의 실권자 이홍장(李鴻章)이 이연영에게 실수를 한 적이 있었다. 이연영은 기회가 생기면 보복하리라고 마음속에 새겼다. 하루는 그가 이홍장에게 "황제께서 이화원을 보수하시고자 하나 재원이 어려운 관계로 공사할 자금을 아까워하십니다. 대감께서 먼저 가셔서 보시고 보수해야 할 부분을 살펴주시지요!(老佛爺要修頤和園, 但錢財困難, 不想拔款興修, 請你先去看看, 驗其該修之處!)"라고 말하였다. 이연영은 이홍장을 이화원으로 가도록 한 후 이 기회를 틈타 "이홍장이 제멋대로 금지구역으로 들어갔는데 무슨 의도인지 모르겠습니다.(李鴻章擅入禁地, 不知何意.)"라고 일러바쳤다. 광서제(光緖帝)는 대노하여 처벌하라고 조서를 내렸다.

청나라 궁전 중 의란전(儀鸞殿) 곁에 한 칸의 작은 방이 있는데, 당직 대신이 쉬는 곳이었다. 한 번은 이연영이 이 방안에서 유리 창문을 사이에 두고 대학사 복곤(福錕)이 걸어오는 것을 보고는 고의로 남은 찻물을 입에 머금고 있다가 복곤이 창문 앞에 이르렀을 때 커튼을 확 젖히고 복곤의 얼굴에다 찻물을 뿜었다. 이연영은 "학사께서 이곳으로 오실 줄 몰랐습니다. 너무 경솔했습니다!(不知中堂到此, 殊冒昧!)"라고 거짓 사죄를 했지만 복곤은 어쩔 도리가 없었다.

환관은 어려서 거세했기 때문에 말소리는 젊은 여자 같아지고 몸은 통통하게 살이 쪄 피부가 부드러워진다. 성인이 되어 거세된 자는 귀를 찌르는 듯한 수컷 오리 목소리를 내게 되고 나이가 많아지면 살이 빠져 주름이 쪼글쪼글한 할머니 같은 모습으로 변한다. 그들은 대부분 어릴 적에 입궁한 때문에 친척도 없고, 사람들에게 무시를 당하는 처지였기 때문에 늘 분해하고 불만스러워하였다. 또 상심할 것도 아닌 것에 눈물을 흘렸고, 마음속에 둘 것도 아닌 것에 화를 내기도 하였다. 약자에게는 강한 연민을 느끼기도 하였고, 고양이나 개를 친구 삼아 키우는 것을 좋아하기도 했으며, 가난한 이들에게 재물을 아낌없이 희사하기도 하였고, 소상인에게는 가격을 따지지 않는 대범한 면도 보였지만, 도둑질은 유별나게 경멸하였다. 그러나 자신들의 사적인 비밀을 사람들에게 언급하는 것을 가장 꺼려하였다. 심지어 꼬리가 없니 짧니 하는 개에 관한 이야기든 손잡이가 없는 차 주전자 이야기든 아주 사소한 말조차도 자신들에 관한 것이라면 달가워하지 않았다. 그들은 관직을 얻게 되면 거세한 날을 생일로 삼았고 모든 운세와 점괘에도 이 날을 사용하였다. 죽기 전에 보관하고 있던 "보배(寶)"를 관속에 넣어달라고 유언을 했는데, 이는 저승에서 "남자의 몸(男兒身)"으로 회복되기를 바랐기 때문이었다.

이런 사람들은 생리적으로 부족한 탓 때문인지 심리적으로는 변태성향이 나타나 상리(常理)에 어긋나는 짓을 저지르곤 하였다. 부모조차 모른 채 하거나 제 아비를 매질하는 짓들이 바로 변태심리에 기인한 행동들이라고 하겠다. ≪엄산당별집(弇

山堂別集)·중관고(中官考)≫부분에 보면 명나라 때의 환관이었던 장웅(張雄)이라는 자는 계모의 핍박으로 자궁했기 때문에 자신의 아버지를 원망하였다. 훗날 권세를 얻고 나서도 자신의 아버지를 만나지 않다가 다른 사람들의 간곡한 권유를 받고는 결국 자신의 아버지에게 20대의 곤장을 친 다음에야 아는 척을 했다고 한다. ≪숙원잡기(菽園雜記)≫에도 기녀를 어머니로 삼았던 어떤 환관의 일이 기록되어 있다. 복건성(福建省) 출신의 어떤 환관이 권세를 얻은 후에 자신의 어머니가 생존해 있는 것을 알고는 사람을 보내 서울로 모셔오게 하였다. 그러나 멀리서 제 어미의 추한 모습을 보고는 아는 척도 하지 않고 주변에다 대고 "저 여자는 내 어머니가 아니니 다시 찾아 보거라!(此非吾母, 當更求之!)"라고 하고는 복건성으로 다시 사람을 보냈다. 후에 나이는 들었어도 여전히 고운 자태가 남아있는 기녀를 하나 데리고 돌아오자 앞으로 다가가 아는 척을 하고 봉양을 잘했다고 한다.

# 환관의 혼인과 가정

환관의 몸은 거세를 당해 성기능을 상실한 때문에 보통 사람들처럼 생리적으로 결혼해 자식을 낳으며 살 수 없다. 환관의 결혼을 금지한다는 명문화된 법령이 역사에 보이지 않는 것은 굳이 금지할 필요가 없다고 생각한 때문이었을 것이다.

그러나 환관이 처첩을 거느렸다는 기록은 사서에 흔히 보인다. 환관은 입궁 후에 오랜 세월 제일 많이 접촉하는 것이 바로 여인들이다. 후비(后妃)로 말하자면 그녀들은 주인이었고 환관은 그녀들의 의복 · 음식 · 거주 · 거동을 시중드는 노비들이었다. 일반 궁녀나 제왕의 유모 입장에서 보면 환관은 평등한 지위에 있는 사람들이었다. 환관들이 매일 그녀들과 귀와 살쩍을 문지르듯 서로 보살펴 주며 지내다 보니 정분이 나는 것은 당연한 일이다. 정상적인 성생활은 할 수 없지만 흡사 부부처럼 지내게 된다. 이런 기형적인 양성(兩性)관계를 “대식(對食)” 혹은 “채호(菜戶)”라고 불렀다. ≪추등록(秋燈錄)≫이라는 책의 기록에 의하면 “궁중의 옛 관례에 내감과 궁녀가 부부로 짝짓는 것을 일러 마주하여 밥을 먹는 사이라는 의미의 ‘대식’이라고 하며......짝을 이룬 이들은 민간의 부부들과 하등 다를 것이 없었다.(宮中舊例, 內監與宮女各配夫婦, 謂之‘對食’......偶俱相比, 無異民間伉儷.)”라고 하였다.

명사(明史)의 기록에 따르면, 명대의 대태감이었던 위충현(魏忠賢)과 명 희종(熹宗) 주유교(朱由校)의 유모 객씨(客氏)가 바로 “대식자(對食者)”로 맺어졌다고 한다. 객씨는 18세에 입궁하여 주유교의 유모가 되었다. 명 희종은 황제가 된 후에 자신을 키워 준 유모의 은공을 잊지 않고 그녀를 “봉성부인(奉聖夫人)”으로 봉하는 등 큰상을 내렸다. 위충현은 입궁한 후에 갖은 방법을 동원해 객씨의 비위를 맞추었다. 원래 객씨와 사이가 좋았던 태감 위조(魏朝)는 아주 불편스러워하다가 결국 위충현과 대판 싸움을 벌이게 되었다. 주유교가 나서서 싸움을 멈추게 한 후 객씨에게 물었다. “유모, 누가 그대에게 필요한 사람인지 그것만 말하시오. 내가 그대를 위해 결정해 주겠소!(客奶, 你只管說要誰爲你管事, 我給你做主!)”(≪음주 속에 품은 뜻(酌中志)≫) 결국 황제가 주선하여 위충현과 객씨를 “대식”으로 맺어 주었다. 후에 두 사람은 한 패가 되어 온갖 못된 짓을 일삼았다. 이에 대해서는 나중에 더 소개하겠지만 어쨌든 명대에 이런 기형적인 양성관계가 이미 공개화되고 합법화되었다는 것을 쉽게 알 수 있는 대목이다.

파악하고 있는 사료를 살펴보면, 환관이 아내를 얻었다고 하는 가장 이른 시대는 동한이라고 여겨진다. 역사학자들도 동한·당·명이 환관들의 폐해가 가장 극심했던 시대로 평가한다. 동한의 환관들은 오만방자하게 굴었던 것은 기본이고 대부분 아내를 취하였다. ≪통감(通監)·한기(漢紀)·성제기(成帝紀)≫에 "높은 수레를 타고 승진을 다투는 자들은 모두 환관의 마누라들이었다.(高軒鬪升者，盡是閹官之嫠婦.)"라는 기록이 있다.[1)]

한 환제(桓帝) 때 외척이었던 양기(梁冀)가 권력을 찬탈하자 단초(單超)·서황(徐璜)·당형(唐衡)·구원(具瑗)·좌관(左悺)이라는 다섯 명의 환관이 황제를 도와 양기를 비롯한 그 잔당들을 제거했는데, 이로써 그 공로를 인정받아 "5후(五侯)"에 봉해졌다. ≪후한서(後漢書)·환자열전(宦者列傳)≫에는 단초가 죽은 후 당형 등 4후가 전횡하여 "대부분 양가의 미녀들을 첩으로 삼고 모두 진귀한 보배로 화려하고 사치스럽게 꾸며 궁인들 같

---

1) ≪낙양가람기(洛陽伽藍記)≫ 권1에 "태후가 조정에서 정사를 처리하게 되자 환관들이 총애를 독점하였고, 환관들의 집에는 재물로 가득 채워졌다. 이 때문에 소흔은 '높은 수레를 타고 승진을 다투는 자들은 모두 환관의 아내들입니다'라고 하였다(太后臨朝, 閽寺專寵, 宦者之家, 積金滿堂, 是以蕭忻云: '高軒斗升者, 盡是閹官之釐婦.')"라는 구절이 있는데, 저자가 그 출전을 ≪통감(通鑑)≫이라고 한 것은 아마도 혼동한 것 같다 - 옮긴이.

았다.(多取良人美女爲姬妾, 皆珍飾華侈, 擬則宮人.)"라는 기록이 있다. 위의 사료를 참고하면 한나라 때 환관이 아내를 얻는 것은 이미 흔한 일이었다는 것을 알 수 있다.

고력사(高力士)

고력사(高力士)의 무덤

당나라 특히 당 후기에 이르러 사치스러운 궁궐 속에서 득세한 환관들은 예외 없이 노골적으로 아내를 맞이하였고, 또 처가 쪽과 손을 잡고 악행을 일삼았다. 심지어 황제가 나서서 환관을 위해 아내를 맞이해 주기도 하는 등 황당하기 그지없었다. ≪낙양가람기(洛陽伽藍記)≫라는 책에서는 당대 환관의 창궐은 앞 시대를 뛰어넘었고, 아내를 취하는 데에도 거리끼는 것이 없었다고 하였다. 당 현종(玄宗) 때 라는 환관이 총애를 받았는데, 현종은 늘 "고력사가 내 자리를 맡고 있으니 나는 잠자리에 들어도 편안하기만 하다.(力士當上, 我寢則穩.)"라고 말하였다. 상황이 이러하니 고력사는 그야말로 잠시도 황제 곁을 떠나지 않았다. 하간(河間)사람 여현오(呂玄晤)라는 자가 장안(長安)에서 관직을 지냈는데 그의 딸이 아름다웠다고 한다. 고력사는 그의 딸을 아내로 맞는 대신에 여현오를 소경(少卿)과 자사(刺史)로 발탁해 주었고, 여현오의 부인이 죽었을 때는 장안성 동쪽에다 아주 후하게 장례를 치러 주었다. 안팎에서 앞다투어 보내온 제사에 쓸 물품들이 길거리에까지 넘쳐날 정도였고, 집에서 무덤까지 가는 길은 수레와 말이 끊이지 않을 정도였다고 한다. 황당한 일을 하나 더 소개한다. 재상 배광연(裴光延)이 무삼사(武三思)의 딸을 아내로 맞았는데 고력사가 그녀와 간통을 했다. 이렇게 환관은 아내를 얻는 것은 기본이고 정부를 두기도 하였다. 환관 이보국(李輔國)은 안사(安史)의 난을 피해 태자 이형(李亨)을 영무(靈武)까지 수행하며 제위에 오를 것을 권했는데, 이가 바로 숙종(肅宗)이다. 장안으로 돌아온 후 숙종은 더욱 그를 총애하게 된다. 이보국을 죽은 이부시랑(吏部侍郞) 원희성(元希聲)의 조카인 원탁(元擢)의 딸에게 장가들도록 해주었고, 원탁을 양주장사(梁州長史)로 발탁해 주었다.

당 후기에 환관의 폐해를 거울삼아 송대는 환관을 관리하는 데에 엄격한 편이어서 아내를 두었다고 하는 기록은 크게 없지만 간간이 그런 기록이 보이기는 한다. ≪송사(宋史) · 후비전(后妃傳)≫에 "환관이 아내를 두어도 조정에서는 사실 암암리에 묵인하고 허락했다.(是宦官有妻, 朝廷實默允之.)"라는 기록이 있다. 이밖에 ≪송사 · 후비전≫과 ≪송사 · 환관전≫에 기록된 유사한 사건을 소개한다. 남송(南宋) 경원(慶元) 연간(1195~1200)

에 환관 임억년(林億年)이라는 자는 별장에 기녀를 두고 있었고, 진원(陳源)이라는 자는 폄소(貶所)에 음탕한 기녀를 두고 있었다. 사람들은 두 사람을 진짜 환관이 아니라고 의심하였다. 정사(正史)에는 환관이 아내를 두었다는 기록은 아주 드물어 동관(童貫)이나 양사성(梁師成) 같은 대환관의 전기에도 아내를 두었다는 기록은 보이지 않는다.

원대(元代)에는 정사에도 환관이 아내를 두었다는 기록이 간간이 보인다. 이를테면 ≪신원사(新元史)·환자전서(宦者傳序)≫에 "처첩을 많이 거느린 자들만이 여전히 아내를 둘 수 있었다.(惟蓄妻妾者, 仍偶有之.)"라고 하였고, ≪원사(元史)·오고손량정전(烏古孫良楨傳)≫에 한인(罕因)이라는 환관이 첩을 아낀 나머지 아내를 죽이고 그 살을 도려내어 개에게 먹였다고 하였다.

명대 초기에 태조는 환관이 여자를 아내로 두는 것을 엄격히 금지시키고 어기는 자는 그 가죽을 벗겼다. ≪만력야획편≫은 당시에 뇌물을 탐한 환관에게는 가죽을 벗기고 풀을 쑤셔 넣는 형벌이 있었는데, 아내를 둔 내시들에게도 이 형벌을 사용했다고 기록하고 있다. 명 성조(成祖) 때 환관을 총애하기 시작하면서 태조의 금령은 점차 폐기되었고 환관들도 따라서 거리낌없이 방자해지기 시작하였다. ≪만력야획편·환관선음(宦官宣淫)≫ 중에는 하남안찰첨사(河南按察僉事) 석윤상(石允常)이 평복을 하고 나서서 환관이 여자를 겁탈하거나 여자를 죽게 한 사건들을 조사해 낸 일이 기록되어 있다. 이후로 많은 환관들이 아내나 첩을 얻고 장가드는 양태도 다양해졌는데, 그

기기묘묘한 방법들을 살펴보면 다음의 몇 가지로 나누어 볼 수 있다. ① 황제가 환관에게 처첩을 하사하는 경우이다. 섭문장(葉文莊)이 지은 ≪수동일기(水東日記)≫에 진무(陳蕪)라고 하는 환관이 선종(宣宗) 때 어마감(御馬監)의 태감으로 승진했다는 기록이 보이는데, 한왕(漢王) 고후(高煦)를 따라 출정하여 공을 세웠다고 해서 왕근(王謹)이라는 성과 이름을 받은 것 외에도 엄청난 재물과 함께 궁녀 두 명을 아내로 받았다고 한다. 천순(天順) 초년에 오성(吳誠)이라는 자에게 아내를 하사했다는 언급도 있는데, 이 오성에게는 요씨(姚氏)라는 첩이 하나 더 있었는데 오성이 죽자 그녀는 황제에게 상서하여 장례의 일을 청원하기도 했다 한다. ② 궁녀와 "대식"으로 맺어지는 경우이다. 궁녀와 환관은 궁궐 안에서 같이 지내는 데다 궁녀는 아무리 사소한 것을 사려고 해도 환관의 도움을 필요로 했기 때문에 자연히 정분이 들기 마련이었다. 이때 누군가 중매를 서게 되면 "대식"이나 "채호"로 맺어질 수 있었다. 궁녀 가운데 "대식"이 없는 경우는 아주 드물었다. 보통은 서로 좋아하며 사랑을 속삭이지만 서로 질투를 하거나 폭력을 휘두르는 경우도 있었다. 이런 상황을 황제도 이해해서 그런지 간혹 환관에게 "너의 아내는 누구더냐?"라고 묻기도 했다고 한다. 궁궐 밖으로 내쳐진 궁녀들은 대부분 환관들에게 시집을 갔다. ③ 아내를 여럿 얻거나 기녀를 부양하는 경우이다. ≪유청일찰(留靑日札)≫이라는 책의 '환관처(宦官妻)'조의 기록에 후옥(侯玉)이라는 환관에게 아름다운 처첩(妻妾)들이 많아서 한 친구에게 젊고 아름다운 여자 둘을 선물로 주었던 일과 어떤 환관이 기녀와 서로 좋아지자 아내로 삼아 집으로 데리고 갔던 일 등이 보인다. 숭정(崇禎) 말년에 내시들이 취처(娶妻)하는 것을 엄금했으나 "내관들이 사사로이 밖에서 아내를 얻거나 기녀를 좋아하는 사건이 끊이지 않았다.(內官私在外娶妻及狎妓者, 尤比比也.)"라고 역사는 기록하고 있다. 심지어 환관이 기생을 데리고 놀다 빚을 지고 궁궐로 도망하자 기녀가 남장을 하고 궁궐로 들어와 빚 청산을 요구하는 사건도 발생하였다. 권세를 누렸던 일부 대환관들은 나이 들어 고향으로 돌아가면 더 많은 애첩들을 거느리는 경우가 많았다.

청대에는 태감이 되어 3년 정도가 되면 조정에서 반드시 고관을 파견하여 태감의 행적을 철저하게 조사해 뛰어난 자는 궁궐로 복귀시키도록 제도화했기 때문에 환관이 된 초기에 아내를 얻었다는 소리가 없었다. 청대 말기에야 비로소 아내를 얻고 양자를 들였다는 자가 나타난다. ≪청패류초≫의 기록을 보면 도광(道光) 연간에 내감 미풍의(美豊儀)라는 자가 총애를 받게 되자 아내를 얻어 내정의 남쪽에 거처할 집을 마련했다고 한다. ≪황조쇄설록(皇朝瑣屑錄)≫ 권7의 기록을 보면 동치(同治) 연간에 경오(庚午) 관보는 태감 안덕해(安德海)라는 자가 몰래 도망쳐 가족들을 데리고 서울을 빠져나왔지만 이리저리 헤매다 잡혀서……칙령에 의해 현장에서 처형되었고……그의 부인 마(馬)씨는 군인에게 넘겨져 노비가 되었다고 하였다. 노태감 손요정이 소개한 내용에 따르면, 아내를 얻거나 여인들과 어울리는 것은 청나라 말기에 궁궐 안에서 대단히 유행했던 일로 어떤 태감이건 돈이 있으면서도 아내를 얻지 못하거나 기생을 데리고 놀지 못하면 사람들에게 놀림감이 되었다고 한다. 소덕장(小德張)이라고도 불렸던 장운정(張雲亭)이라는 내시는 출궁 후에 천진(天津)에 집을 마련하고 몇 명의 아내를 얻었는데, 그 중 하나가 천진(天津)에 있는 한 기루의 이름난 "소향숙옥(小香淑玉)"이라는 기녀로 그녀는 후에 정실부인이 되었다고 한다. 어떤 여자는 학대를 못 이겨 외국 조계지(租界地)내의 영국 경찰서로 도망쳐 보호를 요청하기도 했는데, 후에 소덕장은 돈으로 경찰관을 매수해 들어가서는 그 여인을 잡아와 때려죽였다고 한다. 물론 잘 살았던 여인도 있다. 손요정이 알고 있었던 태감 위자경(魏子卿)이라는 자는 6품 정대 벼슬을 가진 자였는데 궁중에서 남모르게 예쁜 궁녀와 알게 되었다. 청나라의 마지막 황제였던 부의(溥儀)가 궁궐을 떠난 후에 위자경(魏子卿)도 궁궐을 나와 황화문(黃化門) 부근에 집을 얻어 그 궁녀와 동거했다고 한다.

환관은 성관계는 못했지만 아내나 첩을 얻고 기녀를 데리고 놀았으며 심지어 간통까지 저질렀는데, 그 원인을 들여다보면 다음의 몇 가지 형태로 나타난다. 첫째, 일종의 성(性)적 위로가 필요한 경우이다. 환관들은 원래 부모는 물론 형제자매와도 관계를 끊고 황제의 유모나 궁녀들과 오랫동안 궁궐 안에서 살게 된다. 그러다 보니 그들은 자연스럽게 서로에게 관심을 갖게 되고 서로 보살펴 주는 친밀한 관계를 형성하게 된다. 환관들은 비록 거세를 당했지만 그들 스스로는 언제나 스스로를 성적 위로가 필요한 남자라고 여겼기 때문에 궁녀나 유모와 서로 만나 한 쌍의 부부처럼 행세할 수 있었던 것이다. 다른 사람들은 물론 심지어 황제까지도 이런 관계를 인정해 주었는데, 이것이 바로 "채호" 또는 "대식"이다. 둘째, 거세되었다고는 하지만 거세가 완벽하지 않아 나중에 다시 자라나기도 했는데, 이 때문에 이성을 필요로 한 경우이다. 어떤 조대(朝代)는 환관이 된 후 몇 년이 지나면 다시 몸을 검사하도록 규정했는데, 재차 거세를 당하는 사람도 더러 있었다. 또 어떤 사람은 비록 남성 구실을 할 수 없는 환관이라지만 성욕은 여전하다고 여겼다. 셋째, 일종의 변태심리로 이성에게 성적 학대를 가하는 경우다. 어떤 노태감은 한평생 수많은 굴욕을 받다가 갑자기 큰돈이 생기자 바로 젊은 처첩들을 구해서는 자신이 받았던 온갖 형벌을 처첩들의 몸에다 저질렀다. 청나라 말기의 한 노태감은 늘 처첩들을 발가벗겨 놓고 담뱃불로 지지거나 매달아놓고 때리기도 하고 침으로 찌르는 등 갖은 짓을 다하였다.(≪왕조 마지막 태감들의 비밀≫) 진존인(陳存仁)의 ≪남성의 혹형인 태감에 관한 연구(男性酷刑太監考)≫를 보면, 환관은 성관계를 할 수 없게 되자 성정이 비뚤어져 처첩을 아끼기는커녕 성관계를 할 때마다 여자를 깨물거나 씹고 긁거나 때려서 여자는 마치 야수에게 당한 듯이 온몸이 상처투성이가 되었지만 죽을 수도 살 수도 없었다고 한다. 이 때문에 여자들은 얼굴이 누렇게 뜨고 몸은 비쩍 마른 채로 슬픈 생을 마감하는 경우가 대부분이었다. 태감에게 시집갔던 어느 늙은 궁녀는 거세가 사람의 마음을 왜곡시켜놓은 결과인지는 모르겠으나 악랄하고 강한 질투심에 의심까지 많아 태감의 아내 노릇은 정말 지긋지긋했다고 털어놓았다. “남편 유씨는 평상시에 날 더러 다른 남자들과는 절대로 말도 못하게 하였고 내가 외출하는 것은 더더욱 허락하지 않았으며 내가 친척을 찾거나 이웃에 들르는 것도 허락하지 않았다. 나는 상자 속에 갇혀 생활하는 것 같았다. ……(老劉「她嫁的那个太監丈夫」平常絶不讓我跟男人說話, 更不許我上街, 也不許我走親戚串街坊, 我就像在合子里生活一樣.……)”2)

환관이 처첩을 얻었다는 기록은 있어도 아이를 낳았다는 기록은 보이지 않는다. 옛날에는 “세 가지 불효 가운데 후손이 없는 것이 제일 크다.(不孝有三, 無後爲大.)”라는 말을 신봉하였다. 후사를 위해 환관들은 양자를 들였다. ≪후한서(後漢書) · 환관열전(宦官列傳)≫에 한(漢) 순제(順帝) 때 환관이 양자에게 작위를 세습하도록 윤허했다는 기록이 보인다. 그 양자는 친족은 물론 남이나 심지어 노예의 아들까지도 가능했다. 한대의 환관 손정(孫程)이라는 자는 순제를 옹립하는데 공이 있어 식읍이 만호인 부양후(浮陽侯)에 봉해졌다. 손정이 임종할 즈음 황제에게 상서하여 자신의 봉지를 남동생인 손미(孫美)에게 물려주게 해달라고 요구하였다. 순제는 이를 허락하는 동시에 봉지를 반으로 나누어 손정의 양자인 손수(孫壽)에게 주고 부양후로 봉하였다.

---

2) ≪궁녀의 옛 이야기(宮女談往錄)≫, 자금성출판사(紫禁城出版社) 1992년판.

손정이 죽고 난 후 그와 같은 시기에 후(侯)로 봉해졌던 네 명의 환관 중에 어떤 자는 성이 다른 양자를 두었고, 어떤 자는 개인이 부리던 노예를 사다 자식으로 삼았는데, 모두 봉작(封爵)을 세습하려 한 때문이었다. 순제 영건(永建) 4년(129)에 또 조서를 내려 환관의 양자는 모두 합법적인 계승자로서 작위를 세습해도 된다고 승인하였다. 양하(良賀)라는 환관이 있었는데, 순제는 그 충직하고 양순함을 기념한다며 그가 죽은 후 그 양자를 도향후(都鄕侯)에 봉하였다. 조등(曹騰)이라는 자는 "천자를 옹립한 공(定策功)"으로 비정후(費亭侯)에 봉해졌는데, 그가 죽자 그의 양자 조숭(曹嵩)이 봉호를 계승하였다. 조숭이라는 자는 바로 우리가 익히 알고 있는 조조(曹操)의 아비이다. 이상의 자료를 통해 보면 한나라 때는 환관이 양자를 두는 경우가 많았다는 것을 알 수 있다. 북위(北魏) 때 황제를 옹립한 환관 중에 조묵(趙默)이라는 자가 있었는데, 공을 세워 하내(河內)왕 · 난주자사(蘭州刺史) · 진남대장군(鎭南大將軍)에 봉해졌다. 그는 족제(族弟)인 조노(趙奴)의 아들 조치(趙熾)를 양자로 들여 후사로 삼았다. 조묵이 세상을 떠난 후에 조치는 하내왕의 작위를 세습하였다. 뒤에 누차 반란을 저지한 전공으로 광주자사(光州刺史)라는 관직에 올랐다. 훗날 이 가문은 번창하여 집안에서 부리는 하인만도 수 백 명이었다고 한다. 북위(北魏)의 또 다른 환관이었던 진서장군(鎭西將軍) 왕우(王遇)는 왕력(王歷)이라는 자를 양자로 들였는데, 후에 탕창후(宕昌侯)의 작위를 세습하여 관직이 풍익태수(馮翊太守) · 우군장군(右軍將軍)에 이르렀다고 한다.

당나라 때의 환관 중에 양자를 두었다는 기록은 많다. ≪신당서(新唐書) · 환자전(宦者傳)≫에 "지극히 날래거나 재능이 뛰어난 자를 양육하여 아들로 삼았다(至慓士奇材, 則養以爲子)"고 했다. 정원(貞元) 7년(791)에 "내시 5품 이상은 성이 같은 자 한 명을 수양하도록 허락하되 첫 양자는 열 살을 넘을 수 없다.(內侍五品以上, 許養一子, 仍以同姓者, 初養子不得過十歲.)"라는 조령을 반포하였다. 양자를 들인 환관 중에 어떤 자는 여러 명을 들여 모두 관직에 봉했던 예도 있다. 당 희종(僖宗) 때의 환관 양복광(楊復光)이라는 자는 내상시(內常侍)였던 양현가(楊玄價)의 양자였는데 그는 수십 명의 양자를 두었다. 그가 죽은 후에 수 십 명의 양자들은 모두 요직에 봉해졌다. 송대는 환관이 양자를 두는 것은 중년 이후에야 허용된다고 규정하였다. 개보(開寶) 4년(971)에 환관들이 재산싸움으로 소송을 벌이자 조서를 내려 나이 서른에도 양자가 없는 환관이어야 양자를 둘 수 있다고 조정하였다. 송 진종(眞宗)때 환관 서지통(徐志通)이라는 자는 온주(溫州)와 대주(臺州) 등의 순검(巡檢)이 되었을 때 가만히 앉아서 이환(李歡)이라는 자의 남자 아이 4명을 양자로 취하였다. 또 병사들이 민가의 아이들을 빼앗아가도 내버려두자 아이들의 어미가 바다에 투신하여 죽는 지경에까지 이르렀다. 또 ≪송사 · 환관전≫의 기록에 의하면, 남계종(藍繼宗)이라는 자는 12살에 입궁하여 네 명의 임금을 섬긴 공적이 있었다고 한다. 죽은 후에 안덕군절도사(安德軍節度使)에 추서되었고, 양자인 원용(元用)과 원진(元震)은 관직을 받았다. 후에 원진이 화재를 진압하는 데에 공을 세웠다고 하여 습의금대(襲衣金帶)가 내려졌고, 죽은 후에는 진해군유후(鎭海軍留後)에 추서되었다. 원진에게는 다섯 명의 양자가 있었는데 모두 내시였다.

청대 특히 청말에 이르러서는 "태감들 대부분이 대를 이어 제사를 지낼 양자를 들였다.(大凡太監几乎沒有不認過繼子以承香火.)"(≪왕조 마지막 태감의 비밀≫) 이연영(李蓮英)은 복항(福恒) · 복덕(福德) · 복립(福立) · 복해(福海)라는 네 명의 양아들을 두었는데, 이들은 모두 돈으로 3품에 해당하는 낭중(郎中) 벼슬을 사느라 도합 은자 1만냥을 썼다. 청대의 대태감 장운정(張雲亭)이라는 자를 두고 사람들은 '소인배 장씨'라는 의미의 소덕장(小德張)이라고 불렀는데, 이 자는 한 때를 풍미하다가 출궁한 후에는 천진(天津)의 여러 곳에 집을 두었다. 그는 친형인 장운교(張雲橋)의 아들 장빈여(張彬如)를 양자로 들였다고 하는데 형에게도 이 아들 하나 뿐이었다. "뒤를 이을 사람이 없는 상황(後繼無人)"을 막고자 장운교는 자신의 손녀보다 더 어린 여자를 데려다 첩으로 삼았는데, 이 여자는 장운교에게 세 명의 아들을 낳아 주었는데, 이 때문에 유산승계 문제로 싸움이 벌어졌다.

청말 궁궐 안의 이총관(二總官)이었던 요맹삼(姚孟三)이라는 자는 두 명의 양자를 두었으면서도 또 정해(靜海) 지역에 사는 덕쟁(德爭)이라는 처녀를 양녀로 삼았다. 후에 두 양자는 그의 노후를 부양하지 않았지만 양녀 덕쟁만이 그를 시중들며 죽을 때까지 봉양하였다.

환관은 일단 총애를 얻고 나면 처는 봉전(封典)을 받고 자손은 대대로 관직을 세습할 수 있는 것 외에도 친족들조차도 작위를 받고 관직에 봉해지는 경우가 허다하였다. 명 영종(英宗) 정통(正統) 10년(1445)에 "사례태감 왕진과 각 감의 태감 전승보 · 고양 · 조길상 · 채충에게 백금이나 장식용 화폐 같은 값비싼 물건들을 하사하였다. 또 왕진의 조카인 왕림을 금의위로 삼아 지휘첨사를 세습토록 하고, 전승보의 조카인 전량 · 고양의 조카인 고옥· 조길상의 아우인 조정· 채충의 조카 채영을 금의위로 삼아 천호에 버금가는 봉지를 세습토록 명하였다.(賜司禮太監王振幷各監太監錢僧保、高讓、曹吉祥、蔡忠白金、寶楮、彩幣諸物. 仍命振侄林爲錦衣衛世襲指揮詹事、僧保侄亮、讓侄玉、吉祥弟整、忠侄英俱爲錦衣衛世襲副千戶.)"(≪엄산당별집· 중관고1≫) 명 무종(武宗) 때는 벼슬에 책봉되는 경우가 더욱 많아졌다. 사료의 기록에 의하면 "태안백 장부는 사례태감 장영의 형이다. 안정백 장용은 장영의 동생이다. 고평백 곡대관은 제독단영태감 곡대용의 형이다. 영청백은 곡대량은 곡대용의 동생이다. 진안백 위영은 사례태감 위빈의 동생이다. 평량백 마산은 제독동창태감 마영성의 조카이다. 진평백 육영은 감창태감 육은의 조카이다.……(泰安伯張富, 司禮太監永兄也. 安定伯容, 永弟也. 高平伯谷大寬, 提督團營太監大用兄也. 永淸伯大亮, 大用弟也. 鎭安伯魏英, 司禮太監彬弟也, 平凉伯馬山, 提督東廠太監永成侄也. 鎭平伯陸永, 監槍太監誾侄也.……)"라고 하였다. 이것은 작위에 봉해진 경우지만 일반 관직에 봉해지는 경우는 더욱 많았다. 사례태감 마영성은 "높은 신분으로 권력을 누린 자로 십여 년 동안 누차 은총을 받아 조카 마성 이하 모두 높은 작위에다 귀한 관직에까지 들어갔는데, 이미 지나칠 정도였지만 태감 조형은 거듭 승진을 요구하여 임명된 자들이 구십여 명이나 되었다.(尊顯用事者十有餘年, 且疊受恩蔭, 侄姓以下, 皆都高爵列美官, 亦已過矣, 而太監趙亨復爲陳乞升授, 見任者至九十餘人.)"(≪엄산당별집 · 중관고≫) 환관 하나가 득세하면 집안 사람 수십 명이 관직에 봉해지게 되니 이것이야말로 한 사람이 득도하면 키우던 닭이나 개도 하늘로 오른다는 말처럼 된 것이 아니겠는가?

환관은 일반적으로 입궁한 후 집안사람들과 왕래를 끊고 한평생 괴롭게 지내며 몇 푼의 돈을 좇다가 늙게 되면 출궁하여 고향으로 돌아가 몇 칸의 방이 딸린 집을 짓고 약간의 땅을 산 다음 양자를 들여 "낙엽이 뿌리로 돌아가듯(落葉歸根)" 노후를 보내게 된다. 가산을 둘 수 있었던 것도 득세한 대환관이어야 가능한 일이었다.

환관들의 집에 재산이 많았다는 것은 약탈한 재물이 많았다는 것과 다름없다. 환관들은 횡령은 물론 강탈도 서슴지 않았으며 관직이나 작위도 팔고 심지어는 고리대금으로 재물을 긁어모으기도 하였다. 명대 환관들이 긁어모은 거대한 재물은 사람을 놀라게 하기에 충분한데 몰수했던 몇몇 가산목록자료만으로도 쉽게 알 수 있다. 명 영종(英宗) 때 영종이 환관 왕진(王振)을 믿고 친히 몽고의 토목보(土木堡)를 공격했다가 몽고장수 에센(也先)에게 포로로 잡혀가는 정변이 발생하였다. 환관 왕진은 나라를 망친 죄로 살해되었다. 영종의 대를 이은 경종은 경태(景泰) 연간에 왕진의 가산을 몰수했는데, 금과 은이 60여 상자 · 옥반이 100개 · 6~7자 높이의 산호가 20여 그루 · 기타 무수히 많은 진귀한 노리개가 나왔다고 한다. 명 헌종(憲宗) 성화(成化) 연간에 태감 양방(梁芳)은 "역대 왕조의 황금 일곱 상자(累朝金七窖)"를 삼켰다. 명 효종(孝宗) 때의 환관 이광(李廣)은 장부에다 각 문무대신에 "황백미 각 천백 석을 보냄(饋黃白米各千百石)"이라고 기록해 두었는데, 효종이 놀라서 "먹을 사람이 얼마나 되기에 이렇게 많은 쌀을 받는고?(廣食幾何, 乃受米如許?)"라고 물으니, 좌우에서 "이것은 은어로써 누렇다고 한 것은 금이요 희다고 한 것은 은입니다.(這是隱語, 黃者金、白者銀也.)"(≪명사 · 이광전(明史 · 李廣傳≫)라고 대답하였다. 재산이 엄청났다는 것을 알 수 있는 대목이다. 명 세종(世宗) 때 금의위(錦衣衛) 태감 육병(陸炳)이라는 자는 "재물을 수백 만 금이나 쌓아두었고, 별장이 십여 곳에 두었으며, 장원을 사방에 두고 있었다. 세력은 천하를 기울게 할 정도였다.(積貲數百萬, 營別宅十餘所, 莊園遍四方, 勢傾天下.)" 역대 환관들이 재물을 모으고 부동산을 샀다는 기록이야 어느 시대이건 있지만 명대에 가장 두드러진다. 청말의 태감 손요정의 말에 의하면, 그는 일찍이 태감 왕순산(王順山)에게서 ≪오경(五經)≫과 ≪사서(四書)≫를 배웠다고 한다. 왕순산이라는 자는 천진의 정해 지방 사람으로 서울에 적지 않은 부동산을 가지고 있었는데, 고향에도 천 경(頃)이 넘는 전답을 사두어 일년에 700석이 넘는 보리를 거두어들였다고 한다.

또 이 시기의 대환관 소덕장(小德張)도 출궁 후에 천진의 영국 조계(租界)에 부동산을 샀는데, 자신이 사는 집은 두 동의 3층 건물이었지만 성의 북쪽과 서쪽에 작은 건물 8, 9동을 가지고서 세를 주는 데에 이용했다고 한다. 소덕장은 출궁해서 천진으로 돌아간 후에 3만원이나 되는 큰돈을 들여 3층 건물을 지어 군벌(軍閥)인 조곤(曹錕)의 동생에게 양도하여 몇 만원의 차익을 챙겼으며, 후에 또 7~8만원을 들여 한 동을 짓고는 14만원에 경친왕(慶親王) 재진(載振)에게 팔아 큰돈을 벌었다고 한다. 환관들은 마침내 부동산 사업에도 손을 댔던 것이다.

# 환관의 세력이 판을 쳤던 한(漢)·당(唐)·명(明)

## 1. 권력을 독단했던 동한(東漢)의 환관

서한(西漢)이 수립된 초기에는 대외적으로 봉해진 동성의 왕족을 왕으로 삼았고, 대내적으로 봉해진 공신을 열후(列侯)로 삼았다. 황제는 이들이 안과 밖에서 지켜주는 것도 부족하다고 느껴 외척까지 보조수단으로 이용하였다. 오초칠국(吳楚七國)의 난[1] 이후에 왕족들의 지위는 갈수록 강등되고 공신들도 의심

1) 한나라 초기에 동성(同姓)의 왕은 부세(賦稅)를 징수하는 것은 물론 소금을 제조하고 철을 주조할 권리도 가지고 있어 점차 중앙을 위협하는 세력이 되었다. 문제(文帝)와 경제(景帝) 두 황제는 조조(晁錯)

을 받게 되었지만 외척세력은 더욱 왕성해졌다.

동한에 이르러 황실은 세도가들과 혼인을 통해 그들의 지지를 얻어내고 이로써 정권을 공고히 하였다. 일부 세도가들은 황실과 혼인을 통해 황제의 친척이 되자 권력과 세도가 급속히 커지면서 점차 외척 전횡의 국면을 형성하였다. 동한의 여러 황제들은 또 대부분 유년기에 즉위하거나 요절하거나 혹은 후사가 끊기거나 해서 결국 대부분 모후가 정치에 개입했는데, 이것은 바로 외척들에게 있어 권력을 전횡할 계기였다. 어린 황제가 즉위하면 정사는 모조리 어머니에게 의지하게 되는데, 어머니는 자연히 외가 쪽 사람들을 신임하게 되고 황제는 허수아비가 되고 만다. 황제는 자라면서 대권이 남의 손에 들어가는 것을 원치 않지만 조정의 신하들은 대부분 외척의 조종 아래에 있어 황제는 자기 주변의 환관들에게 의지하여 외척에게 대항할 수밖에 없다. 광무제(光武帝) 때 엄인만을 환관으로 기용하면서 환관 집단이 정식으로 형성되었다. 동한 중기와 말기는 외척과 환관이라는 두 세력간의 대결로 점철된 시기였다. 투쟁이 반복되는 가운데 환관의 권력은 지속적으로 확대되어 조정을 독단하는 지경에 이르게 된다.

서기 76년에 즉위한 한 장제(章帝)는 두씨(竇氏)의 딸을 귀인(貴人)으로 삼았다가 나중에 황후로 맞아들였다. 황후의 오빠인

---

의 건의를 채용하여 왕국의 봉지를 삭감하였다. 그래서 오왕(吳王) 비(濞)는 초(楚)와 조(趙) 등 일곱 나라와 연합하여 조조를 죽인다는 것을 명분으로 반란을 일으켰다. 그러나 경제에 의해 진압되었다.

두헌(竇憲)을 시랑(侍郎) · 호분중랑장(虎賁中郎將)으로 삼았고, 동생인 두독(竇篤)을 황문시랑(黃門侍郎)으로 삼아 왕궁을 지키게 했을 정도로 지나치게 총애하였다. 그들은 함부로 토지나 재산을 빼앗고 심지어는 황실 사람조차 무시할 정도였다. 한번은 두헌이 형편없는 가격으로 명제(明帝)의 딸인 심심공주(沁心公主)의 장원을 빼앗으려고 하였다. 공주는 문제 삼고 싶지 않았으나 장제가 아직까지는 정국을 장악하고 있었던 터라 두헌을 불러 질책하였다. "네놈이 공주의 장원을 빼앗으려한 짓이 어찌 조고(趙高)가 사슴을 가리켜 말이라고 한 것과 다르겠느냐?! 공주에게서도 땅과 재물을 빼앗으려 드는데 하물며 백성들에게 있어서는 말할 필요도 없겠지! 조정에서 네놈을 새나 쥐새끼처럼 내칠 것이다!" 두헌은 여동생인 두후(竇后)에게로 달려가 자신의 옷을 찢으며 사죄하자 장제는 그제야 그만두었다.

장화(章和) 2년(88)에 한 장제가 죽자 10살 난 태자가 즉위했는데 이가 바로 화제(和帝)이다. 두태후(竇太后)가 섭정하고, 두헌이 시중의 신분으로 기밀을 관장하여 황제의 명령을 출납하였다. 동생인 두독은 호분중랑장이 되었고, 동생 두경(竇景)과 두환(竇環)은 함께 중상시(中常侍)가 되는 등 요직을 독차지하였다. 영원(永元) 원년(89)에 두헌과 경기(耿夔)가 군대를 이끌고 지금의 내몽고 지역인 계락산(稽落山)에서 흉노(匈奴)를 깨뜨려 20여만 명을 투항시켰다. 두헌은 이 전공으로 명성을 떨치게 되자 조정의 대신들은 그들의 위세에 눌려 언제나 그들의 안색을 살피는 처지가 되었다. 지방의 자사(刺史)나 군수(郡守) 그리고 현령(縣令)도 대부분 그들 사람으로 임명하였다. 그들은 관리와 백성을 속이고 핍박하여 재물을 거두어들이는 것은 물론 뇌물도 받아 챙겼다.

화제가 15살이 되었을 무렵부터 두헌과 같은 외척들이 정치에 간섭하는 것을 무척 불만스럽게 느꼈다. 하지만 조정의 대신들과 가까이할 방법은 없고 언제나 환관들과 마주칠 뿐이었다. 화제는 중상시이면서 구순령(鉤盾令)인 정중(鄭衆)이라는 자가 기민하고 지략이 있다고 여겨 마침내 그와 함께 두헌을 제거할 일을 도모한다. 정중이 낸 계책은 두헌이 서울로 돌아오는 기회를 틈타 손을 쓰기로 한 것이었다. 두헌이 서울로 돌아오자 화제는 대신들을 파견하여 교외에까지 나가 영접하도록 하는 한편 집금오(執金吾)와 오교위(五校尉)에게 명하여 군사로 남궁과 북궁을 지키도록 하고, 성문을 닫고는 두헌의 수족들을 모조리 체포하였다. 무력으로 두헌을 핍박하여 대장군의 관직을 내놓도록 하고, 관군후(冠軍侯)로 봉하여 형제들을 데리고 봉국(封國)으로 돌아갈 것을 명령하였다. 또 얼마안가 사람을 보내 자살하도록 핍박하였다.

환관 정중은 대장추(大長秋)로 승진하였고 나중에 또 소향후(鄛鄉侯)에 봉해졌다. 환관은 이때부터 정치에 참여하게 된다. 역사가들은 환관들이 권세를 훔치는 재앙은 이때부터 시작되었다고 평가하였다.

화제가 27살에 죽자 어린 아들은 겨우 백일만에 태자에 책봉되었고, 화제의 등황후(鄧皇后)가 태후의 신분으로 섭정을 하게된다. 이 어린 상제(殤帝)가 몇 개월 후에 죽자 등태후는 또 장자인 호(祜)를 황제로 옹립했는데 이가 바로 안제(安帝)이다. 이때 그의 나이가 겨우 13살밖에 안되어 등태후가 여전히 섭정하게 된다. 태후의 오빠인 등즐(鄧騭)이 대장군에 임명될 정도로 중용되는 등 등씨 집안은 역대로 총애를 받았는데, 후(侯)에 봉해진 자만도 29명에, 대장군 이하 13명, 주목(州牧)과 군수(郡守) 48명으로, 시중(侍中) · 장(將) · 대부(大夫) · 낭(郎) · 알자(謁者) 등 그 수를 헤아리기 힘들 정도였다. 121년에 등태후가 죽으면서 외척들도 그 배경을 잃게된다.

안제는 친정을 하게 되자 즉각 손을 써 "등씨의 황제폐위 음모(鄧氏陰謀廢帝)"에 가담했다는 죄목으로 외척들을 제거하고, 등씨 형제들도 죽여버렸다. 그리고 그 일가와 자식들은 관직에서 파직시켜 고향으로 돌려보냈다. 동시에 측근의 환관 강경(江京)을 도향후(都鄉侯)로, 이윤(李閏)을 옹향후(雍鄉侯)로 봉하였다. 이외에도 번풍(樊豊) · 유안(劉安) · 진달(陳達) 등의 환관도 당대에 큰 권세를 누린 자들이었다. 번풍과 같은 자들은 돈이나 재물 혹은 목재를 징발하여 가옥이나 묘지 혹은 정원을 마구 지어대었는데, 태위 양진(楊震)이 이를 보다 못해 이들의 횡포를 막아보고자 간언했다가 오히려 파직을 당하고 말았다.

서기 125년에 안제는 남쪽 지방을 순시하는 도중에 죽게된다. 살기 가득한 왕궁 안에서는 손정(孫程)을 우두머리로 하는 19명의 환관들이 치열한 권력쟁탈전에서 승리를 거둔다. 이들은 12세의 제음왕(濟陰王) 유보(劉保)를 추대하여 즉위시켰는데 이가 순제(順帝)이다. 안제의 황후 염씨(閻氏)를 핍박하여 이궁(離宮)으로 옮기도록 하고, 그녀의 동생인 염현(閻顯)과 강경(江京) 등의 환관은 모두 사형에 처하였다. 손정은 부양후(浮陽侯)에 봉해졌는데 식읍이 만 호(萬戶)였다. 또 중황문(中黃門)인 왕경(王庚)은 화용후(華容侯)에, 장락태관승(長樂太官丞)인 왕국(王國)은 역후(酈侯)에 봉해졌는데 이들의 식읍은 9천 호였다. 나머지 환관들도 모두 후에 봉해지고 식읍도 받았는데 그 수가 19명이나 되었다. 사람들은 왕실과 환관이 천하를 공유한다고 빈정대었다.

환관은 득세하게 되면 방자한 집단으로 변질된다. 손정을 비롯한 19명의 후(侯)들도 궁궐 안에서 싸우는 경우가 허다했고 신하의 예절을 지키지 않는 경우도 많았다. 그래서 대신들 중에 손정과 같은 무리들은 패역무도하여 서울에 오래두면 틀림없이 큰 근심거리가 될 것이라고 상소하는 자도 있었다. 순제는 신하들의 성화에 못 이겨 조서를 내려 손정을 비롯한 그 무리들을 먼 지방으로 보냈다. 그러나 2년 후에 다시 조서를 내려 서울로 불러들이고 이전처럼 총애하였다. 손정은 임종직전에 자신의 후국(侯國)을 동생 손미(孫美)에게 물려주고자 유언으로 상서하였다. 순제는 이를 허락하면서 바로 후국을 이등분하여 절반은 손정의 양자인 수(壽)에게 주도록 하였다. 이듬해에 또 조서를 내려 환관의 양자는 모두 봉지와 작위를 세습할 수 있도록 규정하는 바람에 결국 상례가 되고 말았다.

순제가 19년을 재위하는 동안 황후 양씨(梁氏)의 친정 쪽 사람들이 점차 정치에 참여하게 되었는데, 아비 양상(梁商)과 오빠 양기(梁冀)가 차례로 대장군에 임명되면서 외척세력이 고개를 들기 시작하였다. 순제에게는 자식이 없었기 때문에 후궁의 아들 병(炳)을 태자로 삼았다. 144년에 순제가 죽고 태자 병이 즉위하여 충제(沖帝)가 되었는데 겨우 두 살이었다. 양황후는 태후(太后)가 되어 섭정을 했지만 1년 만에 충제가 죽고 말았다. 그래서 발해왕(渤海王)의 아들 찬(纘)을 맞이하여 옹립하니 이가 질제(質帝)이다. 질제가 즉위할 당시의 나이는 8살 밖에 되지 않아 양태후가 여전히 섭정하였고 이틈에 오빠인 양기는 조정을 장악하였다. 양기가 권력을 전횡하게 되자 하루는 질제가 양기를 가리켜 "이 자가 바로 제멋대로 하는 장군이로군!"라고 하였다. 양기는 속으로 놀라며 "이 조그만 황제가 어린데도 불구하고 이처럼 사나우니 성장하면 어찌될꼬!"라는 생각을 했다. 그는 아무도 모르게 내시를 시켜 독이 든 떡을 질제에게 먹여 죽였다. 그런 후에 여오후(蠡吾侯) 지(志)를 황제로 옹립했는데, 이가 환제(桓帝)이다. 나이가 15살에 불과해 양태후가 여전히 섭정을 하게 된다. 이때부터 양씨 집안의 권세는 천하를 뒤흔들어 7명의 봉후(封侯), 3명의 황후, 6명의 귀인(貴人), 2명의 대장군이 났으며, 경(卿) · 장(將) · 윤(尹) · 교(校) 57명 · 궁위내시(宮衛內侍) 등 모두 양씨 집안의 심복이 되었다. 사방에서 황제에게 바치는 진상품일지라도 우선 좋은 것을 골라 양씨 집안으로 보내고 난 뒤에야 황제에게 바칠 수 있었고, 내외의 관원이 영전하게 되면 양씨 집안에 가서 감사를 표시해야 했다.

양기의 편에 서지 않으려고 하는 관료는 모조리 살해당하였다. 양기는 사치스럽고 음란한 생활을 즐겨 낙양성(洛陽城)에 웅장하고 화려한 저택을 두 채나 건축하고, 동산을 넓혀 기이한 날짐승과 길짐승을 사육하였다. 또 성의 서쪽에는 토끼를 키우는 동산인 토원(兎苑)이 수십 리에 이어져 있었다……

양기의 횡포에 대하여 환제는 내색할 수가 없었다. 하루는 환제가 화장실에 가는 기회를 틈타 시종하던 소황문(小黃門; 환관) 당형(唐衡)에게 "내 주변사람 중에 양기와 관계가 없는 자가 누구냐?"라고 묻자 당형은 환제에게 "중상시 단초(單超) · 소황문 좌관(左悺) · 중상시 서황(徐璜) · 황문령(黃門令) 구원(具瑗)이 양씨와 틈이 있지만 감히 말을 꺼내지 못하고 지금까지 참고 견디고 있습니다"라고 알려주었다. 이리하여 환제는 단초와 좌관을 불러다 "양장군 형제들이 조정을 전횡하여 내외를 핍박하고 위협하니 공경 이하 모든 관료들이 그들의 뜻에 복종하고 있다. 지금 그들을 처단하고자 하는데 상시의 의향은 어떠냐?"라고 말하자 단초 등은 "참으로 나라의 간적들임에도 불구하고 죽여야 할 날을 지체했습니다"라고 대답하였다. 또 서황과 구원을 불러 양기를 제거할 계획을 의논하였다. 환제는 단초의 팔을 깨물어 피로써 맹세하였다. 황문령 구원은 황제의 친위대라 할 수 있는 호분(虎賁) · 우림(羽林) · 도후(都候) 소속의 검극사(劍戟士) 천여 명을 소집하여 사예교위(司隸校尉) 장표(張彪) 등과 만나 양기의 집을 포위하고 그의 대장군 직위를 회수하였다. 양기 부부는 당일에 음독 자살하였고, 양씨 당파에 속해 있던 공경(公卿) · 열교(列校) · 자사(刺史) · 이천석(二千石) 등 수십 명이 연좌되어 죽음을 당하였으며, 300명이 넘는 관료와 빈객(賓客)들이 축출 당해 조정이 텅 빌 정도였다.

단초를 비롯한 5명의 환관들은 외척을 제거하는 데에 공을 세웠다고 해서 모두 후(侯)에 봉해졌다. 단초는 식읍이 2만 호인 신풍후(新豊侯)에 봉해졌고, 서황은 무원후(武原侯)에, 구원은 동무양후(東武陽侯)에 봉해졌는데, 식읍이 1,500호였다. 좌관은 상채후(上蔡侯)에, 당형은 여양후(汝陽侯)에 봉해졌는데, 식읍이 1,300호였다. 5후 외에도 일부 관원은 향후(鄕侯)에 봉해졌다. 이후 영제(靈帝) 말년의 30년 간 동한의 환관세력은 나날이 왕성해져 내내 조정을 좌지우지하였다.

5후는 권력을 장악하게 되자 호가호위하며 온갖 악행을 서슴없이 저질렀다. 서기 160년에 단초가 죽자 황제는 어용의 관과 관속에 넣을 옥갑을 하사하고 오영기사(五營騎士)와 장작대장(將作大匠)을 보내어 묘지를 만들게 하는 등 성대하기 이를 데 없었다고 한다. 좌관을 비롯해 4후는 더욱 교만해져 저택을 짓고 궁중의 양인(良人)이나 미녀(美女) 같은 관명을 가진 여자들을 첩으로 삼았다. 옷은 반드시 비단이라야 하고, 장신구는 반드시 금이나 옥이라야 하는 등 궁중의 비빈들과 별반 차이가 없었다. 당시 사람들은 그들을 일컬어 "좌관은 힘이 세고, 구원은 교만하고, 서황은 난폭하고, 당형은 해롭다네.(左回天, 具獨坐, 徐臥虎, 唐兩墮.)"라고 비아냥거렸다. 그들은 성이 같은 집안에서 데려오거나, 성이 다른 집안에서 얻어오거나, 노예를 사들이거나 해서 양자로 삼았다. 봉작을 세습하고자 형제간에 사돈을 맺기도 하고 출세할 기회를 엿보다 주나 군으로 나가 뇌물을 탐하고 법을 어겨가며 백성들을 착취했는데 도적과 하등 다를 것이 없었다. 상서(尙書) 주목(朱穆) · 태위 양병(楊秉) · 사예교위 한연(韓縯)이 끊임없이 환관들의 악행을 탄핵하고 범죄증거를 낱낱이 열거하자 환제는 어쩔 수 없이 환관 몇 명을 벌하였다. 하지만 전체 환관세력에 대해서는 전혀 건드리지 못하였다. 환제 후기와 영제 시기(21년 재위)의 동한 조정은 거의 환관의 천하였다.

다음의 이야기는 당시 환관의 권세가 컸다는 것을 잘 설명해 준다. 맹타(孟陀)라고 하는 돈 많은 사람이 관원이 되고 싶어 중상시 벼슬을 하는 장양(張讓)의 집사에게 뇌물을 주며 사람들 앞에서 장양에게 인사할 수 있는 방법을 강구해달라고 하였다. 하루는 맹타가 장양의 집 앞에 이르렀는데 문 앞에 많은 수레가 모여있는 것이 보였다. 장양의 집사도 맹타가 온 것을 보고는 바로 가노들을 데리고 나와 맹타의 수레를 들고 들어오게 하였다. 장양에게 바랄 것이 많았던 사람들은 분명 장양의 절친한 친구라고 여겨 앞 다투어 맹타에게 뇌물을 바쳤다. 맹타는 그 중 일부분의 뇌물을 장양에게 보내고 그 대가로 양주자사(涼州刺史) 자리를 요구하였다. 어리석은 영제는 "장상시(張讓)는 나의 아버지고, 조상시(趙忠)는 나의 어머니"라는 말도 안되는 소리를 해대었다. 주종관계가 완전히 뒤집힌 것이다! 대환관 장양의 동생인 장삭(張朔)이 야왕[野王; 지금의 하남 심양(沁陽)]

령이었는데, 임산부를 죽이는 짓도 마다하지 않을 정도로 포학무도하였다. 이응(李膺)이라는 사람이 사예교위에 임명되어 처단하러 온다는 소리를 듣고는 놀라서 서울로 달아나 형 장양의 집 기둥 속으로 숨었다. 이응이 몰래 조사를 끝내고는 관리들과 병졸들을 이끌고 장양의 집으로 쳐들어가서 기둥을 부수고 장삭을 잡아들여 법에 의거 사형에 처하였다. 장양은 황제의 면전에서 고하였고, 이응은 도리에 근거하여 반박하였다. 황제는 아무 말 없이 응대할 뿐이었다. 이때부터 황문(黃門)이나 상시(常侍)들은 두려워서 휴가 때에도 감히 궁궐 문을 나서려고 하지 않았다. 황제가 왜들 그러냐고 묻자 머리를 조아리고 울며 "이교위가 두려워서입니다"라고 말했다.

당시 서울의 태학(太學)에 곽태(郭泰)와 가표(賈彪)를 우두머리로 하는 3만여 명의 태학생들이 있었다. 태학은 광무제(光武帝) 유수(劉秀)가 설립한 최고학부로서 전문적으로 관리를 배양하는 곳이었다. 태학생들은 시국을 토론하며 환관을 규탄하는 반면 정직한 관료를 추앙하였다. 그들은 평론하기를 "천하의 모범은 이원례(이응)이고, 강압에 두려워하지 않는 이는 진중거(진번)이며, 천하에 걸출한 이는 왕숙무(왕창)다.[天下楷模李元禮(李膺), 不畏强御陳仲擧(陳蕃), 天下俊秀王叔茂(王暢).]"라고 하며 이런 관료의 절개와 지조를 매우 흠모하였다. 환관의 친족들이 수많은 지방 관직들을 차지하면서 태학생들의 벼슬길에 영향을 주었으며 그 때문에 그들은 위에서 언급한 정직한 관료들과 연합하여 점진적으로 환관집단을 반대하는 당파를 형성하게 되었다.

환제 말년에 태학생들은 두 차례 대규모의 청원활동을 전개하였다. 한 차례는 영흥(永興) 원년(153)에 주목(朱穆)을 위해서였다. 주목이 기주(冀州)자사에 임명되었을 때, 환관들이 배치한 현령(縣令)과 읍장(邑長)들은 주목의 탄핵을 두려워하여 한꺼번에 관인을 풀어놓고 관직에서 도망쳤는데 40여 명이나 되었다. 몇 명은 초조해하다 자살하였고, 어떤 자는 주목에게 벌을 받았다. 공교롭게도 황하가 범람해서 굶주림과 추위에 떠는 유민들이 넘쳐났지만 환관 조충(趙忠)의 아비가 죽자 상례를 벗어나 옥으로 만든 관을 사용하였다. 주목이 이 소식을 듣고 조사를 명하자 관리들은 그의 엄격함을 알고 있던 터라 바로 무덤을 파헤쳐 관을 깨뜨리고 시신을 끌어내었다. 황제는 이 소식을 접하자 대노하여 주목을 잡아오게 하였다. 이 일은 곧 태학생들을 자극하였고 유도(劉陶)를 우두머리로 하는 수천 명이 상서하여 주목의 석방을 요구하고 아울러 주목이 개인의 안위를 돌아보지 않고 국가의 법과 기강을 엄격하게 집행한 현명한 신하임을 칭송하였다. 환제는 상소문을 보고는 주목을 방면하여 돌려보냈다. 또 한 차례는 연희(延熹) 5년(162)에 발생한 일에 청원한 것이다. 도료장군(度遼將軍) 황보규(皇甫規)가 강족(羌族)을 평정하는 공을 세웠는데, 환관 서황과 좌관이 뇌물을 요구하다 미수에 그치게 되자 황보규가 군대의 식량을 착복했다고 무고하여 조정으로 잡아왔다. 태학생 장봉(張鳳)을 비롯한 300여 명이 정직한 관료들과 함께 상서하여 구명에 나섰고, 황보규는 바로 석방되었다.

그밖에 많은 중하층의 관리들도 환관정치에 불만을 가지고 있어 각자의 직권범위 내에서 환관 및 그 수족들을 벌하였다.

관료와 태학사가 환관의 전횡을 반대했지만 환관집단도 만만치 않았다. 결국 정치활동을 금지하는 첫 번째 당고(黨錮)사건이 발생하게 된다.

연희 9년(166), 환관의 당파였던 장성(張成)이라는 자는 점을 잘 쳤다고 하는데, 장차 대사면이 있을 것임을 알고는 아들을 시켜 사람을 죽였다. 사예교위 이응에게 잡혀갔지만 얼마 되지 않아 정말로 사면령이 내려졌다. 이응은 살인범이 석방되는 것에 분개하여 결국 사면령을 무시한 채 장성의 아들을 처형해버렸다. 대환관 후람(侯覽)이 장성의 제자였던 뇌수(牢修)를 시켜 상소하도록 하였다. 이 뇌수라는 자는 "이응을 비롯한 그 무리들은 태학생들과 떠돌이 선비들을 양성해 각 군의 생원들과 결탁하여 서로 치켜세우고 붕당을 결성하여 조정을 비방하고 풍속을 어지럽히고 있습니다.(膺等養太學遊士, 交結諸郡生徒, 更相驅馳, 共爲部黨, 誹訕朝廷, 疑亂風俗.)"라고 무고하였다. 환관들의 속임수에 환제는 대노하였고, 각 군에 명령하여 당인들을 체포하도록 하였다. 태위 진번(陳蕃)은 체포에 응하지 않고 "현재 체포된 사람들은 모두 나라와 백성을 걱정하는 충신들인데, 어찌 아무런 이유도 없이 죄명을 뒤집어씌워 체포할 수 있단 말입니까?"라고 하자 환제는 더욱 노하여 이응을 잡아다 황문북사옥(黃門北寺獄)으로 보내고, 연루된 어사중승(御史中丞) 진상(陳翔) 등 200여 명을 모두 하옥시켜버렸다. 그리고 사방에 사람을 풀어 도망친 "당인(黨人)"들을 체포하도록 하였다.

이응과 그의 무리들이 옥중에서 당인들을 진술할 때 의도적으로 일부 환관들의 아들들을 연루시키자 환관들은 연좌될 것을 두려워 해 더 이상 당인들을 체포하려 들지 않았다. 외척 두무(竇武)나 상서(尙書)였던 곽서(霍諝)도 "당인"들에게 원통함을 당했다고 상소하였다. 장인의 체면 때문에 환제는 너그럽게 처분하여 이응을 비롯한 "당인"들을 사면시켜 고향으로 추방하였다. 그러나 평생 정치활동을 금지시켜 관직을 얻을 수 없게 만들었다.

환제는 주색에 빠져 세 번이나 황후를 세웠고 수십 명의 귀인(貴人)을 두었으며 궁녀는 수도 없이 많았지만 자손은 없었다. 167년에 환제가 사망하였다. 황후 두씨의 아비 두무와 그 무리들은 해독정후(解瀆亭侯) 유굉(劉宏)을 황제로 옹립했는데, 이가 바로 겨우 12살인 영제(靈帝)이다. 두태후가 국정을 맡으면서 두무를 대장군으로, 진번을 우부(右傅)로 삼아 모두 정사에 참여시켰다. 황제의 유모 조요(趙嬈)는 성정이 교활한 데다 사람의 마음을 잘 읽어 중상시 조절(曹節) · 왕보(王甫)와 결탁하여 악행을 저지르고 태후에게 아첨하였다. 태후는 그들을 상당히 신임하였다. 진번이 비밀리에 두무에게 "조절과 왕보는 선제 때에 이미 국권을 농단하고 나라 안을 어지럽힌 자들인데 이처럼 간사한 자들을 제거하지 못한다면 나중에는 필시 도모하기 어려울 것이오!(曹節、王甫在先帝時已操弄國權, 濁亂海內, 如不設計除奸, 後必難圖!)"라고 말하였다. 두무는 환관들을 주살할 것을 태후와 논의했지만 태후는 허락하지 않았다. 이 일이 새어나가자 조요 · 왕보 · 조절은 영제의 힘을 믿고 사람을 보내 두무를 죽이려고 하였다. 두무는 병영으로 피해 들어가 군사들에게 명을 내렸다. “황문과 상시가 반란을 일으켰다. 힘을 다한 자에게는 후한 상을 내릴 것이다.(黃門、常侍反, 盡力者封侯重賞.)” 왕보는 병사 수천 명을 이끌고 두무와 대치하면서 왕보의 군대가 “두무가 반란을 일으켰다. 너희들은 모두 금병으로서 궁성을 지켜야 하거늘 어찌하여 역도들을 따르려하는가?(竇武反, 汝皆禁兵, 當宿衛宮省, 何故隨反者?)”라고 크게 소리치자 두무의 병사들이 한꺼번에 무기를 버리고 투항하였다. 두무는 말을 몰아 도망쳤고 왕보는 바짝 쫓아갔다. 더 이상 도망칠 길이 없게 된 두무는 칼을 빼어 자결하였고, 진번은 잡혀 죽임을 당하였다. 조절은 또 기회를 틈타 영제에게 주청하고는 이응을 비롯한 100여 명을 잡아들여 아무도 모르게 모조리 죽여 버렸다. 환관집단은 이응의 당인들을 며칠 만에 전국적으로 6, 7백 명이나 잡아들여 죽이거나 감금 또는 유배시켜버렸다. 계속해서 1,000명이 넘는 태학생들을 수감하였다. 이후에 각 주와 군에 명을 내려 당인의 문하생 · 관료 및 부자형제 등 관직에 있던 자들을 모두 파직시켜 금고형에 처하고, 아울러 5복(五服)[2] 내의 친족까지 연좌시켜 처벌하였다. 당인들을 진압하는데 공이 있다고 해서 조절의 관직은 장락위위(長樂衛尉)로 바뀌는 동시에 육양후

2) 다섯 등급의 상복을 입는 친척으로 모든 친족을 가리킨다 - 옮긴이.

(育陽侯)에 봉해졌다. 왕보는 중상시로 영전되었지만 여전히 예전처럼 황문령을 맡았다. 이때부터 조절과 왕보는 도성 안팎을 뒤흔들었고 잔혹하게 권력을 농단하기 시작했다. 그 아비에서 형제들까지 모조리 경(卿)· 교(校) · 목(牧) · 영(令)이 되어 천하를 휩쓸었다. 왕보는 왕길(王吉)이라는 자식을 양육했는데, 이 자가 지방관으로 있는 5년 동안에 만여 명의 백성들을 해쳤다고 한다.

서기 189년에 영제가 죽자 황자인 유변(劉辯)이 14살의 어린 나이로 즉위해 소제(少帝)가 되었고 하태후(何太后)가 섭정하게 된다. 이전에 영제의 하황후가 아들 변을 낳았고, 왕미인(王美人)이 아들 유협(劉協)을 낳았다. 하후짐(何后鴆)은 왕미인을 죽이고, 협을 영제의 생모였던 동태후(董太后)의 궁중에서 양육하였다. 동태후가 협을 태자로 세우려고 하자 영제도 이에 동의하였다. 중상시 건석(蹇碩)이 "만약에 협을 태자로 세우려고 하신다면 반드시 먼저 하진을 죽여 후환을 끊으십시오.(若欲立協爲太子, 必先誅何進, 以絶後患.)"라고 아뢰었다. 하진은 하후의 오빠로서 대장군이었다. 황제가 하진에게 입궁하도록 하여 하진이 궁궐에 이르자 사마반은(司馬潘隱)이 "황제께서 죽이시려고 합니다"라고 말해주어 하진은 급히 안채로 돌아갔다. 사마반은이 뒤따라가 하진에게 "황제께서 이미 세상을 떠났는데도 건석이 성지를 사칭하여 대장군을 죽이려고 하니 빨리 대책을 세우십시오!"라고 말하였다. 하진은 급히 병사들을 주둔시키고 기다렸다. 유변(劉辯)이 즉위한 후에 하태후가 대권을 장악하였다. 사예교위 원소(袁紹)가 군사 5,000명을 이끌고 입궁하여 건석을 잡으려고 하자 건석은 황망히 어화원(御花園)으로 피신했지만 중상시 곽승(郭勝)에게 결국 살해되고 말았다. 원소는 하진에게 환관들을 모조리 죽이도록 권고하였다. 하진이 입궁하여 하태후에게 아뢰자 하태후는 “궁중의 환관들이 궁궐 안을 통솔하는 것은 바로 한나라 왕실의 오래된 전통이거늘 어찌하여 꼭 없애야 한다는 것이오?(中官統領禁省, 乃是漢家故事, 何必盡除?)”라고 대답하였다. 장양(張讓)과 조충(趙忠)이 소식을 전해듣고는 바로 사람을 시켜 하태후의 모친과 남동생에게 뇌물을 주어 자신들을 태후에게 좋게 말해달라고 하였다. 하진은 할 수 없이 또 원소를 찾아가 방법을 모색하였다. 원소는 사방의 장수들을 불러 대군을 이끌고 서울을 들이쳐 내시들을 처단하면 될 것이라고 하였다. 원소가 명령을 내리자 동탁(董卓)을 비롯한 지방의 군벌들이 바로 군사를 이끌고 와주었다. 장양이 이 소식을 듣고는 동료들과 의논하기를 “이것은 하진의 계략이오. 우리가 만약 선수를 치지 않으면 모두 멸족을 당할 것이외다!(此何進之謀, 我等若不先下手, 皆滅族矣!)”라고 하였다. 그리하여 장락궁(長樂宮)의 가덕문(嘉德門) 안에 도부수들을 매복시킨 다음, 태후에게 ‘논의할 것이 있으니 하진은 입궁하라’는 내용을 담은 조서를 내려달라고 청하였다. 원소가 이것은 환관들의 음모이니 하진에게 궁에 들어가지 말라고 충고했지만 하진이 말을 듣지 않자 원소는 어쩔 수 없이 동생 원술(元述)을 불러 정예병 천여 명을 이끌고 가서 청쇄문(青瑣門) 밖에 포진하도록 하였다. 하진이 가덕전(嘉德殿) 문에 이르자 원소는 문밖에 남게 되었다. 장양과 단규(段珪)가 맞이하러 나와서는 하진을 에워쌌다. 장양이 하진의 죄상을 낱낱이 열거하자 하진은 도망치고 싶었지만 궁문이 이미 닫혀있어 그럴 수도 없었다. 그 때 잠복해있던 병사들이 튀어나와 하진을 두 동강내버렸다. 원소는 한참을 기다렸는데도 하진이 나오지 않자 문 밖에서 크게 불렀다. 장양이 하진의 머리를 담 밖으로 던지며 "하진이 모반을 꾀하여 이미 주살되었다!(何進謀反, 已伏誅!)"라고 말하자 원소가 "내시 놈들이 대신을 죽였구나!(閹官謀殺大臣!)"라고 크게 외쳤다. 하진의 부장인 오광(吳匡)이 문밖에서 불을 놓았고 원술이 군사를 이끌고 궁궐을 들이쳐 눈에 띄는 환관은 그 즉시 죽여버렸다. 장양 · 단규 · 조절 등은 태후 · 소제(少帝) · 진류왕(陳留王)을 위협하여 북궁(北宮)으로 달아나다 대신 노식(盧植)에게 발각되었는데, 노식이 "단규, 이 역적놈! 어찌 감히 태후께 손을 대느냐!(段珪逆賊, 安敢動太后!)"라고 소리치자 단규는 몸을 돌려 장양과 함께 소제와 진류왕을 인질로 해서 북망산(北邙山)으로 도망쳤다. 뒤에서 군대가 추격해오자 도망갈 길이 없게 된 장양은 그대로 물에 뛰어들어 자살하였고, 단규는 잡혀 처형을 당하였다. 낙양의 아이들이 "황제는 황제가 아니고, 왕은 왕이 아니네. 천승만기가 북망산으로 갔다네.(帝非帝, 王非王, 千乘萬騎走北邙.)"라고 하는 노래를 불렀는데, 바로 이 사건을 말한 것이다. 원소는 병사들을 이끌고 궁궐 안팎에서 환관을 모조리 처단하였다. 수염이 없는 자는 노소를 가리지 않고 죽였는데 그러다 간혹 잘못 죽인 경우도 있었다. 이즈음에 한통속이었던 장양 · 조충 · 조절 ·

후람 등 "십상시(十常侍)"는 모두 죽음을 당하였다. 원소가 환관들을 모조리 처단하면서 한대도 따라서 멸망하고 세발솥(三足鼎)처럼 삼국시대(三國時代)가 이를 대신하게 된다.

## 2. 군사대권을 조종했던 당대(唐代)의 환관

역사학자 전목(錢穆) 선생은 "역사상 환관이 권력을 좌지우지한 것은 왕실의 교만이나 사치와 정비례한다. 동한·당·명 세 왕조가 다 그랬다. 서한과 송대의 왕실은 모두 절제하고 법도를 신중히 하였다. 동진을 비롯한 남조의 왕실은 왕조로서의 체제를 제대로 갖추지 못했기 때문에 환관들이 설칠 수 없었다.(歷史上宦官擅權, 與王室驕奢成正比. 東漢、唐、明三代皆是. 西漢與宋代之王室, 皆能制節謹度. 東晉、南朝王室不像樣, 故均無宦寺擅權.)"[3] 라고 지적하였다.

위징(魏徵)이 "환관들은 비록 미천하기는 하나 총애를 받은 때문인지 임금의 곁에서 때때로 믿기 쉬운 말들을 해대곤 합니다. 시간을 두고 조금씩 하는 참소의 말이 근심이 되는 경우가 특히 깊습니다.(閹豎雖微, 狎近左右, 有時言語, 輕而易信, 浸潤之譖爲患特深.)"라고 하였다. 당 태종(太宗)은 그렇다고 생각하고는 내시성(內侍省)에 3품관을 두지 못하게 하고 내시장관(內侍長官)을 4품으로 제도화하였다. 고종(高宗) 영순(永淳) 연간(682~683)

3) ≪국사대강(國史大綱)≫, 대만상무인서관(臺灣商務印書館) 1991년판, 365쪽.

에 이르는 70여 년 동안 환관은 이렇다 할 권력을 가지지 못한 채 궁문이나 지키고 궁전을 청소하며 황실의 의식 같은 일들을 맡아했을 뿐이었다. 무측천(武則天) 때는 환관의 수가 약간 증가한다. 당 중종(中宗) 사성(嗣聖) 연간(684)에 이르렀을 때는 환관이 이미 3,000명이나 되었고, 7품 이상의 품계를 받은 자만도 1,000여 명이나 되었다. 하지만 자색 옷을 입는 자는 오히려 줄어들었다(당의 제도상 3품 이상은 관복이 자색이었고, 4품은 붉은 색이었으며, 5품은 옅은 붉은 색이었다). 당 현종(玄宗) 때는 장안의 대내궁(大內宮)·대명궁(大明宮)·흥경궁(興慶宮), 황자의 십택원(十宅院)·황손의 백손원(百孫院)·동도(東都)의 대내궁·상양궁(上陽宮)에 궁빈(宮嬪)이 4만 명 정도 있었다. 당시의 시구(詩句)에서도 그 면모를 짐작해 볼 수 있는데, 백낙천(白樂天) ≪장한가(長恨歌)≫의 "후궁과 가인들이 삼천 명이나 되었네(后宮佳麗三千人)"라는 구절과 두보(杜甫) ≪검기행(劍器行)≫의 "현종 때는 시녀가 팔천 명이나 되었네(先帝侍女八千人)"라는 구절이 바로 그것이다. 후궁인 비빈이나 궁녀들의 수가 늘면서 이들에게 시중을 드는 환관도 자연히 많아졌고, 게다가 현종은 궁궐 안의 환관들을 중시하여 몇몇 환관들에게는 3품 정도의 감문장군(監門將軍)이라는 직함을 내리기도 하였다. 그래서 당시에 환관 중 황색 이상의 옷을 입는 자가 3,000명, 자색 옷을 입는 자가 1,000여 명이나 되었다. 당대부터 환관을 태감(太監)이라고도 불렀는데, 명대는 환관아문(宦官衙門)의 장관을 태감이라고 했으며, 청대는 모조리 태감이라고 칭했다.

범문란(範文瀾) 주편의 ≪중국통사간편(中國通史簡編)≫ 당대 부분은 "당 현종은 사족계층 외에 환관계층을 육성하여 통치술의 핵심으로 이용했는데, 이것은 당의 정치상에서 가장 큰 변동이다.(唐玄宗在士族階層外, 扶植起宦官階層作爲行施統治術的核心, 這是唐政治上最大一個變動.)"라고 지적하였다. 대부분의 환관들은 어린 시절에 거세하고 궁궐에 들어온 자들로 친족이나 가족이 없다. 당 현종은 황실에 충실하고 순종적인 이들에게 권력을 주어도 아무 위험이 없을 것이라고 믿었다. 환관에 대한 현종의 신임은 당 후기에 환관들이 조정을 농단하는 발단이 되었다.

당현종(唐玄宗)

현종의 중 · 후기로 넘어가면서 환관들의 정치적 개입은 갈수록 두드러진다. 군사적으로도 환관들은 실권을 쥐고 군대를 이끌고 출정하였다. 환관 양사욱(楊思勗)이 반란을 일으킨 남방의 소수민족을 여러 차례 토벌한 "군공"으로 정2품인 "보국대장군(輔國大將軍)"에 봉해졌고, 후에 또 정1품인 "표기대장군(驃騎大將軍)"과 괵국공(虢國公)에 봉해졌던 것이 그 예이다. 현종이 가장 신임했던 환관으로는 고력사(高力士)를 꼽아야 할 것이다. 고력사는 어릴 때 거세되어 입궁한 후로 개원(開元) 연간에 좌감문위장군(左監門衛將軍)에 지내시성사(知內侍省事)라는 벼슬까지 겸하였고 모든 환관을 관할하기에 이른다. 현종의 후기는 정치가 부패하고 생활이 문란해져 정사가 엉망이었다. 신하들이 상소하는 공문서들을 모두 고력사가 뜯어보고 작은 일이면 직접 처리하고 큰일인 경우만 현종의 재가를 받았다. 순식간에 권력이 조야를 좌지우지하게 되었는데, 마치 황권의 화신이 되어버린 것 같았다.

안사(安史)의 난 후에 환관들은 더욱 광범위하게 정치판에 개입하였고, 이후 점차 조정을 좌우하는 세력으로 성장한다. 숙종(肅宗)과 대종(代宗)의 집정기간에 대권을 장악했던 세 명의 환관은 이보국(李輔國) · 정원진(程元振) · 어조은(魚朝恩)이다.

안사의 난 동안에 현종은 촉(蜀)땅으로 몽진을 떠났고, 이보국은 태자 이형(李亨)을 따라 영무(靈武)까지 가서 그에게 하루 빨리 즉위하여 민심을 수습하고 반란을 진압하라고 권유하였다. 이형이 즉위하여 숙종이 되자 이보국을 태자가령(太子家令)에 임명하여 원수부행군사마(元帥府行軍司馬)의 직무를 겸임시키고 어전에서 관인과 군에 관한 명령 등도 모두 관장하게 하였다. 안사의 난 후에 이보국은 더욱 많은 관직에 봉해져 그 권세가 하늘을 찌를 듯 했다. 숙종은 또 대장 곽자의(郭子儀)와 이광필(李光弼)의 공이 높아져 자신을 가리게 될까봐서 환관 어조은(魚朝恩)을 감군(監軍)으로 삼고, 또 관군용선위처치사(觀軍容宣慰處置使)에 봉한 다음 파견하여 9도의 절도사(節度使) 군대 일을 총괄 관리하도록 하였다. 762년에 이보국은 또 다른 환관 정원진과 숙종의 황후인 장량제(張良娣)를 살해하고 태자 이예(李豫)를 옹립하여 숙종을 놀래 죽게 만들었다.

이예가 바로 당 대종(代宗)으로 즉위한 후에 비록 환관 내부의 모순을 이용하여 이보국을 죽였다고는 하나 여전히 정원진과 어조은을 신임하여 정원진을 원수부행군사마로 삼았다. 정원진은 대종을 옹립하는 데에 공이 있었기 때문에 금군(禁軍)을 독단적으로 지휘하게 되었고, 그 권세가 이보국 때보다 더 커졌다. 이때까지만 해도 환관이 비록 군권을 장악했다고는 하나 제도화까지는 되지 않았는데 당 덕종(德宗) 때에 이르러 상황은 역전되었다. 건중(建中) 4년(783)에 회서절도사(淮西節度使) 이희열(李希烈)이 조정에 반기를 들고 양양(襄陽)을 공격하여 동도 낙양(洛陽)까지 압박해 들어오자 당 덕종은 급히 선무군(宣武軍)을 이동시켜 수비하도록 하였다. 경원[涇原; 지금의 감숙(甘肅) 영하(寧夏)의 육반산(六盤山) 이동과 포하(蒲河) 이서 지역]의 병사 5000여 명이 경사를 지나치다가 위로와 포상이 없다는 이유로 쿠데타를 일으켰다. 덕종이 금병(禁兵)을 불렀음에도 한 사람도 오지 않았다. 환관 두문장(竇文場)과 곽선명(霍仙鳴)이 100여 명을 이끌고 와 덕종을 호위하여 봉천[奉天; 지금의 섬서 건현(乾縣)]으로 피신시켰다. 반란이 평정된 후에 덕종은 더 이상 군대를 통솔하는 대장을 믿을 수 없어 특별히 좌우호군중위(左右護軍中尉)를 두어 중앙 금군인 신책군(神策軍)을 통솔하게 하고, 두문장과 곽선명을 파견하여 좌우호군중위를 맡도록 하였다.

이 군대는 15만 명으로 급속히 늘어 경기(京畿) 지역을 통제하였다. 대종 때 환관감군제도를 취소한 적이 있었지만 덕종이 쿠데타의 자극을 받으면서 환관감군제도를 회복시켰는데, 이것이 바로 환관이 중앙은 물론 지방의 군권까지 지배하도록 한 제도화의 구실이 되었다.

대종 때에는 또 환관을 추밀사(樞密使)로 기용하여 "조서를 받들고 왕명을 출납하도록 했는데(承受詔旨, 出納王命)" 실제로 황제를 대신하여 정무를 처리했던 것이다. 이렇게 하여 군권과 행정의 중요권한은 모조리 환관의 수중에 떨어져 마침내 환관이 권력을 전횡하는 국면이 형성되었고, 두 명의 중위와 두 명의 추밀사가 당 왕조의 최고 통치자가 되었다.

환관은 대권을 손에 넣자 황제의 옹립과 폐위는 물론 살리고 죽이는 일까지 마음대로 조종하였다. 820년, 당 헌종(憲宗)이 환관에 의해 살해되면서 903년까지 도합 8명의 황제, 즉 목종(穆宗)·경종(敬宗)·문종(文宗)·무종(武宗)·선종(宣宗)·의종(懿宗)·희종(僖宗)·소종(昭宗)이 환관들에 의해 살해되었다. 이 8명의 황제 중 경종만이 태자로서 제위를 이었고 나머지는 모두 환관이 옹립하였다. 환관은 새로운 황제를 옹립할 때마다 제위를 계승한 원래의 황제를 폐위시키거나 죽이고 조정의 신하와 대립각을 세우던 환관들을 파면하거나 죽여버렸다. 황제는 완전히 환관 수중의 꼭두각시로 변하였다.

조정 대신의 진퇴용사(進退用舍)도 언제나 환관의 지배와 통제를 받아야 했다. 이용(李鄘)이나 황보단(皇甫鎛) 같은 사람들은 환관 토돌승최(吐突承璀)와 결탁하여 재상의 지위에 올랐다. 대시인 원진(元稹) 역시 최담준(崔譚峻)과 위인간(魏引簡)과 어울린 덕에 재상이 될 수 있었다. 그러나 환관에게 불만을 가졌던 재상이나 대신들은 모조리 배척되었다. 문종(文宗) 때의 재상 이석(李石)의 경우 환관들이 사람을 시켜 암살하여 강제로 그를 재상자리에서 끌어내렸던 것이 그 예다. 당대의 환관은 "정원 연간 후부터 그 위세와 권력이 나날이 강해져 힘있는 장군이건 신하이건 아무도 말을 못하였고, 변방을 지키는 장수들조차도 반드시 뇌물을 써야 일이 이루어졌다. 수많은 기회를 주거나 빼앗는 것을 마음대로 하였고, 구중궁궐 안의 폐위와 옹립도 제멋대로 하였다.(自貞元之後, 威權日熾, 蘭錡將臣, 率皆子蓄, 藩方戎帥, 必以賄成, 萬機之與奪任情, 九重之廢立由己.)" (≪구당서(舊唐書) · 환관열전(宦官列傳)≫).

환관의 거대한 권세와 강력한 재력은 당시 사람들의 눈총을 받았다. "저택 · 정원 · 옥답들 중 환관들 명의로 된 것이 경기지역의 절반이었다(甲舍、名園、上腴之田爲中人所名者半京畿矣)"(≪신당서(新唐書) · 환관열전≫). 이로부터 환관들이 백성들의 땅과 재산을 교묘한 수단으로 빼앗고 강점했다는 것을 알 수 있다. 특히 덕종(德宗) 때 환관이 주관했던 "궁시(宮市)"는 궁중에 필요한 물건을 사들인다는 핑계로 백성들의 재산을 노략질하듯 강탈하였다. "당시에 환관들은 자주 경성의 상점에서 강제로 상인들 사이에서 매입했다. 대개 100전에 해당하는 물건값으로 수천 전에 해당하는 물건을 강제로 사들이는 것은 고사하고 운임료의 청구에다 사례금까지 바치도록 했는데, 이를 궁시라고 하였다.(時屢有中官、于京城市肆, 强買人間. 率用直百錢物, 買人數千錢物, 仍索脚價, 及進奉門戶, 謂之宮市.)" (≪당회요(唐會要) · 시

(市)≫) 유명한 시인 백거이가 쓴 ≪숯 파는 늙은이(賣炭翁)≫[4]가 바로 궁시에서 환관들이 부렸던 횡포를 폭로한 시이다.

당 후기에 환관들이 군정 대권을 주무르게 되면서 조정 대신들의 불만과 반대를 불러일으켰다. 어떤 황제는 환관의 속박을 달가워하지 않아 환관들에 대한 조정 대신들의 투쟁을 지지하기도 하였다. 환관들의 업무처리 기구들은 북쪽 궁성에 있었

---

4) 賣炭翁 숯 파는 늙은이 - 苦宮市也.(궁시 때문에 고난을 겪음)

| | |
|---|---|
| 賣炭翁, | 숯을 파는 늙은이, |
| 伐薪燒炭南山中. | 남산에서 나무 베어내어 숯을 굽네. |
| 滿面塵灰煙火色, | 온 얼굴 재투성이에 벌겋게 달아올랐고, |
| 兩 蒼蒼十指黑. | 양쪽 살쩍 희끗희끗 열 손가락 새까맣다. |
| 賣炭得錢何所營? | 숯 팔아 번 돈을 어디에다 쓰는고? |
| 身上衣裳口中食. | 몸에 걸칠 옷과 입에 풀칠하는 것뿐. |
| 可憐身上衣正單, | 가련하여라 몸에 걸친 옷 홑겹인데, |
| 心憂炭賤愿天寒. | 숯 싸질까 걱정해 추워지기만 바라네. |
| 夜來城外一尺雪, | 밤새 성 밖엔 눈이 한자나 쌓였건만, |
| 曉駕炭車輾 轍. | 새벽에 숯 수레 끌고 빙판길을 가네. |
| 牛困人飢日已高, | 소도 사람도 지치고 허기져 해 이미 높아, |
| 市南門外泥中歇. | 남문 밖 진흙길에서 잠시 쉬려 하였네. |
| 翩翩兩騎來是誰? | 두 마리 말이 달려오는데 누구일꼬? |
| 黃衣使者白衫兒. | 노란 옷 입은 환관과 흰 옷 입은 심부름꾼. |
| 手把文書口稱勅, | 손에는 문서를 들고 칙명이라 이르고, |
| 回車叱牛牽向北. | 수레를 돌려 소를 끌고 북쪽으로 향하네. |
| 一車炭, | 한 수레 숯이, |
| 千余斤, | 천여 근이건만, |
| 官使驅將惜不得. | 대궐 칙사가 가져간다니 아깝기 그지없어라. |
| 半匹紅紗一丈綾, | 반 필의 붉은 명주와 일 장 길이의 능라를, |
| 系向牛頭充炭直. | 숯 값에 충당하라며 소머리에 묶어놓고 가네. |

- 옮긴이.

고, 조정 대신들의 관청은 남쪽 궁성에 있었기 때문에 사람들은 환관과 조정 대신들의 투쟁을 '남북사의 투쟁(南北司之爭)'이라고 불렀다. 당 후기에 조정 대신들은 환관 집단과 몇 차례 투쟁을 벌였지만 결국 실패로 돌아가고 말았다.

"영정혁신(永貞革新)"이 바로 조정 대신들이 황제의 지지아래 환관집단의 권력을 빼앗아 통치세력을 강화하려했던 투쟁이었다. 정원(貞元) 21년(805)에 순종(順宗)은 즉위하자마자 왕비(王伾)와 왕숙문(王叔文)을 중용하였다. 두 사람은 모두 순종이 태자였을 때의 시독(侍讀)이었다. 순종은 왕비를 좌산기상시(左散騎常侍)·한림학사(翰林學士)에 등용하고, 왕숙문을 기거사인(起居舍人)·한림학사로 삼았다. 당시에 순종은 병으로 말을 할 수 없었고, 환관 이충언(李忠言)과 소용(昭容) 우씨(牛氏)가 측근에서 수발을 들었다. 그래서 두 왕씨는 안으로는 이충언·우씨 두 사람과 결탁하고 밖으로는 이부상서(吏部尚書) 위집의(韋執誼)를 재상으로 추천한 다음, 한태(韓泰)·유종원(柳宗元)·유우석(劉禹錫)과 같은 지식인들과 친교를 맺고 당시의 폐단을 개혁하는 동시에 환관들의 권세에 타격을 가하였다.

두 왕씨의 혁신은 먼저 경조윤(京兆尹) 이실(李實)을 축출하는 것이었다. 이실은 탐욕스럽고 포악하여 백성들의 고통이나 기근은 아랑곳하지 않고 조세를 강제 징수하였다. 조세납부를 독촉하기 위해 관리들은 태형과 장형을 휘둘렀고, 순종 즉위 한 달 만에 이실은 수십 명을 때려죽였다. 이 때문에 백성들은 이실에 대한 원한이 뼈에 사무칠 정도였다. 두 왕씨는 순종을 통해 이실을 경조윤 직위에서 파면하여 통주(通州)[지금의 사천성 달현(達縣)]의 장사(長史)로 쫓아내자 백성들이 환호하였다.

두 번째는 백성들의 원한과 증오가 극에 달한 진봉(進奉)·궁시·오방소아[五坊小兒; 궁에 조방(雕坊)·골방(鶻坊)·요방(鷂坊)·응방(鷹坊)·구방(狗坊) 등 다섯 직소(職所)에서 공급하는 일을 맡은 사람들]를 혁파하는 것이었다.

세 번째는 백성들이 체납한 세금 및 일체의 잡세를 면제하고, 염철사(鹽鐵使)가 매월 진상하던 "선여(羨餘)"(당대의 관원이 잉여세금 즉 초과 징수된 세금이라는 명의로 황실에 바쳤던 돈과 재물)도 면제하였다. 두우(杜佑)를 탁지(度支)와 각 도(道)의 염철전운사(鹽鐵轉運使)로, 왕숙문을 부사(副使)로 임명하였고, 얼마 안 있어 또 호부시랑(戶部侍郎) 자리를 겸임시켜 재정대권을 장악하게 하였다.

왕숙문 개혁의 핵심은 환관의 병권을 빼앗는 것이었다. 숙장(宿將)·우사위대장군(右舍衛大將軍) 범희조(範希朝)를 좌우신책(左右神策)·경서제성진행영절도사(京西諸城鎭行營節度使)로 임용하였고, 한태(韓泰)를 행군사마(行軍司馬)로 삼아 신책군(神策軍)을 환관의 손에서 분리시키려고 하였다. 이런 조치들은 대환관 구문진(俱文珍)을 우두머리로 하는 환관들의 반대에 부딪쳤다. 환관들은 "그들의 술책을 따르게되면 우리는 반드시 그들의 손에 죽게될 것(從其謀, 吾屬必死其手)" (≪통감기사본말(通監紀事本末)·비문용사(伾文用事)≫)이라고 여겼다. 그래서 각 장수들에게 밀령을 내려 병권을 내어주지 말라고 하였다. 범희

조와 한태가 봉천(奉天)에 도착했지만 맞이하러 온 군관이 한 명도 없었다. 몇 달 후에 서울로 돌아올 수밖에 없었고 병권도 빼앗아 올 수 없었다.

이밖에도 두 왕씨의 개혁은 절도사들의 힘을 누르고, 궁녀와 여자 악사를 석방하며, 궁중의 유모를 징집하는 것을 금지시키는 것들이었다. 혁신은 환관들의 반대에 부딪쳤을 뿐만 아니라 절도사들의 강력한 저항을 받기도 하였다. 검남서천절도사(劍南西川節度使) 위고(韋皐)는 지탁부사(支度副使) 유벽(劉辟)을 장안으로 파견하여 왕숙문을 만나보도록 하였다. 유벽은 "태위께서는 저 유벽을 시켜 변변찮은 정성이나마 공께 드리라고 하셨습니다. 만약에 저희에게 삼천(검남의 동천 · 서천 및 산남의 서도를 삼천이라 함)을 주신다면 당연히 죽음으로써 서로 도울 것이고, 만약 주시지 않는다면 또한 당연히 서로 보복할 수도 있겠지요.[太尉使辟致微誠于公, 若與某三川(劍南東川、西川及山南西道爲三川), 當以死相助; 若不與, 亦當有以相酬.]"5)라고 하여 결국 보복이라는 말로 위협하였다. 왕숙문이 대답을 하지 않게 되자 위고는 곧 환관들과 결탁하여 임금에게 글을 올려 왕숙문이 조정을 어지럽히고 있으니 조정에서 축출해야 한다고 공격하였다. 이어서 형남절도사(荊南節度使) 배균(裴均)과 하동절도사(河東節度使) 엄수(嚴綬)가 함께 왕숙문을 비난하고 나섰다. 구문진은 또 일부 조정의 관료들과 결탁하고 순종을 핍박하여 이순[李淳; 후에 이순

5) ≪통감기사본말(通監紀事本末)≫ 권34 ≪비문용사(伾文用事)≫.

(李純)으로 개명함]을 태자로 내세운 다음 이윽고 순종을 폐위시키고 이순(李純)을 옹립했는데, 이가 바로 헌종(憲宗)이다. 두 왕씨는 바로 축출되어 이듬해 왕숙문은 사약을 받았으며 왕비는 병으로 죽었다. 위집의(韋執誼) · 한태(韓泰) · 유종원(柳宗元) · 유우석(劉禹錫) 등 8명은 모두 사마(司馬)로 강등되어 축출되었다. 혁신은 실패로 돌아갔고 806년에 순종도 환관들에 의해 독살을 당하였다. 역사적으로 이 사건을 "영정혁신(永貞革新)" 혹은 "이왕팔사마사건(二王八司馬事件)"이라고 부른다. 이것은 안사의 난 이후 조정의 신하와 환관이 겨룬 첫 번째 결투로 환관의 승리로 끝이 났다.

당 헌종은 만년에 단약(丹藥)을 복용한 때문에 성정이 포악해져 주변의 환관들을 구타하고 심지어 죽이기까지 하였다. 그 결과 820년에 대환관 왕수징(王守澄)과 중상시 진홍지(陳弘志)에 의해 궁중에서 살해되었다. 뒤를 이어 즉위한 목종(穆宗)과 경종(敬宗)은 완전히 정사를 환관에게 맡기고 노는 데에만 정신을 팔았다. 목종은 단지 3년 정도 황제 자리에 있었지만 금단(金丹)을 복용하다 죽었다. 경종은 헌종이 갔던 그 길을 따라 갔는데, 환관을 구타했다는 이유로 환관 유극명(劉克明)에게 옷을 갈아입는 곳에서 살해되었다. 왕수징 등은 또 강왕(江王) 이함(李涵)을 옹립했는데, 이가 바로 문종(文宗)이다.

문종은 제위에 오른 후에 환관들이 정치를 좌지우지하는 국면을 바꾸어보려고 했지만 어떻게 해 볼 방법이 없었다. 후에 한림학사 송신석(宋申錫)에게 자신의 생각을 떠보고 나서 그가 충성스럽고 침착해서 서로 일을 도모할 수 있다고 느껴 마침내 그를 재상격인 동평장사(同平章事)로 등용하였다.

대화(大和) 5년(831)에 송신석은 사람들과 환관 왕수징을 없애고자 논의했지만 이 일이 새어나가 되려 지방관으로 축출되고 말았다.

대화 8년(834)에 문종은 중풍에 걸린다. 왕수징은 정주(鄭注)라고 하는 의술에 정통한 사람을 끌어들여 문종의 병을 돌보게 했는데, 효험이 있게 되자 그를 총애하게 된다. 전 재상이었던 이봉길(李逢吉)의 조카 이훈(李訓)은 수백만 금이나 나가는 금은 보화로 정주와 관계를 맺었고, 정주는 그를 왕수징에게 소개시켜주었다. 이훈은 ≪역경(易經)≫풀이에 뛰어났는데, 왕수징은 이 때문에 그를 문종에게 추천하였고, 두 사람은 모두 총애를 받았다. 정주를 불러 한림시강학사(翰林侍講學士) · 공부상서(工部尙書)로 삼고, 이훈을 사문조교(四門助敎) · 주역박사(周易博士)겸 한림시강학사 등으로 삼았다. 정주와 이훈은 총애를 받았을 뿐만 아니라 황제의 마음도 잘 헤아렸는데, 문종이 환관을 매우 저주하고 있다는 점을 알고는 여러 차례 환관을 제거해야 한다고 진언하였다. 문종은 두 사람을 환관이 추천했기 때문에 의심을 받지 않을 것이라고 여기고, 그들과 함께 환관들을 없애고자 하였다.

환관 구사량(仇士良)과 왕수징이 반목하는 사이에 정주와 이훈은 문종을 위해 계획을 짜고 구사량을 좌신책중위(左神策中尉)로 삼아 왕수징의 권력을 분할하고자 하였다. 구사량은 왕수징을 사지로 몰아넣고자 마침내 이훈과 모의하여 헌종을 살해한 범인을 추적 조사하였다. 궁중 내외의 사람들은 모두 진홍지와 왕수징이 헌종을 살해했다고 여겼다. 이 때문에 이훈은 문종에게 양양(襄陽)에 감군(監軍)으로 나가있는 진홍지를 소환시키고 도중에 없애라고 상주하였다. 두 사람은 힘을 합쳐 왕수징에게 대항하여 우신책군중위(右神策軍中尉) 왕수징을 좌우신책관군용사(左右神策觀軍容使)로 바꾸어 십이위통군(十二衛統軍)을 겸하도록 문종에게 요청했는데, 이름뿐인 벼슬을 주고 실제로는 그의 권한을 빼앗았던 것이다. 후에 기회를 틈타 왕수징을 독살해버렸다. 이어서 세 명의 재상 이덕유(李德裕) · 이종민(李宗閔) · 노수(路隋)를 파면하고 이훈을 재상에, 정주를 봉상절도사(鳳翔節度使)에 임명하였다. 문종은 또 대리경(大理卿) 곽행여(郭行餘)를 빈녕절도사(邠寧節度使)로, 호부상서(戶部尙書) 왕번(王璠)을 하동절도사(河東節度使)로 임명하고, 경조소윤(京兆少尹) 나립언(羅立言)을 권지대윤사(權知大尹事)로, 대부경(大府卿) 한약(韓約)을 좌금오대장군(左金吾大將軍)으로, 형부낭중(刑部郎中)겸 어사지잡(御史知雜) 이효본(李孝本)을 권어사중승(權御史中丞)으로 삼아 함께 환관주살을 도모하였다.

그들은 애초에 다음과 같이 상의하여 결정하였다. 첫째, 정주가 봉상에 도착하면 수백 명의 장사들을 선발하여 친위대를 만들고, 왕수징을 매장할 때 장례를 호위할 수 있도록 하며, 친위대에게 무기를 숨겨두도록 한다. 둘째, 환관 가운데 중위 이하의 사람들은 모두 영구를 묘지로 옮겨가도록 한다. 셋째, 정주가 친위대를 지휘하여 환관들을 모조리 죽인다. 그러나 이훈은 정주가 공을 독차지할까봐서 원래 정했던 계획을 바꾸어 함정을 파고 선수를 쳐서 환관집단을 없애버렸다.

대화 9년(835) 11월 21일에 문종이 자신전(紫宸殿)에 이르자 백관들이 배알하였다. 이때 좌금오장군(左金吾將軍) 한약(韓約)이 사전 계획에 따라 상주하였다. "금오 좌장원 석류나무 아래에 어젯밤 하늘에서 감로가 내렸습니다.(金吾左仗院石榴樹上昨夜天降甘露.)"라고 아뢰자 신하들이 경하하였다. 이훈이 아뢰기를 "감로는 좋은 징조를 궁전에 내리는 것이니 폐하께서 친히 좌장원에 납시어 그것을 살펴보심이 옳을 것입니다.(甘露降祥, 俯在宮禁, 陛下宜親幸左仗觀之.)" (≪구당서·이훈전(舊唐書·李訓傳)≫)라고 말하였다. 문종은 윤허하고 수레를 타고 자신문(紫宸門)을 나서 함원전(含元殿)에 오르며 재상과 문무백관에게 따르도록 하였다. 또 재상에게 신하들을 이끌고 좌장원으로 가서 감로를 보도록 명령하였다. 한참이 지나 이훈이 돌아와 아뢰기를 "신들은 진짜 감로가 아닐까봐 두려워 감히 가벼이 말도 못 꺼내고 있는데, 말이 새어 나가 사람들이 축하하러 올까 두렵습니다.(臣等恐非眞甘露, 不敢輕言, 言出, 恐天下稱賀.)"라고 하자 문종이 "한약이 함부로 한 것인가?"라고 말하며, 또 중위 구사량과 어홍지(魚弘志)에게 명하여 환관들을 데리고 가서 살펴보도록 하였다. 환관들이 떠나자 이훈은 곽행여와 왕번을 소환하여 "황제의 명을 받들라"라고 하였다. 이때 곽행여와 왕번의 부하들은 무기를 가지고 단풍문 밖에 열 지어 있었다. 이훈이 부른다는 소리에 왕번은 두려워 앞으로 나가지도 못하였고, 곽행여만이 궁전 아래에서 절을 하였다. 사람을 시켜 문밖의 군사들을 부르자 왕번 만이 병사들을 따라 들어왔고, 빈녕(邠寧)의 군사들은 결국 오지 않았다. 다시 말해서 구사량 등이 좌장원에 감로를 보러 오자 한약은 숨이 막힌 듯 진땀을 흘리며 머리를 들지도 못하였다. 구사량은 이상히 여겨 "장군 왜 그러시오?"라고 물었다. 그때 공교롭게도 바람이 불어 장막이 흔들렸는데 구사량은 장막 뒤에 칼과 창을 든 군인들을 발견하고는 깜짝 놀라며 급히 밖으로 나갔다. 문지기가 대문을 닫으려고 하자 구사량이 큰소리로 제지하였다. 이훈이 이를 보고는 급히 소리를 질렀다. "호위무사들은 들어 오라. 어가를 호위하는 자는 백 전의 상을 받을 것이다.(金吾衛士上殿來, 護衛乘輿者, 人賞百錢.)". 구사량은 함원전으로 도망쳐서는 환관들에게 수레를 밀고가 황제를 맞이하라고 하였다. "사태가 급박합니다. 폐하께서는 안으로 드십시오!" 황제를 부축하여 수레에 태우고는 전각을 내려가 급히 떠나려고 하였다. 이훈이 수레를 붙들며 "소신은 아직 다 아뢰지 못했습니다. 폐하께서 입궁하셔서는 안됩니다!"라고 하였다. 구사량이 "이훈은 반역했습니다!"라고 크게 외치자, 문종은 "이훈은 반역하지 않았다!"라고 하였다. 금오의 호위무사 수십 명이 이훈을 따라 전각 안으로 들어왔다. 이때 나립언(羅立言)이 경조부(京兆府)의 병사 300여 명을 이끌고 동쪽에서 왔고, 이효본(李孝本)이 어사대(御史臺)에서 200여 명을 이끌고 서쪽에서 왔다. 이들은 모두 전각에 올라 삽시간에 환관들을 도륙했는데,

사상자만도 수십 명이었다.

이훈이 수레를 밀며 급히 달아나 선정문(宣政門)에 이르자 내관(內官) 치지영(郗志榮)이 주먹으로 이훈을 내리쳤다. 이훈은 땅에 쓰러졌다. 환관들이 수레를 동쪽 전각 문으로 밀고 들어가자 문이 닫혔고, 궁 안에서는 "만세"를 부르는 소리가 터져 나왔다. 구사량은 즉각 좌우신책부사(左右神策副使) 유태륜(劉泰倫)과 위중경(魏仲卿)에게 각각 금군 500명씩을 이끌고 나아가 토벌하라고 명령하였다. 그들은 닥치는 대로 사람을 죽였고, 이런 난리 속에 목숨을 잃은 관리들만도 6, 700명이나 되었다. 이훈의 잔당 천여 명도 체포되는 즉시 처형되어 피가 강을 이룰 정도였다. 재상 왕애(王涯) · 가속(賈餗) · 서원여(舒元輿)도 이 소식을 들었지만 도망치기는 어려웠다. 이훈은 주먹에 맞아 쓰러졌었지만 종남산(終南山)으로 달아나 종밀(宗密)이라는 승려에게 의탁하였다. 그는 머리를 깎고 중이 되려고 했지만 종밀의 제자들이 원치 않아 어쩔 수 없이 봉상으로 가서 정주에게 의지하려고 하였다. 산을 나섰지만 바로 붙잡혀 경성으로 압송되게 되었다. 이훈은 군대 내에서 모욕을 당하는 것이 두려워 압송하는 자에게 "나를 잡은 자는 분명 부자가 될 것이네. 듣기로 금군도 지금 날 잡으려고 혈안이 되어 있다고 하던데, 날 보면 틀림없이 너희들과 쟁탈전을 벌일 것이 뻔하니 아예 날 죽여 머리를 보내는 게 낫지 않겠는가?"라고 하자 압송하던 자들은 그럴 것이라고 여겨 바로 이훈의 머리를 잘랐다. 재상 왕애 · 서원여 및 왕번 · 곽행여 · 한약 등은 모두 체포되어 죽음을 당하였고, 그들의 친족들도 연좌되어 모조리 처형을 당하였다.

정주는 본래 이훈과 밖에서 원조하기로 모의했었다. 그래서 정주는 군사 500명을 이끌고 봉상에서 부풍(扶風)에 이르렀는데 이훈의 사고소식을 접하고는 봉상으로 되돌아갔다. 이때 구사량은 이미 사람을 시켜 봉상의 감군 장중청(張仲淸)에게 정주를 잡아 죽이라고 밀령을 내렸다. 장중청은 정주에게 감군부에 들어와 의논 좀 하자고 요청하였고, 정주는 호위병을 데리고 갔지만 매복한 병사들이 들이쳐 정주를 죽여 버렸다.

환관을 제거하려던 계획이 미수에 그치고 장안의 남북 관청을 피로 물들인 이 사건을 감로수로 인한 정치적 변고라는 의미의 "감로지변(甘露之變)"이라고 통칭한다. 문종은 두 차례에 걸쳐 환관을 제거하려고 했지만 실패로 끝나자 이때부터 종일 술로 슬픔을 달래며 "주나라의 난왕과 한나라의 헌제가 제후들에게 속박을 받았다고 하던데, 지금은 짐이 가노들에게 억압을 받고 있으니, 이대로 산다면 짐은 거의 죽은 것이나 다름없구나!(赧, 獻受制于諸侯, 今朕受制于家奴, 以此言之, 朕殆不如!)"라고 탄식하였다.

"감로지변" 후에 환관집단의 세력은 더욱 견고해졌다. 당 소종(昭宗) 때 가장 신임을 받았던 재상 최윤(崔胤)은 황제와 함께 밖으로는 절도사들의 힘을 누를 방안과 안으로는 환관들을 제거할 계획을 논의하였다. 최윤은 아무도 모르게 주전충(朱全忠)과 결탁하였다. 주전충은 원래 봉기군 황소(黃巢)의 부하였는데, 반군 내에서 정변을 일으키고 당에 투항하여 하중행영초토부사(河中行營招討副使)에 임명되었으며, 후에 이극용(李克用)과 연합하여 황소의 봉기군을 진압한 공으로 양왕(梁王)에 봉해져 지방의 할거세력이 되었다. 환관들은 최윤을 지독하게 미워하였다. 환관 한전해(韓全海)가 나서 소종에게 최윤이 반란을 획책하고 있다고 눈물로 호소하는 동시에 금군을 선동하여 소란스럽게 하고는 최윤이 군인들의 겨울옷을 착복했다고 하였다. 소종은 결국 최윤의 재상 자리를 철회하고 염철사(鹽鐵使)에 임명하였다. 최윤은 원한을 품고 비밀리에 주전충에게 편지를 보내어 서울로 와서 황제의 주변을 쓸어내어 주기를 요청하였다. 주전충은 편지를 받자 곧장 군대를 출동시켰다. 한전해가 이 소식을 듣고는 먼저 황제를 겁주기로 결정하였다. 그는 금군을 파견하여 궁궐의 각 문을 지키게 하고, 오가는 사람은 물론 문건의 왕래까지 모조리 검열하였다. 또 대전에 들어 황제에게 서쪽 봉상의 행재소(황제가 행차할 때 임시로 머무는 처소)로 행차해 주기를 청하였다. 소종은 또 친필 서한을 밀서로 하여 최윤에게 서행하는 일을 알려주었다. 그 날 저녁에 한전해는 입궁하여 황제에게 바로 떠나자고 압박하며 "주전충이 서울로 들어와 천자를 위협하여 대당천하를 빼앗으려 합니다.(朱全忠欲入京劫天子, 搶大唐天下.)"라고 하였다. 소종과 후비를 비롯한 제왕(諸王) 백여 명은 서쪽 봉상으로 갈 수밖에 없었다.

주전충이 군대를 몰아 장안으로 들어와 스스로 대장군이 되었다. 즉시 대군을 이끌고 봉상을 향해 진군하였다. 성 아래에 이르러 크게 소리쳤다. "환관 한전해가 성상의 수레를 위협한다고 하던데, 내가 오늘 그 죄를 묻고 성상의 수레를 영접하여 회궁시키려고 왔노라!(宦官韓全海勒逼聖駕, 我今來問罪, 迎聖駕回宮!)" 한전해는 소종을 위협하여 주전충에게 군대를 철수시키라는 명을 내리게 했지만 주전충의 군대는 여전히 봉상을 포위하였다. 성안에 식량이 떨어지자 많은 병사들이 야간에 몰래 밧줄을 이용해 성을 내려와 주전충에게 투항하였다. 봉상절도사 이무정(李茂貞)은 어떻게 해볼 방법이 없게 되자 자신의 책임을 피하고자 환관들을 죽이기로 결정하였다. 그리하여 편지를 쏘아 주전충에게 강화의 뜻으로 환관들을 죽이겠다고 하였다. 소종은 비밀리에 사자를 성 밖으로 보내어 주전충을 위로하고 비밀리에 강화를 맺었다. 천복(天復) 3년(903) 정월에 이무정이 한전해를 비롯한 환관 16명을 죽였고, 최윤은 입성하여 환관 70여 명을 잡아 죽였다. 주전충은 경조윤(京兆尹)에게 밀령을 내려 퇴직한 환관들을 잡아 죽이도록 하였다. 주전충은 또 "환관들이 군대를 일으키고 정사에 간섭하여 사직을 위태롭게 했는데, 이 뿌리가 완전히 제거되지 않아 재앙과 해가 아직 그치지 않고 있습니다. 청하건대 각 내사의 사무를 모두 파하고 성과 사가 각 도를 관장하도록 하며, 감군은 모두 대궐로 소환하십시오……(宦官興兵干政, 危害社稷, 此根不除, 禍害未已. 請悉罷諸內司事務, 統歸省寺諸道, 監軍均召還闕下……)"라고 아뢰었고, 소종은 이를 허락하였다. 주전충과 최윤 두 사람은 군대를 보내어 환관들을 대대적으로 수사하여 좌우중위 및 추밀사 이하 환관 수백 명을 잡아다 모조리 참수하고, 어린 환관 30여 명만을 남겨 궁궐 안을 청소하게 하였다. 최윤에게 판육군십이위사(判六軍十二衛事)를 겸하게 하는 것으로 당대 환관이 군대를 관할하고 정사에 간여하던 국면은 끝이 난다.

환관이 사라지면서 주전충은 조정을 틀어쥐고 시시각각 당나라의 천하를 엿보았다. 얼마가지 않아 주전충은 최윤을 죽이고 소종에게 낙양으로 천도할 것을 핍박하는 동시에 소종 주변의 격구(擊毬) 시봉자와 내원(內園)의 아이들 200명을 죽였다. 904년에 소종을 죽이고 907년 4월에 주전충이 제위에 오르면서 당조는 역사 속으로 사라지고 군웅들이 쟁패하는 오대십국(五代十國)의 시대가 도래한다.

### 3. 권세가 하늘을 찔렀던 명대의 환관

명대는 중국 역사상 환관의 폐해가 가장 극심했던 시대였다. 이처럼 되었던 가장 큰 이유는 궁정 안이 부패한 것 외에 주로 황제의 개인적인 독재 때문이었다. 주원장(朱元璋)은 천하를 평정한 후에 전대의 멸망원인을 개괄하여 "총애하는 신하에게 권력을 통째로 맡긴 탓에 위와 아래가 서로 사실을 가리게 된 것(委任權臣, 上下蒙蔽)"이 원대(元代)통치 쇠퇴의 중요한 원인이라고 여기고, 그는 관직제도에 중대한 개혁을 단행하였다.

주원장은 먼저 지방권력을 약화시키기 위해 전국을 13개 행정구역으로 나누었다. 지방의 백성과 재물, 사법과 형벌, 군사적 방어는 원래 지방장관이 독점했었는데, 이것을 군(軍) · 정

(政)・사법(司法)의 3권 분립으로 바꾸었다. 이로써 상급 기관이 하급 기관을 통괄하지 못하도록 하고 각자 중앙에 직속시켜 지방에 대한 중앙의 통제와 집권을 편리하게 하였다. 지방 대권을 조정의 중서성(中書省)으로 거두어들인 후에 중서성을 총괄하는 재상의 권한은 빠르게 커졌는데, 이것은 주원장의 개인적인 권력독점에는 불리하기도 하였다. 홍무(洪武) 13년(1380)에 주원장은 "역모죄(謀逆罪)"를 씌워 좌승상(左丞相) 호유용(胡惟庸)을 사형에 처한 후 곧장 중서성을 없애고 재상을 두지 못하도록 명하였다. 중서성과 재상의 권한을 6부(六部)로 분할하여 예속시키고, 이(吏)・호(戶)・예(禮)・병(兵)・형(刑)・공(工) 6부의 상서(尙書)가 직접 황제를 책임지도록 하였다. 이렇게 조정 안팎의 권력이 모두 황제 한 사람의 손에 고도로 집중되었다. 내각대학사(內閣大學士)를 별도로 두어 황제를 도와 문서 등을 관리하도록 하였다. 대학사는 황제의 곁을 시종하며 고문역할을 했는데, 상주문에 대한 비답 같은 것도 황제 앞에서 유시(諭示)를 받아 바로 작성하였다. 후에 내각대학사의 권력이 6부의 위에 군림할 정도로 커지고, 독재자인 황제마저 정사에 흥미를 잃게 되자 환관의 역할이 갈수록 두드러졌다. 조정의 명령이 환관에게 전해지면 환관은 문서를 관리하는 관원에게 전달하고, 문서를 관리하는 관원은 다시 내각에 전달한다. 내각이 할 말이 있으면 먼저 문서를 관리하는 관원에게 전달하고, 문서를 관리하는 관원이 환관에게 전달하면 환관은 이를 황제에게 아뢴다. 황제는 내각에 가지 않고도 정무를 친히 주관하면서 내

각의 대신들에게 표의(票擬; 즉 내각이 어떤 일을 처리하고자 하는 의견에 대하여 내각의 표지를 작성하는 것)하도록 하였다. 황제는 내궁(內宮)에 있으면서도 정무를 처리하지 않았고, 심지어 황제의 지시조차도 태감(太監)이 대신하였다. 이 때문에 명대의 환관은 갈수록 거만해져 거리끼는 것이 없게 되었다. 대사상가 황종희(黃宗羲)는 "명나라의 정치가 제대로 되지 못한 것은 고조가 승상의 직위를 없애면서부터인데(有明之無善治, 自高祖罷丞相始也)", "나는 이 때문에 재상의 실질적 권한을 가지고 있던 자들은 궁궐 안의 노비인 환관들이었다고 하는 것이다.(吾以謂有宰相之實者, 宮奴也.)" (≪명이대방록·치상(明夷待訪錄·置相)≫)라고 지적하였다.

명 초기에 주원장은 환관들을 단속한 적이 있었는데, 대신들에게 "짐이 주례를 보니 환관의 수가 백 명을 넘지 않았소. 후세에 수천 명을 넘게 되었고, 이에 따라 관직의 품계가 어지럽게 되었소. 이런 무리들은 청소나 하고 심부름이나 하는 것뿐이니 별도로 다른 일을 맡겨서도 안되고 지나치게 많아지게 해서도 안되오.(朕觀周禮, 閹寺不及百人. 後世至逾數千, 因用階亂. 此曹只可供灑掃、給使令, 非別有委任, 毋令過多.)"라고 하였다. 또 "이런 무리들 중에 착한 자는 수천 명 가운데 한 둘도 안되면서 악한 자는 항상 수천 명이나 되오. 만약에 이들을 귀와 눈으로 사용하면 바로 귀와 눈을 가리게 될 것이고, 만약에 마음과 배로 사용하면 마음과 배에 병이 나도록 할 것이오. 도리로써 그들을 부려서 법을 두려워하게 해야지 그들에게 공을 세우게 해서는 안되오. 법을 두려워하면 스스로를 단속하게 되지만 공이 있게 되면 교만하고 방자하게 될 것이기 때문이오.(此曹善者千百中不一二, 惡者常千百. 若用爲耳目, 則耳目蔽; 若用爲心腹, 卽心腹病. 馭之以道, 在使之畏法, 不可使有功. 畏法則檢束, 有功則驕姿.)"(≪명사·직관지(明史·職官志)≫)라고 하였다. 주원장은 또 "환관들은 정사에 관여해서는 안 된다. 어기는 자는 목을 베리라!(內臣不得干預政事, 犯者斬!)"라는 글을 새긴 철패(鐵牌)를 주조하여 궁문에 걸어두도록 하였다. 한번은 오랫동안 황제를 시종했던 노환관이 우연히 정사를 언급했는데, 태조는 대노하여 그 즉시 그를 고향으로 내쳤다. 그러나 고도로 권력이 집중된 정치체제 속에서 일일이 황제가 직접 처리하기에는 한계가 있는 법 그래서 일부 사안들은 절대적으로 신임하는 환관에게 맡겨 처리하였다. 환관에 대한 주원장의 진짜 속내를 설명하는 일이 하나 있다. 주원장에게 이문충(李文忠)이라는 생질이 하나 있었는데, 그는 어진 이들을 예의와 겸손으로 대하여 적지 않은 문객(門客)들이 머물렀다. 하루는 그가 외삼촌에게 "환관들이 너무 많으니 조금 줄이시는 것이 옳습니다(內臣太多, 宜稍裁省)"라고 하였다. 주원장은 대노하며 "네가 나의 주변 사람을 약화시키려고 하는 속셈이 무엇이냐? 이는 필시 너의 문객들이 너에게 가르쳤을 것이다.(若欲弱吾羽翼何意? 此必門客敎之.)"라고 하고는 문객들을 모조리 죽이고 이문충도 제 명대로 살 수 없게 만들어 버렸다.

명 성조(成祖)가 출병하여 건문제(建文帝)를 토벌할 때 많은 환관들이 성조 주체(朱棣)에게 투항하여 왔다. 명 성조가 즉위한 후에 정난(靖難)주역들 가운데 공이 있는 내관에게 작위나 상을 하사하면서 한 편으로는 진심인 체 하며 "짐은 줄곧 태조께서 만드신 제도에 따라서 할 것이니, 황제의 직인이 없는 문서로는 한 명의 군인 한 명의 백성이라도 환관들이 함부로 이동시키거나 발동시켜서는 안 된다.(朕一遵太祖制, 無御寶文書, 卽一軍一民, 中官不得擅調發.)"라고 말했다. 하지만 실제로는 명대 환관이 외교사절로 나가거나, 세금징수를 독단하거나, 군대를 감독하거나, 번진을 분할하거나, 신하와 백성을 염탐하거나 했던 그 권한은 모두 성조 때부터 시작되었다. 역사상 환관의 직무로 진(秦)나라 때에 중거부령(中車府令)이 있었는데, 이후 중알자(中謁者) · 중상시(中常侍) · 중위(中尉) 등으로 답습되었다. 명 태조 때에 감정(監正) · 감부(監副) · 감승(監丞) 같은 것이 있었고, 명 성조 때에 이르러 "감정"을 "태감(太監)"으로 바꾸면서 명칭이 한 단계 높아졌다. 명나라 사람들은 이 개명에 대하여 "대체로 천자의 친인척을 바로 '태'라는 글자로 지칭하였다. 지금은 중인들의 직무에도 '태'자를 사용하고 있으니, 이는 한 · 당 · 송까지 '중'이라는 글자로 명명하는 경우가 오히려 많아졌음을 보여주는 것이다.(夫天子之親, 乃以太稱. 今中人之職亦曰太, 其視漢、唐、宋止以中名者却盛矣.)" (≪남원만록(南園漫錄)≫ 권4)라고 비평하였다.

명대의 환관은 처음에는 수백 명에 불과했는데 명 말에 이르러 10만 명까지 늘었고, 명 초에 "환관은 정사에 간여해서는 안 된다(不得干預政事)"는 처지에서 정치 · 경제 · 군사대권을 장악하는 위치로 발전하였다. 그들의 권세는 궁궐 안은 물론 지방의 작은 부문에까지 침투하여 황권의 비호 아래 나라와 백성들을 해치는 악의 축이 되었다. 명대의 환관들이 모든 영역에서 저지른 악행을 구분하여 소개하겠다.

(1) 명대의 환관과 정치

앞에서 이미 소개했듯이 명대의 환관 소속은 24개의 관아로 나누었고, 으뜸가는 관아는 사례감(司禮監)이었다. 조정 안팎의 권력을 황제 한 사람의 손에 집중시키고 나자 수많은 상주문을 처리하는 것이 부담이었다. 이 때문에 주원장은 내각대학사를 두어 정무를 처리하였다. 주원장과 주체 부자가 친히 상주문에 결재할 수 있게 되면서 내각의 신하들은 단지 참모나 고문 역할이나 할 뿐이었다. 선종(宣宗) 때에 이르러 처음으로 내각에 먹으로 쓴 작은 표를 상주문에 붙이도록 했는데, 이를 메모지라는 의미의 "조지(條旨)"라고 하였다. 왕조마다 개국군주는 거의 예외 없이 성실하게 정사를 돌보았지만 1, 2대 이후로 군왕들은 깊은 궁전 안에서 성장한 탓에 열정과 지식 모두 창업 황제만 못해서 결국 정사를 돌보는 것도 대신들을 접견하는 것도 귀찮아하였다. 이런 불성실한 태도가 바로 표의(票擬)[6]제도를

6) 내각에서 상주문을 받은 후 비준의 문안을 쓴 표전을 붙여 황제의 붉은 먹을 묻힌 붓으로 결재를 받는 것 - 옮긴이.

만연하게 한 원인이라고 하겠다. ≪엄산당별집≫에 "인종 이후에 이르러 결재를 해야 할 시기는 모두 표의로 하였다.(至仁宗後, 裁決機宜, 悉由票擬.)"라는 기록이 보인다. 표의제도는 환관의 정치관여를 위하여 편리한 문을 열어준 셈이 되었다. 유약우(劉若愚)의 ≪음주 속에 품은 뜻(酌中志)≫이라는 글에 사례감의 직권은 "대체로 매일같이 상주하는 문서에 대해서 황제가 친필로 몇 가지 문서에 결재하는 것 이외에 다른 것들은 태감들이 나누어 내각에서 표시한 글자 모양을 따라 결재하는 것으로, 붉은 물감을 묻힌 붓을 사용하여 해서체로 표시하였다. 간간이 편방이 뜻하지 않게 틀렸을 경우에 약간씩 수정하여도 무방하였다.(凡每日奏文書, 自御筆親批數本外, 皆衆太監分批遵熠閣中票來字樣, 用硃筆楷書批之. 間有偏旁偶訛者, 亦不妨略爲改正.)"라고 기록하고 있다. 이렇게 사례감은 실제로 내각을 압도하는 등 재상과 맞먹는 권력을 행사하였다. 사례감은 일반적으로 장인태감(掌印太監) 1명과 병필수당태감(秉筆隨堂太監) 8, 9명 혹은 4, 5명을 두었는데, 이들은 명대에 그 위세가 대단했던 무리들로서 모두 사례감을 관장하였다. 내각에서 보내 온 쪽지에 따라 붉은 물감으로 결재하려면 글자를 몰라서는 안되었기 때문에 명 선종 때는 내서당(內書堂)을 설립하여 환관들에게 얼마간의 소양을 갖추게 하였다. 이렇게 하여 환관들은 "상주문을 관장하여 내각에서 표한 것에 따라 붉은 인주로 결재할 수 있게 되었고 바깥 조정의 대신들과 어울리고 왕래도 하게 되었다.(掌章奏, 照閣票批朱, 與外廷交結往來.)" 환관들은 글을 익힌 후 사례감을 관장하였고, 또 "편방이 틀릴 경우(偏旁偶訛)" "약간씩 수정할 수도 있었기 때문에(略爲改正)" 환관들은 어떤 경우에는 "내각의 의견을 조작할 수도 있었다.(改動閣議.)" 수정한 후에 내각을 거치지 않고 마음대로 발표했는데, 소위 "황제의 명령이 환관들로부터 내려졌고, 대신들에게서 듣는 것은 생략되었던 것이다.(旨從中下, 略不與聞.)" 이 속에 감추어진 폐단은 정말로 컸다. 임금의 명령을 전달하는 경우 황제가 말하면 태감이 옆에서 기록하여 내각에 전해 필사하도록 하는 것이 일반적이다. 이 "기록(筆錄)" 중에 태감들은 기회를 틈타 자신들의 의견을 집어넣을 수 있었다. 심한 경우는 태감이 구두로 황제의 명령을 전달할 때 명대의 환관들은 항상 황제의 명령이라고 했는데, 그 원인이 바로 여기에 있었다. 일부 권력을 가진 환관들은 사례감을 관장하는 기회를 이용하여 황권을 자신의 수중에 넣었다. 유근(劉瑾)이라는 자는 매번 명 무종(武宗)이 가무와 여색에 빠져 기분이 아주 좋아졌을 때 많은 일들을 주청하였다. 무종은 아주 성가셔하며 "내가 널 어디다 쓰겠느냐! 이렇게 와서 날 귀찮게 만드느냐!"라고 하였다. 그래서 유근은 바로 "황명에 따라 일을 처리한다"는 명분으로 자신의 생각대로 조정을 좌지우지하여 대신들에 대해 질책과 배척은 물론 태형까지 마음대로 처분하였고 요직이란 요직은 자신의 심복들로 다 채웠다. 위충현(魏忠賢)도 명 희종(熹宗)에 대해 이와 같이 하였다. 희종은 집 짓는 것을 좋아하여 스스로 도끼로 찍고 칼로 깎기도 했는데 그때마다 위충현 등은 옆에서 상주문을 전달하였다.

희종은 정신을 딴 데 두고서 "알았으니까 너희들 마음대로 하거라!"라고 하였다. 위충현 등은 이 말을 듣고 나서 천하를 마음대로 주무를 수 있게 되었던 것이다.

사례감의 태감들이 이런 대권을 장악하게 되면서 먼저 내외 백관들의 진퇴를 틀어쥐었다. 그래서 대학사나 재상의 지위에 있다고 해도 언제나 태감에 빌붙어야 내각에 들 수 있었다. 명대의 유명한 간신 엄숭(嚴嵩)도 태감에게 붙어 내각에 들어가면서 자신의 지위를 견고하게 굳힐 수 있었다.

엄숭은 명 세종(世宗) 때의 내각대학사였고, 하언(夏言)도 내각에서 수상(首相)이었다. 엄숭 부자가 국사를 농단하면서 매관매직을 일삼았다가 하언에게 들통이 났고, 하언은 그들의 죄상을 폭로하려고 하였다. 엄숭이 알아채고는 부자가 함께 하언에게로 달려가 무릎을 꿇고 간절하게 애원하였고, 하언은 그제야 폭로하고자 했던 일을 그만두었다. 엄숭은 보복을 위해 하언과 원수 관계에 있던 금의위지휘사(錦衣衛指揮使) 육병(陸柄)과 결탁하여 함께 하언을 모함해 죽음으로 몰아넣었다. 또 한 번은 급사중(給事中) 여여진(厲汝進)이 엄숭의 아들 엄세번(嚴世蕃)이 뇌물을 받았다고 탄핵하자 엄숭은 즉각 "상서하여 스스로 변호하고, 또 환관에게 도움을 청함으로써 황제의 노여움을 자극하였다." 그 결과 여여진은 운남(雲南)으로 쫓겨나고 말았다. 엄숭은 거금으로 여러 환관들과 결탁하여 그들로 하여금 "궁중의 동정(大內動靜)"을 보고하게 하였다. 그래서 엄숭은 황제의 일거일동을 사전에 다 알고 있었고, 이런 관계에 의지하여 엄숭은

21년 동안이나 재상자리에 있을 수 있었다.

장거정(張居正)은 가정(嘉靖) 연간에 진사(進士)에 급제하여 목종(穆宗) 때 내각에 들어갔다. 신종(神宗)이 10살의 나이로 즉위하자 태감 풍보(馮保)가 성지를 왜곡하여 자신이 내각의 대신 장거정 · 고공(高拱)과 함께 선황제의 유조(遺詔)를 받들게 되었다고 하였다. 당시에 풍보는 사례감과 동창(東廠)의 대권을 다 장악하고 있었기 때문에 그 세력은 갈수록 커졌다. 고공은 환관들이 권력을 휘두르는 것에 대해 걱정하며 장거정과 풍보의 축출을 논의하였다. 장거정은 풍보와 일찍부터 관계를 맺고 암암리에 많은 뇌물을 풍보에게 주기도 했다. 이번에도 재빨리 사람을 보내어 풍보에게 알렸고, 풍보는 직접 신종의 모친 이태후(李太后)를 만나 고공이 "태자께서 10살 밖에 안 된 어린아이라고 배척만 하고 있으니 어떻게 임금이 될 수 있겠나이까?(排斥太子爲十歲孩子, 如何做人主?)"라고 꼬드겼다. 이태후는 이튿날 신하들을 소집하고는 고공을 고향으로 보내 편히 지내도록 한다는 특명을 전하였다. 장거정은 이부상서(吏部尙書)에서 상서겸 태자태부(太子太傅)로 승진하였고, 고공을 대신하여 재상자리에 앉아 전후 10년 동안 국정을 맡았다. 장거정은 명대 조정의 정치나 경제에 나타난 폐단을 바로잡을 것을 제기하고, 일련의 개혁 조치를 시행한 정치가라고 할 수 있다. 그러나 그가 환관과 결탁하여 권세를 탐하고 황제의 총애를 유지하고자 기를 썼던 행위는 취할 것이 못된다.

환관과 절대로 관계를 맺으려고 하지 않았던 내각의 신하나 재상들은 환관들에게 배척을 당하거나 타격을 받아야 했다. 영종(英宗) 때 내각의 신하였던 양사기(楊士奇)와 양영(楊榮)이라는 사람은 4대에 걸친 원로였는데, 대환관 왕진(王振)이 그들에게 "조정 일이 오랫동안 공들을 수고롭게 했고, 공들 또한 연세가 높으시니 피곤할 것이외다.(朝廷事久勞公等, 公等皆高年, 倦矣.)"라고 말하며 물러나라고 압박하였다. 또 다음과 같은 예가 있다. 헌종 때의 재상 상로(商輅)가 권력을 틀어쥔 환관 왕직(汪直)이 서창(西廠)에서 "권력을 휘두르고 백성들을 학대하도록(擅作威福, 賊虐善良)" 조종하고 있다고 탄핵하고, 아울러 내각의 신하들과 상소하기로 약속하였다. 헌종은 중론에 밀려 어쩔 수 없이 서창의 활동을 중지시켰다. 왕직은 이 일에 한을 품고 있다 얼마 안 있어 상로가 뇌물을 받았다고 모함하여 물러나지 않으면 안 되도록 하였다. 내각의 신하나 재상에 대해서도 이 정도였으니 기타 대신들이야 순응하는 자는 살려주고 거스르는 자는 모조리 죽이는 식이었다. 경제(景帝) 천순(天順) 연간 초년에 태감 조길상(曹吉祥)이 권력을 장악하자 부끄러움을 모르는 일부 대신들은 그들과 결탁하였다. 예를 들어 보겠다. 동흥(董興)이라는 사람은 조길상과 친척 관계를 맺고, "탈문의 공(奪門之功)[7]"을 사칭하여 해녕백(海寧伯)에 봉해져 요동(遼東)에 진주하게 되었다. 영종 때의 어사 이탁(李鐸)이라는 사람은 왕진을 보고도 무

7) 태상황 영종과 그의 동생인 경제 사이에 제위 다툼이 일어났을 때 태상황이 남궁의 문을 헐고 입성하여 재 즉위한 일 - 옮긴이.

릎을 꿇지 않았다고 해서 쫓겨났고, 부마도위(駙馬都尉) 석경(石璟)이 한번은 집안의 환관에게 욕을 한 적이 있는데, 이를 전해 들은 왕진은 자신의 무리를 모욕한 것이나 다름없다고 하며 그를 모함하여 옥에 가두어버렸다……

명대의 환관들은 내각의 대신들을 조종하여 내각을 허수아비로 만들거나 조정 대신들의 임면을 통제하는 것 이외에도 또 창(廠)과 위(衛)를 조종하였다. 명대 초기에 주원장은 의란사(儀鸞司)를 금의위(錦衣衛)로 바꿨는데, 황제가 직접 관할했으니 황제의 개인적 호위대나 마찬가지였다. 금의위 아래에 17개소를 두었으며, 시위(侍衛)는 소금장부(鹵簿)와 의장(儀仗)을 관장하는 것 외에도 전문적인 정찰임무를 맡았다. 편제된 인원만도 수만 명이었다. 이밖에도 남북 두 개의 진무사(鎭撫使)가 있다. 남진무사(南鎭撫司)는 금의위의 법을 관장하였고, 북진무사(北鎭撫司)는 천자의 조서나 옥사를 관리했는데 권세가 대단했다.

동창(東廠)은 영락(永樂) 18년(1420)에 설치되어 조사와 체포 그리고 형벌과 옥사를 책임졌다. 황제파의 심복환관이 동창을 관할했는데, 관함(官銜)이 "흠차총독동창관교판사태감(欽差總督東廠官校辦事太監)"이었다. 이를 줄여 "제독동창(提督東廠)"이라고 불렀다. 동창은 외부에서 정탐하고 체포하는 일을 책임지는 역장(役長)과 번역(番役)에 1000여 명을 두고 있었는데, 모두 금의위로부터 선발된 "가장 민첩하면서도 강직한(最輕黠狷巧)" 사람들이었다. 정탐과 체포의 범위에 있어 위로는 관부, 아래로는 민간에 이르기까지 두루 미쳤다.

서창(西廠)은 헌종 때 권력을 휘둘렀던 환관 왕직이 성화(成化) 13년(1477)에 세운 것이다. 왕직이 서창의 일을 감독했는데 인원이 동창에 비해 두 배는 되었고 권세와 위엄도 동창보다 더했다. 정탐의 범위도 경성에만 국한하지 않고 각 지역의 왕부(王府)와 변진(邊鎭) · 각 성부(省府)의 주(州)와 현(縣)까지 포함하였다. 내행창(內行廠)은 무종(武宗) 때의 태감 유근(劉瑾)이 설립한 환관의 행동을 정탐하고 체포하는 기관으로 동창과 서창도 사찰 대상이 되었다.

창과 위는 줄곧 병칭되었지만 한 계통은 아니었다. 하지만 다 황제(혹은 사례태감)의 지휘 아래에 있었다. 실제로 사례감 · 창 · 금의위는 삼위일체가 되어 서로 협력하며 하나의 거대한 악의 축을 형성하였다. 이로 인해 위로는 조정의 대신, 아래로는 백성에 이르기까지 모두 극도의 공포 분위기에 휩싸였다.

조회를 할 때마다 창과 위는 휘하의 교위 500명을 이끌고 봉천문(奉天門) 아래에서 백관들의 의례를 규찰하였다. 예를 들어 의례를 어기는 사람이 있으면 바로 옷과 모자를 벗기고 죽도록 매질을 해대었다. 무종 때 유근은 무지막지한 권력을 휘둘러 적지 않은 조정의 신하들이 희생되었다. 하루는 길에서 유근의 죄악을 폭로한 익명의 편지가 발견되었다. 유근은 황제의 명령을 왜곡하여 백관들을 모두 봉천문 밖에 꿇어앉히고 시비곡직을 막론하고 300여 명을 하옥시켰다. 이러하니 일반 백성들에게 자행했던 횡포한 짓은 말할 것도 없다. 창(廠)과 위(衛)는 죄목을 서명한 연행장조차도 없이 사람을 체포하는 등 사람

목숨을 어린애 장난처럼 여겼다. 사람을 잡아오면 먼저 죽어라 매질을 해서 죄를 시인하도록 한 다음 사건을 마무리 지어 법을 다루는 관아인 법사(法司)로 보냈다. 법사는 설사 그 억울함을 안다 해도 원안을 바꾸려고 하지 않아 억울한 소송사건이 나라 안에 가득 찼다. 역사에서는 "지금 사찰이 지나치게 엄격하고 법령이 지나치게 옥죄며 형벌과 기강이 지나치게 엄격하다…… 밤낮으로 집안의 재산을 수색하여 찾아내고 영장의 유무도 따지지 않는다. 사람들의 마음은 두려워 떨며 서로 의심하고 무서워하였다.(近日伺察太密、法令太急、刑網太密…… 暮夜搜檢家財, 不見有無駕帖. 人心震慴, 各懷疑懼.)" (≪명사 · 환관왕직(宦官汪直)≫) "문관들 중에 무고하게 누명을 쓴 자들이 아주 많았으며(凡文官無辜受屈者甚多)", "억울하게 죽는 자들이 줄을 설 정도였다(冤死者相屬)"고 기록하였다.

### (2) 명대의 환관과 경제

명대의 환관은 내각을 유명무실하게 만들었고 창과 위를 조종하여 조정을 좌지우지하는 "실질적 재상(眞宰相)" 역할을 자처한 후 촉각을 경제영역으로 확장하여 점차 경제 분야의 중요한 부분을 장악하기에 이른다.

#### ■ 논밭의 강제 점령과 수탈

환관들은 간사한 백성들과 결탁하여 다른 사람들의 논밭을 교활한 수단으로 강탈하였다. 이런 일은 환관이 황실장원을 관리하는 것부터 언급해야 할 것이다. 황실장원은 이름 그대로 황제가 직접 소유한 토지를 말한다. 명 헌종 때의 환관 조길상은 수많은 토지를 몰수하여 궁중 소유로 귀속시킨 다음 "황장(皇莊)"이라고 명명하였다. 명 효종 때 경기(京畿)지역에 이미 5곳의 황장이 있었는데, 그 면적이 12,800경(頃)[8]이나 되었다. 명 무종 때는 380여 곳으로 증가하여 30,000여 경의 면적을 자랑하였다. 이런 황장들은 황제파의 환관들에 의해 관리되었다. 이런 환관들은 황제를 도와 황장을 관리하면서 조세를 징수하는 동시에 기회 있을 때마다 함부로 민간의 농지를 침탈하여 백성들을 유린하였고, 또 그 틈에 환관 자신들도 토지를 강점해나갔다. ≪명사(明史) · 식화지(食貨志)≫에 의하면 "영종 때 모든 왕들과 외척 그리고 환관들이 있는 곳이면 관가의 토지든 개인의 토지든 다 차지하고도 모자라 백성들을 속여 그들의 땅마저 차지하였다.(英宗時, 諸王外戚中官所在, 占官私田, 反誣民占.)"라고 하였다. ≪엄산당별집 · 중관고2≫에는 "경태 5년에 남경어사 추량이 상주하여 정회 등 문 밖의 도시와 호수가 태감 진공 등에 의해 점령되어 연뿌리와 볏모가 파종되고 있으니, 남경의 호부에 명하여 조사와 금지를 관청에서 맡도록 하십시오.(景泰五年南京御史鄒亮奏, 定淮等門外城濠爲太監陳公等占種蓮藕禾苗, 命南京戶部委官勘核禁約.)"라고 기록하였다. 태감들이 백성

8) 경(頃): 논밭의 면적단위로 1경은 1아르로써 100평방미터임 - 옮긴이.

들의 토지를 강점하는 행위가 수시로 발생했음을 알 수 있다. 헌종 때 왕직이 전횡하면서 직속 보지현(寶坻縣)에서 황무지 2만여 경을 차지하려고 하였다. 명 무종 때의 환관들은 백성들의 토지를 강점하는 경우가 더욱 지독하였다. ≪명사(明史)≫는 "정덕 연간에 환관들이 민전을 빼앗아 장전으로 만드는 경우가 많았다.(正德中, 奄人多奪民田爲莊田.)"고 했는데, 권력을 쥔 유근이 "장원의 토지를 보수(修莊田)"한다는 빌미로 관가의 땅 50여 경을 잠식하였고, 관민의 집 3,900여 칸을 헐어버렸으며, 민간의 무덤을 2,700여 기나 파헤친 것이 그 예다. 서울의 환관들이 민전과 황무지를 강점하는 것도 모자라 전국 각지에 퍼져 있는 현지 환관들조차도 민전을 잠식하는 경우가 많았다. 성화(成化) 연간에 남경의 수비태감(守備太監) 황사(黃賜)가 강 연안의 모래땅을 갈대밭으로 쳐서 그 곳에서 나는 이득을 챙기면서 강 연안의 백성들은 땅을 잃게 되었는데도 되레 그들에게 조세의 부담을 요구하였다.

이밖에 환관들은 또 황제의 하사와 백성들의 헌납이라는 수단을 통해 토지를 획득하였다. 황제의 하사라고 하는 것은 "황제의 명을 받들어(奉旨)" 점유한 것에 불과할 뿐이었다. 명대에는 토지를 마구잡이로 하사하는 경우가 무척 많아서 "바란다면 얻지 못할 것이 없는(求無不獲)" 지경에까지 이르렀고, 또 잡세를 가혹하게 거두어 백성들을 못살게 굴었다. 백성들은 1년 내내 고생고생하며 수확해도 세금을 납부하기에도 부족해서 어쩔 수 없이 고통을 감내하며 땅을 환관들에게 "헌납(投獻)"해버렸다.≪명사≫의 기록에 의하면, 명 효종 때의 환관 이광(李廣), 명 세종(世宗) 때의 환관 위항(韋恒)과 이수(李秀) 등은 모두 헌납된 토지를 받은 적이 있다고 하였다.

■ 세무와 소금이윤의 통제

각종의 부세를 징수하는 것은 역대 왕조에 다 있어왔던 일로 국가 경제 및 국민 생활과 직접적으로 관련된다. 명대는 수공업과 상업이 발전하면서 가지가지의 잡세가 가혹할 정도로 많아지기 시작하였다. 명대의 통치자들은 세수(稅收)를 하나의 중대한 수입으로 여겼기 때문에 매우 중시하였다. 주원장 때부터 점차 환관을 신용하면서 무종 정덕(正德) 연간에 이르러서는 세무를 관할하는 태감이 이미 전국 각지로 두루 퍼졌다.

명대에는 서울을 구문(九門)으로 나누었는데, 구문에서 세금을 감독하는 것은 모두 환관들이었다. 문마다 10여 명의 환관을 두고 돌아가며 세금을 거두어들였는데 보통상인들과 백성들은 물론 서울로 과거를 보러 온 거자(擧子)들이나 황제를 알현하러 온 지방관원들조차도 수탈을 피할 수 없었고, 심지어는 사람을 때려죽이는 경우까지 발생하였다. 만력(萬曆) 연간에 태흥(泰興)의 지현(知縣; 관명)이 축출되면서 병이 들어 귀향하려고 광거문(廣渠門)을 나서는데, 문을 관할하던 태감 형상(邢相)의 무리들이 돈을 내야 통과시키겠다고 하였다. 지현은 돈이 별로 없어 태감들의 요구를 만족시킬 수 없었다. 결국 환관들에게 뭇매를 맞고 "죽음(僵仆氣絶)"에 이르고 말았다(≪만력야획편≫

권6). 구문에서 거둔 세액을 보면, 명 효종 홍치(弘治) 초년의 세입이 초(鈔; 지폐)가 665,080관(貫), 전(錢; 동전)이 2,885,130문(文)이었다. 20년 후에 세입이 초 715,820관, 전 2,054,300문이었다. 환관들이 개인 주머니에 불린 돈은 이 안에 포함되지도 않았다.

서울의 구문에서 세금을 징수하는 것 외에도 명 목종(穆宗) 융경(隆慶) 연간에 이르러서는 교량 · 도로 · 항구 같은 것에서도 세금을 거두어 들였다. ≪명만력실록(明萬曆實錄)≫의 기록에 의하면 마안산(馬鞍山)의 신성교(新城橋)에서는 수레마다 5문의 세금을 물렸고, 가축은 3문, 짐을 진 자는 2분(分)을 물려 이 다리에서 매일 만여 전을 거둘 수 있었다고 한다. 장강(長江)에서 배를 운행할 때는 하루 동안의 수로에 대여섯 개의 세관을 거쳐야 했는데, 그 중에 의진(儀眞)이라는 곳에서 경구(京口)까지는 겨우 강 하나를 사이에 두고 있었지만 두 차례나 세금을 내야했다. 상업세의 경우는 그 세목이 더욱 번잡하여 곡식 · 농기구 · 혼사와 상사는 물론 심지어 생필품에 이르기까지 "사고파는 것이라면 세금을 붙이지 않는 물건이 없었고 세금을 붙이지 않는 곳이 없었다.(一買一賣, 無物不稅, 無處不稅.)" 이러한 환관세리(宦官稅吏)들은 "태산벽하현군사향전(泰山碧霞玄君祠香錢)"이라는 방법까지 짜내어 향 값을 거두어들였고, 이후에 다른 산의 절에서도 다 향 값을 거두게 되었다고 하니, 그 세력이 미치지 않는 곳이 없었음을 알 수 있다.

소금은 사람들의 일상에서 없어서는 안될 물건으로 소비량도 아주 컸기 때문에 소금에 대한 정책의 질은 국고의 수입과 백성들의 생활에 곧바로 영향을 미쳤다. 그래서 역대의 통치자들은 하나같이 이를 중시하였다. 명대의 소금산업은 관청에서 경영을 독점하였다. 그래서 명초에는 6개의 도전운염사사(都轉運鹽使司)와 7개의 염과제거사(鹽課提擧司)를 설치하고, 양회(兩淮; 회수의 남과 북) · 장로(長蘆) · 양절(兩浙; 절강성의 동과 서)에 순염어사(巡鹽御史)를 두었다. 명 성조 영락 연간부터 환관들이 소금정책에 관여하기 시작했는데, "영락 13년(1415)에 어사 · 급사중 · 내관 각 한 명씩을 파견하여 각지에서 염세를 거두어들였다.(永樂十三年, 差御史、給事中、內官各一員, 于各處闡支鹽課.)" (≪명회전(明會典)≫)라는 기록이 이를 증명한다. 명 영종과 헌종 연간에는 환관을 파견하여 소금정책을 관리하였다. 그래서 환관들은 소금법을 손질하는 기회를 빌어 대대적으로 사적인 이득을 도모하여 소금판매 허가증(鹽引)과 사염(私鹽) 판매를 요구하였다. 염인(鹽引)은 바로 소금을 손에 넣을 수 있는 증명서로써 대인(大引)은 400근, 소인(小引)은 200근이었다[9]. 명 헌종 이후부터 환관들은 염인을 요구하여 걸핏하면 백성들과 이익을 다투었다. 기록에 의하면 성화(成化) 2년(1466)에 태감 이숭개(李崇開)는 요동(遼東)의 소금 10,000인을 받았고, 2년이 지나 상선감(尙膳監)의 환관 반홍(潘洪)이 또 회수(淮水) 남북의 소금 59,000인을 요구했으며, 또 태감 진현(陳鉉)이 10,000인을 받았다고 하

9) 식염의 계산 단위로 100근 짜리 50마대를 1인이라 하였다 - 옮긴이.

는데, 특히 총애를 받던 환관 양방(梁芳)은 회수 남북 지역에 쌓아둔 수십만 인의 소금을 얻어내었다고 한다. 이렇게 소금으로 얻은 막대한 이득이 모두 환관의 주머니로 떨어졌던 것이다.

명대의 환관과 금의위 또한 사염을 판매하였다. 기록에 의하면 성화 14년(1478)에 남경(南京)의 내관감(內官監) 담력명(覃力明)은 말과 쾌속선 백여 척으로 사염을 운반하는 데에 백성들을 징발하여 배를 끌게 했는데, 운반하는 도중에 검문하는 관리가 있으면 두들겨 패서 상해를 입히거나 죽이기도 했다 한다.(≪엄산당별집 · 중관고3≫) 염인의 요구는 사염을 판매하는 것과 밀접한 관련이 있었으며, 종종 염인 가운데 사염이 끼여 있었다. 예를 들어 인 한 장에 수십 인을 몰래 끼워 넣을 수 있었기 때문에 환관이 판매하는 사염은 천하에 퍼질 수 있었다. 어떤 때 환관들은 배 위에 황색 깃발을 세우고 그 위에 "황제가 하사한 소금(欽賜皇鹽)"이라 쓰고는 거칠 것 없이 뱃길을 다녔다. 환관들이 행한 소금정책의 훼손은 정부의 재정수입을 감소시켰고 백성들에게는 소금가격 앙등이라는 고통을 안겨주는 등 사회의 발전과 안정에 커다란 악영향을 끼쳤다.

■ 광감세사(礦監稅使)의 천하 횡행

명대에 환관이 광산개발을 감독하고 조사하는 것은 성조(成祖) 영락 연간부터 시작되었다. ≪식화지3≫의 기록에 의하면 호광(湖廣)[10]이나 귀주(貴州)로 관리들을 파견하여 금이나 은에 대한 세금을 거두어들였는데, "환관어사를 현지에 보내 조사하도록(中官御史往核之)" 했다고 한다. 영종 때는 환관 나영(羅永)을 절강(浙江)으로, 나규(羅圭)를 운남(雲南)으로, 풍양(馮讓)을 복건(福建)으로, 하능(何能)을 사천(四川)으로 파견하여 광산개발을 감독하도록 한 적이 있다. 신종(神宗) 주익균(朱翊鈞)은 가무나 여색을 탐하느라 지독한 낭비를 일삼고 정사에는 관심이 없었던 황제였다. 수입보다 지출이 많은 재정위기에서 벗어나기 위하여 많은 환관을 광감세사로 삼아 전국 각지로 파견하여 광산개발을 독려하고 세금을 징수하였다. ≪명사 · 신종본기(神宗本紀)≫의 기록을 보면, 만력 24년(1596)에 "처음으로 환관에게 명하여 통주의 세금을 독점하게 하면서, 이후 각 성은 모두 세금징수 관리자인 세사를 두게 되었다.(始命中官榷稅通州. 是後, 各省皆設稅使.)"고 하였다. "대도시에는 모두 세감을 두었고, 회남과 회북에는 염감을 두었으며, 광동에는 주감을 두어 파견을 독점하거나 대행을 겸하였다.(通都大邑皆有稅監 · 兩淮則有鹽監, 廣東則有珠監, 或專遣, 或兼攝.)"(≪명사 · 진증전(陳增傳)≫) 이런 광감세리들은 적임자를 황제에게 추천할 수도 있었고, 지방의 관리들을 지휘통솔할 수도 있는 막대한 권력을 쥐고 있었다.

이런 광감(礦監)들은 무뢰배들과 결탁하여 부자들을 광산의 우두머리로 삼고 가난한 사람들을 몰아다 채굴하게 하는 등 지방에 끼치는 해악은 실로 막심하였다. 만약에 민간인의 전답·

10) 호북성과 호남성을 가리키는 것으로 명대에는 광동과 광서로 분리시키고 명칭은 그대로 호광이라고 하였다 - 옮긴이.

주택 · 분묘 아래에 지하자원이 매장되어 있다고 하면 제 마음대로 파헤쳐서 주인은 어쩔 수 없이 은이나 뇌물을 주어 화를 면했다고 한다. 섬서성의 광산개발 태감이었던 조흠(趙欽)이라는 자는 무지막지한 착취로 엄청난 재산을 긁어모아 떠날 때는 소나 말이 짊어진 것 외에도 96개의 상자가 더 있었는데 4명의 인부가 상자 하나를 들기도 힘들었다고 한다. 환관들이 광산을 감독할 때 세금의 조목이 이루 말할 수 없을 정도로 무절제했음을 알 수 있다.

광감과 세감(稅監)의 가렴주구는 수공업자와 중소상인들의 강력한 저항을 불러일으켜 명대 중후기를 민란으로 얼룩지게 만들었다. 만력 연간에 진봉(陳奉)이라는 자가 호광의 감사(監使)가 되었을 때 백성들에게 "잔인하고 악독한(慘毒備至)" "학대를 자행하여(恣行威虐)" 10여 차례나 민란을 야기하였다. 이어서 소주(蘇州)에서는 세감이었던 손륭(孫隆)에게 저항하는 투쟁이 발생하였고, 강서(江西) 경덕진(景德鎭)에서는 요업에 종사하던 노동자들이 세감 반상(潘相)에게 저항하는 투쟁이 폭발하였으며, 북경 서산(西山)에서는 광감이었던 왕조(王朝)의 무절제한 재물 강탈에 저항하는 광부들이 북경 성내로 진입하여 시위를 벌이는 바람에 조정이 깜짝 놀라기도 하였다.

### ▪ 징수와 공물 대권의 장악

"천하에 왕의 땅이 아닌 곳이 없었기 때문에(普天之下, 莫非王土)" 황실이 필요로 하는 일체의 먹을 것 · 입을 것 · 쓸 것 등을 모두 전국 각지에서 들여왔는데, 이를 징수라는 의미의 "채판(采辦)"이라고 하였다. 명대 주체(朱棣)의 영락 연간부터 환관을 파견하여 징수하기 시작하면서 갈수록 심각한 지경에 다다른다. 환관들은 징수라는 이름을 빌어 재물을 마음대로 긁어모았다. 인종(仁宗) 홍희(洪熙) 연간에 환관 마기(馬麒)라는 자는 황명을 속여 가며 교지(交阯)라는 곳에서 금은이나 구슬과 향료를 징수하는 바람에 인종을 곤혹스럽게 만들었다. 인종은 "짐이 어떻게 그런 말을 할 수 있겠느냐?(朕安得有此言)"라고 하면서도 마기의 죄를 추궁하지 않았다. 선종(宣宗) 선덕(宣德) 6년(1431)에 환관들이 외부에서 공무를 처리하면서 징수라는 말을 빌려 재물을 긁어모은 일로 완거대(阮巨隊) · 원기(袁琦) 등 수십 명의 환관이 죽음을 당하였다.

명대 환관들에게는 징수하는 일 외에도 공물(貢物)을 호송하는 직무가 있었다. 호송하는 물품 중 하나는 '채판'이었고 둘째는 '세판(歲辦)'이었다. 세판이라는 것은 각지에서 매년 진상해야 할 물품으로, 대부분이 각지의 특산품이었고 게다가 진상할 물품의 수량도 매우 많았다. 예를 들어 남경의 공물선의 경우 매실 · 비파 · 양매를 각각 8척의 배에, 죽순을 4척의 배에, 말린 전어를 7척의 배에, 연근을 5척의 배에, 생강을 6척의 배에 실었다고 한다. 이런 공물들의 호송은 모두 환관들이 책임을 졌다. 환관들은 공물을 빙자하여 양을 늘렸고, 또 공개적으로 강탈하기도 하였다. 공물을 빙자하여 양을 늘렸다(假託虛增) 함은 바로 "거룻배로 물품을 운반하는 틈에 물품을 부풀리고 배를 많이 확보하는 데에 힘써 자신들의 사욕을 채웠다.(撥船之際, 虛張物品, 務求多船, 以濟己私.)" (≪엄산당별집 · 중관고10≫)는 뜻이다. 바로 여분의 배에 자신들의 개인 화물을 실었던 것이다. 환관들은 호송하는 배에 관가의 인부들을 강제로 동원하면서 돈까지 갈취하였다. 예를 들어 남경에서 어류를 운송하여 출하할 때 차와 과일 비용으로 은 120량을, 뱃사람들에게는 은 200량을 뜯어내었다고 한다. ≪만력야획편 · 남경공선(南京貢船)≫에는 "옛날에 금릉 성 밖 강가에 옛날에 세운 전어 창고가 있었는데, 고기를 잡아올 때마다 환관들이 나타나 조사하고 온갖 명목으로 빼앗다시피 해서 어부들은 물론 그 지방에까지 큰 해가 되었다.(金陵城外臨江, 舊設鰣魚廠, 每打魚時, 內官出視, 科索百端, 大爲漁戶及地方之害.)"라는 기록이 있다.

조정에서는 수시로 별궁이나 이궁 그리고 능묘를 건설해야 했기 때문에 목재를 필요로 하는 것은 당연한 일이었다. 사치스러운 제왕의 생활을 만족시키기 위해서 진주의 사용량도 대단히 많았기 때문에 진주를 채집하는 행위도 있게 되었다. 벌목과 진주채취의 경우 인종 때부터 환관을 파견하여 담당하게 하였다. 벌목은 매우 어려운 일이어서 큰 목재를 벌목하려면 깊은 산의 원시림 속으로 들어가야 했다. 이 때문에 뱀이나 호랑이들과 싸워야하는 것은 물론 풍토병으로 죽는 자도 부지기수였다. 그래서 사천(四川)지방에서는 "천 명이 들어왔다가 산을 나가는 자는 오백 명에 불과 하다네.(入山一千, 出山五百.)"라는 민요가 불렸다고 한다. 이런 까닭에 "초와 촉 지방의 사람들이 벌목하는 얘기를 꺼내면 목이 메어 울지 않는 이가 없었다.(楚、蜀之人, 談及采木, 莫不哽咽.)" (≪명사·여곤전(呂坤傳)≫)

진주채취는 광동에서 시작되었는데 진주양식 저수지를 만들고 몇 년에 한 번씩 채취하였다. 영종 때부터 진주채취를 감시하고 진주양식 저수지를 지키는 환관이 파견되었다. 이들은 걸핏하면 백성들이 진주를 훔치도록 방치했다고 지방 관리들을 모함하여 사지로 몰아넣었다. 백성들이 진주를 채취하는 것 역시 위험하기 짝이 없었다. 세종(世宗) 가정(嘉靖) 8년(1529)에 양광(兩廣)지역의 순무(巡撫)였던 임부(林富)가 상주한 문장에 의하면 "5년 동안 진주를 채취하다 죽은 자가 50여 명이나 되지만 채취한 진주는 겨우 80량뿐이어서 천하가 사람과 진주를 맞바꾼 것이라고들 합니다.(五年采珠之役, 死者五十餘人, 而得珠僅八十兩, 天下謂以人易珠.)"라고 하였다.(≪명사·식화지3≫) 벌목과 진주채취를 환관들의 입장에서 보면 중간에서 사복을 채우는 행위였고, 백성들의 입장에서 보면 실로 크나큰 재난이었음을 알 수 있다.

### ▪ 제조 대권의 지휘

제조(製造)라 함은 직조(織造)와 소조(燒造)를 포괄한다. 직조는 황제나 황실이 필요로 하는 비단 종류인 능(綾)·라(羅)·주(綢)·사(絲)·단(緞) 및 그 융포(絨袍; 모직 도포)·타전(駄氈; 양탄자) 같은 것을 짜는 것이다. ≪명사≫에 "환관에게 명하여 소주·송주·항주·가주·호주로 가서 채색비단 7천 필을 증산

하라 하였고(命中官往蘇、松、杭、嘉、湖增織彩巾七千匹)" 남경에서는 "해마다 15만 필에 달했고(歲至十五萬匹)" "소주와 항주에서는 직조창을 열어 비단 4만 2천 필 이상을 바쳤다.(請開蘇、杭織造, 上供錦綺爲數四萬二千有奇.)"라는 기록이 보이는데, 직조 수량이 아주 컸다는 것을 알 수 있다. 이런 직조는 모두 환관이 관리했는데, 직조 임무를 담당했던 남경 · 소주 · 항주에는 제독직조태감(提督織造太監) 1명씩을 두었다. 직조를 담당한 곳은 대부분 상업이 발달한 곳으로 재물을 강탈하거나 뇌물을 받기에 손쉬웠기 때문에 환관들은 권세가들을 찾아 뇌물을 돌리며 서로 파견되려고 다투었으며, 어떤 자는 심지어 수만 전을 쓰고 나서야 겨우 파견될 수 있었다고 한다. 이렇게 많은 밑천을 들였으니 자연히 수단방법을 가리지 않고 본전을 찾으려고 했을 것이다. 직조태감이 뇌물을 탐하거나 법을 어긴 악행의 흔적들은 상당히 많다. ≪명사 · 장교전(章僑傳)≫의 기록에 의하면 "직조 환관을 증설하자 그 탐욕스런 횡포가 유달리 심해졌다. 그들의 행위가 재산을 포기하거나 자식을 팔아 배상해야 하는 지경에까지 이르렀다.(添設織造內臣, 貪橫殊甚. 行戶至廢産鬻子以償.)"라고 하였다.

소조(燒造)는 도자기를 구워 만드는 것으로 산지는 주로 강서(江西)지역에 있었다. ≪식화지6≫에 다음과 같은 상세한 기록이 보인다. 명선종 때부터 태감 장선(張善)을 강서 요주(饒州)로 파견하여 궁궐에서 사용할 제기(祭器)를 우선 제조하여 바치도록 하였고, 영종은 구룡(九龍)과 구봉(九鳳)이 도안된 식탁과 모든 그릇, 청룡이 휘감은 흰 바탕의 꽃병을 굽도록 사람을 파견했으며, 헌종과 효종 때에도 사람을 보내 어용 도자기를 만들도록 하였고, 세종 때는 7릉(13릉 중 전7릉)의 제기를 만들도록 하였으며, 또 내전(內殿)의 제단에 쓸 자기 3만 점을 만들도록 하였고, 목종(穆宗) 때는 강서에 알려 도자기 10여 만 점을 굽도록 하였으며, 신종 때는 159,000여 점을 만들도록 명하였다…… 소조는 왕조마다 다 있었고 그 수량도 적지 않았기 때문에 환관들은 자연스럽게 그 속에서 착복할 수 있었다는 것을 짐작할 수 있다.

명대의 환관들은 창고도 관리하였다. 창고는 지방창고와 중앙정부창고의 두 가지가 있었다. ≪명사 · 식화지3≫에 "대체로 창고지기로서 해를 끼치는 자들로는 환관만 한 자들이 없다. 내부의 각 창고를 감찰하는 자들은 거리낌 없이 뒤졌다……(凡爲倉庫害者, 莫如中官. 內府諸庫監收者橫索無厭……)"라는 기록이 있다. 환관들은 징수한 백미에 마음대로 부가세를 붙였다. 석신사(惜薪司)에서 땔나무와 숯을 징수할 때는 보통 10분의 3을 부가세로 더 징수했는데, 어떤 경우에는 몇 곱절을 부과하기도 하였다. 그들은 아예 공개적으로 훔치기도 했는데, 가끔 너무 많이 훔친 탓에 발각될까 두려워 창고를 소각시켜버리기도 하였다. 이런 행위들에 대하여 황제는 그저 독직죄(瀆職罪)라는 죄목으로 가볍게 책임을 물었을 뿐이었다.

### (3) 명대의 환관과 군대

명대의 군대는 경병(京兵) · 위소병(衛所兵) · 변병(邊兵)이라는 세 부분으로 구분된다. 위소병과 변병은 각지에 분산되어있었고, 경병만이 서울을 보위하는 데에 쓰였으며, 모두 명대의 통치를 공고히 하는 데에 핵심적 역할을 하였다. 황제는 이 군대를 매우 중시하여 훈척이나 중신으로 하여금 지휘하게 하였고, 환관을 "좌영감창(坐營監槍)11)"으로 파견하였다. 정덕(正德) 원년(1506) 정월에 무종이 "내관감의 태감 유근은 오천 명의 병영을 관리하고, 어용감의 태감 장영은 신기영과 현무영을 관리하며, 신기영 우액과 어마감의 서지는 중군두사로 옮겨 분무영을 관리하도록 한다.(內官監太監劉瑾管五千營, 御用監太監張永管神機營幷顯武營, 神機營右掖御馬監徐智調中軍頭司管奮武營.)" (≪엄산당별집·중관고1≫)라고 명을 내린 것이 바로 그 예다. 역대로 환관을 중용해서 심지어 군대의 열병 의전조차도 사례감의 태감이 주관했는데, 함께 열병에 참여한 사람은 지위고하를 막론하고 열병태감(閱兵太監)과는 동석할 수도 없었다.

경사의 병영인 경영(京營)대권이 환관에게 귀속되어버린 것 외에도 환관은 또 사위영(四衛營), 즉 등양좌우위(騰驤左右衛)와 무양좌우위(武驤左右衛)를 장악하였다. 이 네 개의 병영은 궁궐을 보위할 책임이 있었다. 후에 아예 황제의 개인 호위대가 되

11) 병영에 머물며 무기를 감시하는 감찰관 - 옮긴이.

어 “내조(內操)”로 불렸는데, 완전히 환관으로만 조직되었다.

명대의 환관은 경영을 감독하는 것 외에도 감군(監軍)으로 파견되었는데, 장수를 파견하면 동시에 환관 하나를 파견하여 그를 감시하도록 하였다. 감군은 직접 황제에게 보고할 수 있었기 때문에 장수들에게 공이 있을 경우 감군은 자신의 공으로 사칭할 수도 있었고, 애기치 못한 손실이 발생할 경우는 모조리 장수들에게 뒤집어씌울 수도 있었다. 이 때문에 감군환관은 군대 속의 태상황(太上皇)처럼 군림하였고, 장수들은 마치 신하와도 같은 처지가 되었다. 사서의 기록에 의하면 명나라 때의 환관 감군은 주원장 시절인 홍무 연간부터 시작되었는데, 성조 주체 때는 아버지가 했던 모든 것을 받들어 전적으로 환관들에게 감군의 임무를 맡겼다고 한다. 유영성(劉永誠)이라고 하는 환관은 “여러 차례 북벌에 종군하였고(累從北征)” “감주와 양주에 감군으로 진주하면서 사막전에서 공을 세웠던(監鎭甘·涼, 戰沙漠有功)” 훌륭한 사람이었다. 이후 여러 조정의 대환관이었던 왕근(王瑾) · 왕진(王振) · 왕직(汪直) · 장영(張永) · 곡대용(谷大用) 등도 감군이 된 적이 있다. 명대의 군사대권도 완전히 환관의 수중에 떨어졌음을 알 수 있다. 이 감군들은 지방을 어지럽히고, 백성들을 해치며, 군인의 급료나 지급품을 착복하는 등 별별 짓을 다하였다. 정덕 연간에 이부(吏部)의 한 대신이 상소하여 “지금의 폐단 가운데 환관들이 병권을 장악하고 있는 것보다 심한 것은 없습니다…… 지금 아홉 군데 변방의 방위와 감창의 여러 환관들은 위세를 뽐내며 전횡과 방종을 일삼으며 침범

하고 강점하는 데에 온갖 수단을 동원합니다. 위급한 상황이 있으면 정예 병사를 동원해 자위하고, 적을 이길 경우는 곧 부하들을 풀어 공을 가로채어 버립니다. 무관은 뇌물로 출세하려 들고, 관리의 불법을 감찰하는 헌사는 감히 들추어내어 문책을 하지도 못합니다. 데리고 있는 집안의 우두머리는 불량배와 무뢰한들을 거느리고서 혀를 깨물며 다투듯 빼앗는데, 그 기세가 이리나 범과 같아서 삼군이 사기를 잃고 백관들이 모두 의욕을 상실하는 지경에까지 이르렀습니다.(今日弊政, 莫甚于內臣典兵……今九邊鎭守、監槍諸內臣, 恃勢專恣, 侵克百端. 有警則擁精卒自衛, 克敵則縱部下攘功. 武弁藉以賁緣, 憲司莫敢訐問. 所携家人頭目, 率惡少無賴. 舌噬爭攫, 勢同狼虎, 致三軍喪氣, 百職灰心.)" (≪명사·손반전(孫盤傳)≫)라고 하였다.

이밖에도 환관들은 진수(鎭守)와 수비(守備)태감으로 파견되기도 하였다. 진수란 본래 명대 무관의 직함으로 지방을 수비하는 중임을 책임졌다. 그러나 성조 때부터 환관을 "진수"로 파견하기 시작하면서 "진수태감(鎭守太監)"이라고 부르는 환관이 점차 전국적으로 보편화되었다. 수비태감(守備太監)도 명대에 설치한 것으로 남경수비(南京守備)·봉양수비(鳳陽守備)·천수산수비(天壽山守備)·호광승천부수비(湖廣承天府守備)를 두어 부문별 수호 책임을 졌다. 예를 들어 남경수비태감의 임무는 천도(遷都) 이전의 옛 도읍지 유도(留都; 천도 이전의 도읍지. 주원장이 수도로 정했던 남경을 말함)를 수호하는 것이었고, 봉양수비태감은 바로 황릉을 지키는 임무였다. 이런 진수나 수비태감들은 평소에는 세도를 부리며 관원들을 모욕하였고, 전시에는 적을 맞아 싸울 수도 없으면서 군인들의 급료나 지급품을 가로채고 병사들을 마구 부려먹었다…… 위에서 언급한 것들을 종합해보면 명대의 환관들은 정치 · 경제 · 군사 등 모든 방면에 깊이 개입하여 사람들을 업신여기고 나라와 백성들에게 재앙이 되는 짓만을 골라서 했다는 것을 알 수 있다.

# 초기의 환관

중국의 역사책인 24사(二十四史)에는 환관에 대한 기록이 적지 않지만 일반적으로 환자전(宦者傳)만 나열하고 있다. 그러나 야사(野史)나 패사(稗史)에서는 그 기록들이 더욱 많고 자세하다. 사마천(司馬遷)은 ≪사기(史記)≫에 전국시대(戰國時代) 진대(秦代) 일부 환관들의 상황을 기록해두었는데, 우리는 그 안에서 초기 환관들의 자취를 더듬어 볼 수 있다.

≪사기 · 제태공세가(齊太公世家)≫중에 다음과 같은 사건을 생동감 있게 서술하고 있다. 관중(管仲)이 병이 났는데 제 환공(桓公)이 "신하들 가운데 누가 재상이 될만한가?(群臣誰可相者?)" 라고 물었다. 관중이 대답하기를 "신하를 아는 이로는 군주만

한 이가 없습니다(知臣莫如君)”라고 하였다. 제 환공이 “역아는 어떠한가?(易牙如何?)”라고 하자 대답하기를 “자식을 죽여 가며 군주의 비위를 맞추는 행위는 사람의 마음이 아니니 불가합니다.(殺子以適君, 非人情不可.)”라고 하였다. 또 묻기를 “개방은 어떠한가?(開方如何?)”라고 하자 대답하기를 “어버이를 저버리고 군주에게 맞추는 것은 사람의 마음이 아니니 가까이 하기 어렵습니다.(倍親以適君, 非人情, 難近.)”라고 하였다. 또 묻기를 “수조는 어떠한가?(竪刁如何?)”라고 하자 대답하기를 “스스로 거세하고 군주에게 맞추는 것은 사람의 마음이 아니니 친압하기 어렵습니다.(自宮以適君, 非人情, 難親.)”라고 하였다. 관중이 죽고 나자 제 환공은 관중의 말을 듣지 않고 오히려 이 세 사람을 신임하여 결국 그들로 하여금 권력을 전횡하게 만들었다. 이 세 사람 중에 수조(竪刁)라는 자가 바로 환관이었다.

수조의 생졸년은 자세하지 않지만 스스로 거세한 뒤 궁정으로 들어가 제 환공의 시중을 들었다고 한다. 남의 의중을 잘 알아채 주인의 기호에 영합할 줄 아는 재주로 제 환공의 신임을 받았다. 그 당시 궁중에 역아라고 하는 요리를 잘하는 사람이 수조가 총애 받는 것을 알고는 비위를 맞추는 데에 심혈을 기울였는데, 한번은 산해진미를 만들어 그에게 시식해달라고 청하였다. 그래서 수조는 역아를 제 환공에게 추천하였다. 한번은 제 환공이 역아에게 농담 삼아 “과인은 별별 재료로 만든 요리를 맛보았지만 인육의 맛만은 모르겠구나!(寡人吃膩了鳥獸蟲魚的滋味, 唯獨不知人肉的味道.)”라고 말하였다. 말하는 사람이야 아무 생각 없이 한 말이었지만 듣는 사람은 그게 아니었다. 제 환공의 환심을 사기 위하여 역아는 자신의 친아들을 죽여 수육으로 만들어 제 환공에게 바쳤다. 이로부터 역아도 제 환공의 총애를 얻게 되었다. 제 환공 19년(BC 667)에 주(周)황실의 혜왕(惠王)은 제 환공을 제후 중 우두머리로 삼는다고 명하고 그에게 위(衛)나라를 토벌하라고 하였다. 이듬해 봄에 제 환공은 위나라의 의공(懿公)을 물리쳤다. 위 의공은 맏아들 개방을 제나라에 파견하여 공물을 바치도록 했는데, 개방은 제나라의 강대함을 보고는 돌아가려고 하지 않았다. 제 환공은 그가 태자의 자리까지 버리고 몸을 굽혀가며 자신의 나라를 섬기려 하는 것을 보고는 그를 대부(大夫)로 삼았다. 개방의 부추김에 따라 제 환공은 위 의공의 딸을 첩으로 삼았다. 이가 바로 소위희(少衛姬)이다.

수조 · 역아 · 개방 이 세 사람은 서로 결탁하여 정치적 권력을 도모하였다. 제 환공의 고굉지신(股肱之臣)이라 할 수 있는 관중은 수조가 교활한 소인임을 알아보았다. 그래서 제 환공에게 정희(鄭姬)의 아들인 공자 소(昭)를 태자로 세울 것을 건의하였다. 이는 정(鄭)나라와 동맹을 맺고 아울러 공자 소를 송(宋)나라 양공(襄公)에게 맡기기 위해서였다. 만일 수조 등이 소위희의 아들 무휴(無虧)를 태자로 삼으려 한다면 송 양공에게 공자 소의 보호를 청할 수 있을 것이었기 때문이다.

관중이 죽자 수조를 비롯한 세 사람은 더욱 긴밀하게 움직이며 제 환공을 부추겨 태자를 무휴로 바꾸자고 하였다. 이듬해 제 환공이 병이 나자 수조의 무리들은 궁문을 막고 사방에 높은 담을 세워 사람들의 출입을 막았다. 제 환공이 궁중에서 아무리 부르짖어도 누구도 대답하지 않았다. 갑자기 한 부인이 담 사이를 헤집고 들어오는 것을 보자 제 환공은 먹을 것과 마실 물을 요구했지만 아무 것도 얻을 수 없었다. 제 환공이 아무 것도 가져오지 않은 이유를 물으니 부인이 "역아와 수조가 서로 난을 일으켜 궁문을 폐쇄하고 3장 높이의 담을 쌓아 사람들의 출입을 막았기 때문에 아무 것도 가져 올 수 없었습니다.(易牙, 豎刀相與作亂, 塞住宮門, 築三丈高牆, 不通人, 故無所得.)"라고 하였다. 제 환공은 관중의 말을 듣지 않았던 것을 후회하며 탄식하고는 "만약에 죽은 자가 안다면 내가 무슨 면목으로 관중을 보겠는가?(若死者有知, 我將何面目見仲父乎?)"라고 하고는 옷으로 얼굴을 가리고 죽었다. 수조의 무리들이 반란을 일으킨 때문에 제 환공의 시신은 67일 동안이나 방치되었고, 시신에서 벌레가 문밖까지 기어 나오게 되자 그제야 매장되었다. 한 시대의 맹주도 결국 이렇게 막을 내리고 말았다.

수조가 반란을 일으키기 전에 공자 소는 비밀리에 송나라로 피신하였다. 이듬해 송 양공은 관중의 유언을 저버리지 않고 조(曹) · 위(衛) · 주(邾) 등의 나라의 군대를 이끌고 제나라를 공격하여 무휴 · 수조를 죽이고 태자 소를 임금으로 삼았다. 이가 바로 제 효공(孝公)이다. 이 사건이야말로 환관이 나라를 망쳐버린 첫 번째 예라고 할 수 있겠다.

≪사기 · 염파인상여열전(廉頗藺相如列傳)≫은 조(趙)나라의 환

관 우두머리인 무현(繆賢)이라는 자가 어질고 재능 있는 사람을 천거했던 이야기를 기록하고 있다. 조나라 혜문왕(惠文王) 때 초(楚)나라의 화씨벽(和氏璧)을 얻었다. 진(秦)나라의 소왕(昭王)은 이 소식을 듣자 조나라에 편지를 보내 15개의 성과 화씨벽을 교환하자는 뜻을 전했다. 그 당시에 진나라는 강대했지만 조나라는 약소한 처지에 있었기 때문에 조나라로서는 화씨벽을 주지 않을 수가 없었고, 게다가 진나라가 약속한 성도 얻어내지 못할까 두려웠다. 문무대신들이 묘책을 짜내려고 했지만 여의치 못했는데 환관 무현이 "저희들 측근 중에 인상여라는 자가 지모가 있으니 사신으로 삼을 만합니다"라고 말하였다. 그러자 왕이 "어떻게 그렇다고 여기느냐?"라고 물었고, 무현은 다음과 같이 아뢰었다. "한번은 제가 대왕께 죄를 지은 탓에 나라 안에 머물 수 없게 되어 남모르게 연(燕)나라로 도망치려고 했습니다. 이 일이 인상여에게 알려지자 그가 제게 '연나라 왕을 어떻게 알게 되었습니까?'라고 물었습니다. 제가 그에게 '내가 대왕을 수행하여 조나라 변경에서 연나라 왕을 본 적이 있는데, 당시에 연나라 왕이 남모르게 나의 손을 잡으며 나와 친하게 지내고 싶다고 하였네. 이런 이유로 난 연나라 왕에게 의지하기로 결정했네'라고 말했지요. 인상여가 저의 말을 듣고는 '당시에 조나라는 강했지만 연나라는 약했습니다. 게다가 주군께서는 조나라 왕이 총애하는 신하이기도 했으니 연나라 왕은 주군과 우의를 맺고자 했던 것입니다. 그러나 지금 주군은 조나라 왕에게 죄를 짓고 연나라로 달아나는 것입니다. 연나라는 본래 조나라를 두려워하니 제가 보기에 연나라 왕은 절대로 주군을 받아들이지 않을 것이고, 잘은 모르겠지만 주군을 포박하여 조나라로 보내올 것입니다. 그리되면 주군께서는 목숨을 부지하기 힘들 것입니다. 옷을 벗고 알몸으로 형틀에 엎드려 대왕 앞에서 죄를 빈다면 혹시 대왕께서 주군을 용서해줄지도 모르지 않겠습니까!' 저는 그의 말을 듣고 그대로 행했더니 대왕께서 용서를 해주셨습니다. 그래서 저는 인상여야 말로 용기와 지모가 넘치는 데다 상황을 치밀하게 분석할 능력도 가지고 있으니 그를 사신으로 파견하여 진나라와 교섭하게 한다면 잘 해결할 수 있을 것이라고 생각했던 것입니다." 그리하여 조나라의 혜문왕은 인상여를 중용하여 천고에 빛나는 환상적인 이야기 "완벽귀조(完璧歸趙)", 즉 조나라의 화씨벽을 온전하게 보존하여 돌아온 상황이 연출되었던 것이다. 이 환관은 위급한 시점에서 능력 있는 신하 한 명을 추천하여 조나라의 이익을 지킬 수 있도록 했던 것이다.

진 효공 때는 고아와 과부들을 구제하고 전사들을 모집하였으며, 공과 상의 명분을 분명히 하였다. 그리고 나라 안에 명을 내려 "……빈객이나 신하들 가운데 기묘한 계책을 내어 진나라를 강성하게 하는 자에게는 관직을 높여주고 땅을 나누어주겠다.(……賓客群臣有能出奇計强秦者, 吾且尊官, 與之分土.)"라고 하였다. 위(衛)나라 사람 공손앙[公孫鞅; 즉 상앙(商鞅)을 말하며 위안(衛鞅)이라고도 불렸음]이 그 소식을 듣고 진나라로 들어와 효공의 총신인 경감(景監)의 도움을 빌어 알현하고 진 효공의 변법

(變法)을 도와 "안으로는 농사에 힘쓰고, 밖으로는 전사자의 상벌을 장려하였다.(內務耕稼, 外勸戰死之賞罰.)" 두 차례의 변법은 강성한 진나라의 기초를 다져주었다. 경감이라고 하는 이 사람은 환관이었지만 상앙을 추천한 이 일은 진나라를 위한 큰 공적이 되었다.

무현이 인상여를 추천한 것은 조나라에 크나큰 공로가 되었다. 상군(商君)이 진나라로 들어온 것도 경감의 공로였다. 이런 환관들은 나라를 위해 훌륭한 일을 했던 것이다. 국가와 군주에게 충성했던 자 중에 진(晉)나라의 환관 피[披; 이름을 발제(勃鞮)·이제(履鞮)라고도 함]가 있다. 진 문공(文公) 중이(重耳)는 62세가 되어서야 망명지에서 돌아와 진나라의 군주로 즉위하였다. 중신이었던 여생(呂甥)과 극예(郤芮)는 원래 승복하려고 하지 않았다. 문공이 즉위하면서 죽음을 당할까 두려워 문공의 궁전을 불태워 문공을 죽일 계획을 도모하였다. 하지만 환관 피에 의해 그 모의가 탐지되었고, 피는 그 사실을 문공에게 알리려고 했지만 문공은 그가 일찍이 진 혜공(惠公)에게 충성을 했다는 이유로 만나주지 않았다. 피가 "신과 같은 환관의 무리들은 감히 두 마음으로 임금을 섬기며 주군을 저버리지 않습니다. ……지금 환관인 소인이 급한 일로 고하고자 하나 임금께서 만나주시지 않으시니 바야흐로 재앙이 미칠 것입니다.(臣刀鋸之餘, 不敢以二心事君倍主, 故得罪于君. ……今刑餘之人以事告而君不見, 禍又且及矣.)"라고 말하였다. 문공은 그래서 피를 만나주었고, 피는 위급한 상황을 보고하여 진 문공은 피할 수 있었다. 여생과 극예는 결국 반란을 일으켜 문공의 궁전을 불살랐지만 진 문공이 매복시켜 둔 사람들에 의해 살해되었다.

≪사기≫는 또 진(秦)나라의 진짜와 가짜였던 두 명의 환관 조고(趙高)와 노애(嫪毐)에 관해 기록하고 있다. 진시황(秦始皇)의 아비 장양왕(莊襄王) 자초(子楚)는 일찍이 조나라에 인질로 잡혀 있었는데, 거상이었던 여불위(呂不衛)의 첩을 사모하게 되었다. 여불위는 기회를 틈타 자초에게 보냈는데 그 첩은 이미 임신을 하고 있는 상태였다. 후에 그녀가 낳은 아이가 바로 시황(始皇) 영정(嬴政)이다. 영정이 13세 때 아비 장양왕이 죽으면서 왕위에 올랐다. 그는 여불위를 재상으로 임명하고 조정의 정권을 장악하였다. 시황제의 어미인 여불위의 첩은 여전히 여불위를 사모하고 있었고, 여불위는 이런 상황이 새어나갈까 겁이 나서 노애를 환관으로 위장시켜 궁중으로 들여보내어 태후를 받들게 하였다. 노애는 태후의 권력에 기대어 날이 갈수록 교만해졌다. 이를 바탕으로 권력을 휘둘러 장신후(長信侯)에도 봉해졌는데, 봉지는 산양성(山陽城)이었다. 후에 노애가 난을 일으키자 진시황은 군사를 보내어 노애를 생포하여 거열형(車裂刑)[1]에 처하고, 태후는 함양궁(咸陽宮)으로 옮겼다. 노애라는 가짜 환관이 궁궐 안에서 벌인 음사(淫事)에 대하여 사마천은 이처럼 숨김없이 낱낱이 기록했던 것이다.

진(秦) 때의 진짜 환관이었던 조고에 대해서 사서에 비교적

1) 수레에 사지를 묶어 찢어 죽이는 형벌 - 옮긴이.

많은 기록이 보인다. 진시황 20년(BC 227)에 연(燕)나라의 태자 단(丹)은 진나라가 연나라를 집어삼킬까 두려워 형가(荊軻)를 보내어 진왕(秦王)을 암살하려고 하였다. 형가가 바친 "지도를 펼쳐보다 비수가 보이자(圖窮匕首見)"[2] 진시황은 깜짝 놀라 어쩔 줄 몰라 허둥대었다. 진나라 법에 따르면 어전에서 신하들은 한 자 한 치의 무기라도 지닐 수 없었다. 그래서 모두들 속수무책이었는데 이때 주변의 한 어린 내시가 "어찌하여 반대로 검을 뽑지 않으십니까?(何不反背抽劍?)"라고 소리를 질렀다. 진왕은 그제야 검을 뽑아 형가를 찌르고 그의 왼쪽 다리를 잘랐다. 어린 내시는 큰 공을 세운 덕에 측근이 되었다. 이 내시가 바로 환관 조고이다. 그는 "진나라의 궁전에 들어가 20여 년을 봉직한 덕에(進入秦宮, 管事二十餘年)" 중거부령(中車府令)에 임명되었고 부새령(符璽令)의 일을 겸하였다. 진시황은 37년(BC 210)에 사구(沙丘)의 평대[平臺; 지금의 하북성 광종(廣宗) 서북쪽]에서 죽었다. 죽기 전에 조고로 하여금 큰아들 부소(扶蘇)에게 남기는 유언을 적게 하였다. "군대를 몽념(蒙恬)에게 넘기고 영구를 함양으로 운송하여 안장하라"하고 아울러 옥새를 장자인 부소에게 건네주라고 명했지만 유서가 밖으로 나가기 전에 진시황은 죽고 말았다. 그래서 유서와 옥새는 조고의 손에 떨어졌다. 조

2) 연(燕)나라의 태자 단(丹)이 형가(荊軻)로 하여금 지도에 비수를 말아 진왕(秦王)을 찌르게 했으나 실패한 일을 일컫는다. ≪전국책(戰國策)·연책3(燕策三)≫과 ≪사기·자객열전(刺客列傳)·형가≫에 자세한 기록이 보인다 - 옮긴이.

고는 승상 이사(李斯)와 결탁하고는 천하에 변고가 생길까 두려워 비밀에 부치고 부고를 내지 않았다. 시체를 온량거(溫涼車)[3]에 싣고서 환관이 수레를 몰았다. 백관들은 평소처럼 상소하였고 환관들은 수레에 앉아 황제의 명을 가장하여 전하였다. 진시황의 작은 아들 호해(胡亥) · 조고 · 이사와 소수의 환관들만이 죽음을 알 뿐 이었다. 조고는 일찍이 호해에게 송사와 율령에 관한 것을 가르친 인연도 있었기 때문에 호해를 즉위시키고자 하였다. 조고는 마침내 이해관계를 내세워 승상인 이사를 설득한 다음 시황제가 사구에서 유서를 남긴 것처럼 위장하여 호해를 태자로 내세우고 장자인 부소에게는 죽음을 내렸다.(≪사기 · 이사전≫에 자세하게 보임)

호해는 2세 황제로 등극하면서 조고를 낭중령(郎中令)으로 삼고 만사를 그와 상의하였다. 조고는 2세를 위해 선제의 대신과 진시황의 아들들을 죽이고 이사마저 요참(腰斬)[4]에 처하였다. 조고는 승상의 지위에 오르자 아예 황제의 자리를 차지하고 싶어졌다. 그러나 신하들이 말을 듣지 않을까 봐서 사슴을 한 마리 끌어다가 2세에게 보여주며 말이라고 하였다. 2세가 웃으며 "승상은 어디가 잘못되었소? 사슴을 말이라고 하니 말이오!(丞相誤邪? 謂鹿爲馬.)"라고 하였다. 2세는 좌우에 시립하고 있던 신하들에게 물었더니 말이라고 하는 자들이 있는가 하면 아무 말도 하지 않는 자들도 있고, 또 사슴이라고 말하는 자도 있었다.

---

3) 온도를 조절할 수 있는 수레 - 옮긴이.
4) 허리를 잘라 죽이는 형벌 - 옮긴이.

조고는 아무도 모르게 사슴이라고 말한 자들을 모조리 죽여버렸다. 이후로 조고를 두려워하지 않는 신하들이 없었다. 후에 조고는 자신의 사위인 염악(閻樂)에게 적으로 위장하여 천여 명을 이끌고 2세가 머물고 있는 망이궁(望夷宮)을 공격하도록 하였다. 염악은 2세를 질책하며 "그대는 오만하고 방자하여 수많은 신하들을 무도하게 죽여왔소. 천하의 사람들이 모두 그대에게 반기를 든 것은 모두 그대가 자초한 것이오!(足下驕恣, 誅殺無道, 天下共畔足下, 足下其自爲計.)"라고 하였다. 2세는 조고를 만나고 싶었지만 허락되지 않았다. 또 일개 군(郡)의 왕이 되기를 바랐지만 이도 허락되지 않았다. 다시 만호후(萬戶侯)가 되기를 바랐어도 여전히 허락되지 않았다. 다시 평민이 되기를 바라자 염악이 말하기를 "나는 승상으로부터 명을 받들어 천하를 위해 그대를 죽이는 것이니 그대가 아무리 많은 말을 한들 나는 보고하지 않을 것이오!(臣受命于丞相, 爲天下誅足下, 足下雖多言, 臣不敢報.)"라고 하였다. 그리고 바로 병사들을 지휘하여 들이쳤고 2세는 자살할 수밖에 없었다. 조고는 자영(子嬰)을 진왕으로 세웠다. 후에 진왕은 조고를 죽이고 그 삼족을 멸하였다. 환관이 조정의 정치를 좌지우지하고 반역을 도모하는 것과 같은 행위는 환관 조고가 남긴 아주 고약한 선례라고 하겠다.

## 업적을 남긴 유명한 환관

환관들의 대부분은 황제를 시봉하는 것만 알다가 일단 득세하게 되면 안하무인으로 세도를 부리곤 하였다. 그러나 일부 환관들은 괄목할 만한 성과를 이루어내기도 했는데, 그 중에는 특히 탁월한 공을 세운 환관도 있다. 아래에 중요하다고 판단되는 몇 명을 가려내어 소개하고자 한다.

정화(鄭和)

정화(鄭和)는 원래 성이 마(馬), 이름이 삼보(三甫)였는데, 지금의 운남성 보녕(普寧)인 곤양(昆陽) 사람으로 회족(回族)이었다. 그는 어린 나이에 연왕(燕王) 주체(朱棣)의 태감이 되어 연왕부(燕王府)의 서당에서 적지 않은 지식을 쌓았다. 영리하고 일 처리가 뛰어나 포부를 가진 환관으로 성장하였다. 조카인 건문제(建文帝)를 반대하는 연왕의 3년 전쟁 중에 정화는 여러 차례 전공을 세웠다. 주체는 황제가 된 후에 그에게 정씨 성을 내리고 내관감 태감으로 삼았다. 그래서 정화는 궁실·능묘·빙교(氷窖)[1] 등을 짓는 일을 관리하는 환관으로 파견되었다. 이때 정화는 이미 4품의 고관이어서 조정 대사에 참여하는 경우가 많은 편이었다.

명 성조 주체는 외국과의 관계를 강화하고 명 왕조의 영향을 확대시키기 위하여 끊임없이 사신들을 외국으로 파견했는데, 규모가 가장 큰 것이 바로 영락 3년(1405)부터 선덕(宣德) 8년(1433) 사이에 정화는 일곱 차례나 서양(西洋; 당시에 남해 이서의 해양 및 해양에 인접해 있는 모든 땅으로, 대략 지금의 인도양을 가리킴)으로 갔다. 이것은 중대한 외교사명인데 환관 정화를 선택하여 이처럼 중대한 임무를 맡긴 것으로 보아 정화에 대한 명 성조의 신임을 잘 알 수 있는 대목이라 하겠다.

서양으로 떠나기 전에 충분한 준비를 하였다. 먼저 각지의 조선창(造船廠)을 동원해 밤낮으로 조업하여 62척의 보선(寶船)을 만들었다. 큰 배의 경우 길이가 44.4장에 폭이 18장이고, 9개의 돛대와 12개의 돛을 달았으며, 적재량 800톤에 승선인원

1) 얼음을 보관하는 움집 - 옮긴이.

이 1,000명이 넘었다.2) 다른 나라와 교통하기 위해 조정에서는 금은그릇 · 비단 · 도자기 · 옥조각품 · 석각품 등 대규모의 중국 명품을 선적시켰고, 아울러 각 방면의 인원을 배치하였다. 영락 3년(1405) 6월 15일에 62척의 보선에 27,800명으로 조직된 원양선단이 소주부(蘇州府) 관할이었던 유가항[劉家港; 지금의 강소성 태창현(太倉縣)]에서 출발하였다.

선단이 서사군도(西沙群島)를 지나며 베트남 중부의 참파 · 인도네시아의 자바와 수마트라 · 말레이시아 반도의 말라카를 순차적으로 방문하였다. 말라카에서 정화는 국왕을 알현하여 양국의 우호관계를 수립하였다. 또 인디아반도의 고리(古里)에 도착하여 열렬한 환영을 받았고, 정화는 그곳에 기념비를 세웠다.

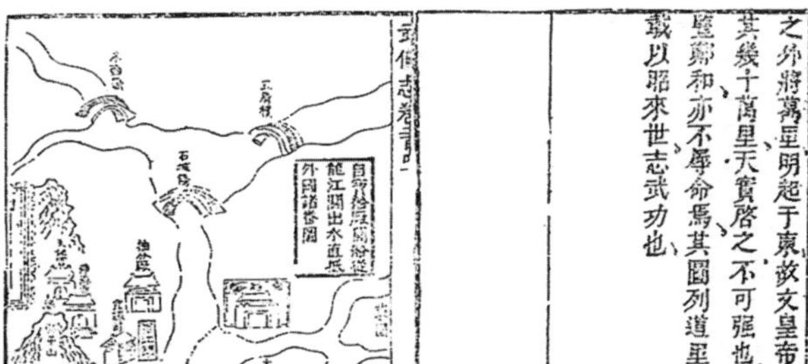


정화의 항해도

2) 큰 배의 경우 길이가 44.4장에 폭이 18장이라면 현재의 미터법으로는 길이 150미터에 폭이 60미터가 넘는다. 명대의 1장(丈)은 대략 3.4미터였다 - 옮긴이.

영락 5년(1407) 9월에 정화가 개선할 때 17개 국가의 사신들이 함께 배를 타고 중국에 도착하여 명 조정의 뜨거운 환대를 받았다. 1개월 후에 정화는 두 번째 서양으로 나가게 되어 자바·태국·캄보디아·말라카·인디아반도 서남쪽의 코친에 도착하였고, 또 인디아반도의 고리 지역을 남하하여 스리랑카에 도착하였다. 그리고 스리랑카에 불법(佛法)을 칭송하는 거대한 석비(石碑)를 세웠는데, 이것은 두 나라의 사람들이 우호적으로 왕래했다는 역사적 증거물이 되었다.

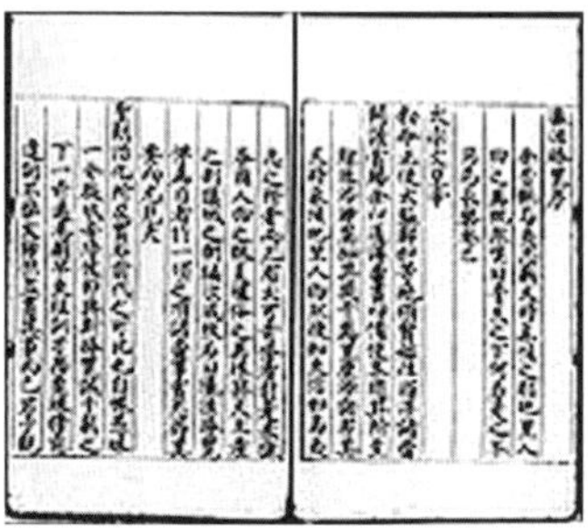

영애승람(瀛涯勝覽)

이어서 정화는 연달아 다섯 차례나 서양에 갔고, 수행원이었던 마환(馬歡)은 후에 서양에서 보고들은 것들을 정리하여 ≪영애승람(瀛涯勝覽)≫이라는 책으로 저술하였다. 일곱 번째 서양으로 나갈 때 정화는 이미 귀밑머리가 반백이었지만 그의 원대한 꿈은 그치지 않아 남해와 북인도양 연안지역 및 아랍반도와 아프리카 동해안의 국가들을 거의 다 돌았다. 이렇게 30개가 넘는 국가와 지역을 돌아 귀국한 후 이듬해에 병으로 세상을 떠났다.

정화가 서양으로 항해한 것은 콜럼버스가 아메리카 대륙으로 항해한 것보다 87년이나 빠르다. 이는 인류가 해양을 정복한 공전의 쾌거이자 세계 항해사에 찬란한 한 페이지를 장식하는 대기록이다. 정화의 항해는 중국과 아시아 · 아프리카 각국의 정치· 경제 · 문화를 크게 촉진시켰고, 각 국의 국민들과 우의를 돈독히 하는 데에 기여하였다. 수행원들이 쓴 ≪영애승람≫ ≪성사승람(星槎勝覽)≫ ≪서양번국고(西洋番國考)≫는 아시아와 아프리카 각국에서 경험한 산천지리 · 기후환경 · 풍토인정을 기록하고 있는데, 세계항해사와 중국의 대외관계사에 중요한 문헌으로 남았다. 정화는 매번 항해할 때마다 항해 길에서 만나는 각 국의 위치 · 항로의 원근 · 항행의 방향 · 정박 항구 및 항행통로의 여울 · 암초 등을 모두 기록한 항해지도를 그려내었다. 이것은 중국 최초의 원양항해도(遠洋航海圖)로서, 후세에 동서양의 해상교통을 위해 귀중한 자료로 제공되었다.

정화의 묘

이연년(李延年)은 중산[中山; 지금의 하북성 정정(正定)] 사람으로 한대(漢代)의 음악가였다. 대대로 악무(樂舞)를 주로 하는 집안 출신으로 부모형제도 모두 악인(樂人)이었다. 이연년은 죄를 지어 궁형(宮刑)을 당하고 구감(狗監)3)으로 보내져 한 무제의 개를 사육하였다. 그의 여동

이연년(李延年)

생은 궁궐에 들어온 뒤에 무제의 총애를 받아 "이부인(李夫人)"으로 불렸다. 이연년은 노래에 뛰어난데다 새로운 소리를 잘 만들어내어 음악기구인 "악부(樂府)"에서 협률도위(協律都尉)직을 맡게 된다. 당시에 무제는 천지사방에 사당을 짓고 있었는데, 제사에 쓸 음악을 작곡하고 싶었다. 그래서 사마상여(司馬相如) 등에게 ≪한교사가(漢郊祀歌)≫ 신시(新詩) 19수를 짓게 하고 이연년에게 이 송시(訟詩)에 새로운 곡조를 붙이도록 하였다. 또 장건(張騫)이 가지고 돌아온 서역의 ≪마가두륵(摩訶兜勒)≫곡을 모방하여 신생이십팔해(新生二十八解)를 지어 "횡취곡(橫吹曲)"이라 하고 군대에서 사용하도록 하였다. 이 악곡들은 중국예술을 풍부하게 만든 것은 물론 후대 음악에도 상당한 영향을 끼쳤다.

채륜(蔡倫)

채륜(蔡倫)은 동한의 환관으로 계양[桂陽; 지금의 호남성 침주시(郴州市)]사람이었다. 명제(明帝) 말년에 궁궐에 들어와 일하게 되었다. 건초(建初) 연간(76년에 시작)에 소황문(小黃門)이 되었고, 화제(和帝)가 즉위(89)하면서 중상시(中常侍)로 옮겨 점차 중용을 받게 된다.

채륜에게는 재능과 학문이 있어 상방령(尙方令)의 지위가 더해졌다. 영원

3) 한나라 때 황제의 사냥개를 사육하는 일을 담당한 관직 - 옮긴이.

(永元) 9년(97)부터 황실에서 사용하는 도검 등의 병기 및 놀이 기물의 제조를 주관했는데, 대단히 정교하여 후세에도 모방되었다.

고대에 서사(書寫)는 주로 대나무 조각인 죽간(竹簡)이나 나무 조각인 목독(木牘)에 새겼고, 후에는 비단을 사용하였다. 대나무나 나무의 조각은 너무 무겁고, 비단은 가볍고 편리했지만 가격이 비싸서 사람들은 늘 비단처럼 가볍고 가격이 싼 물건을 찾아 글자를 쓰려고 하였다. 서한 때 이미 마(麻)로 만든 종이가 출현했지만 이런 종이는 거칠어 글자를 쓸 수가 없었다. 채륜은 이런 토대 위에 끊임없는 시험을 행하여 마침내 나무껍질 · 마 · 낡은 천 · 어망을 원료로 하여 제지 방법을 연구해 내는 동시에 일련의 제조과정도 만들어 내었다. 원흥(元興) 원년(105)에 황제에게 보고하였고, 이때부터 천하는 모두 이 방법으로 만든 종이를 쓰게 되니 그 당시에 이를 '채륜의 종이'라는 의미의 "채후지(蔡侯紙)"라고 불렀다. 원초(元初) 원년(114)에 등태후(鄧太后)가 그의 공덕을 치하하고 식읍이 300호인 용정후(龍亭侯)에 봉하였다.

채륜이 개량한 제지술은 가장 먼저 동쪽에 인접해 있는 조선(朝鮮)에 전해졌고 다시 일본으로 전해졌다. 대략 당대(唐代)에 제지술은 서역을 통해 유럽으로 전해졌다. 제지술은 세상에 알려진 중국 고대 4대 발명의 하나로서 세계문화의 발전에 중대한 공헌을 하였다.

마존량(馬存亮)은 당 후기의 환관이었는데, 이때는 환관들이 권력을 전횡하여 황제의 생살폐립(生殺廢立)조차도 조종하던 시기였다. 그러나 어떤 환관은 이런 무리들과 섞이지 않고 정의롭게 공정한 말로 조정 대신을 보호하기도 했는데, 마존량이 바로 그런 환관들 중의 한 사람이었다. 마존량은 하중[河中; 지금의 산서성(山西省) 영제현(永濟縣)]사람으로 당 덕종(德宗) 때 입궁하여 비빈을 시봉하였다. 후에 좌신책군중위(左神策軍中尉)로 발탁되었다. 마존량의 가장 큰 특징은 바로 권력을 독점하지 않고 온후했으며 자신의 직무에 충실하였다.

왕수징(王守澄)

목종(穆宗) 장경(長慶) 4년(824)에 목종이 갑작스럽게 죽고 경종(敬宗)이 환관 양수겸(梁守謙)과 왕수징(王守澄)의 도움 아래 제위를 이었다. 경종은 무절제한 유희에 빠져 지냈는데, 늘 좌우신책군(左右神策軍)에게 공을 차게 하였다. 양수겸이 우신책군중위였기 때문에 경종은 더더욱 우대해주었고, 좌신책군의 마존량에 대해서는 전혀 관심이 없었다. 장경 4년(824) 4월의 어느 날, 염방(染坊; 염색소)의 장인이 점쟁이가 부추기는 것을 곧이 믿고 궁중의 환관들과 결탁하여 궁궐에 불쏘시개용 건초를 보낸다는 핑계로 궁궐로 들이쳤다. 경종은 한창 금군(禁軍)의 공놀이를 즐기고 있다가 놀라서 허둥대며 양수겸의 우신책군 진영으로 대피하고자 하였다. 뒤따르던 환관이 "좌신책군의 진영이 가까우니 그곳으로 피하시지요!(左神策軍營近, 不若去那里

避難.)"라고 급히 아뢰었다. 때마침 마존량이 궁중에 변고가 있다는 소식을 듣고는 조사를 하러 달려왔고, 당황해하는 경종의 얼굴을 보자 얼른 경종을 들쳐 업고 군영으로 달려 들어가서는 머물 자리를 마련하였다. 그런 다음 사람을 시켜 500명의 기병을 이끌고 후궁으로 달려가 두 명의 태후를 군영으로 모셔오도록 하였다. 신책군이 반란을 평정하자 마존량은 어가를 호위하여 환궁하였다. 이후 경종은 마존량을 매우 신임하여 중임을 맡기려고 하였다. 그러나 마존량은 이것은 자신의 본분일 뿐이니 분수에 맞지 않는 벼슬은 하지 않겠다고 하였다. 마존량은 회서(淮西)로 가서 몇 개월 동안 감군(監軍)역할을 맡다가 서울로 돌아온 후는 내비룡사(內飛龍使)라는 직무를 맡아 황궁의 안전을 책임졌다.

보력(寶曆) 2년(826) 10월에 경종이 환관 유극명(劉克明) 일파에게 시해되자 대환관 왕수징과 양수겸은 문종(文宗)을 옹립하고 계속 조정의 정치를 독점하였다. 문종은 환관들의 권력 전횡을 달가워하지 않았다. 그래서 재상 송신석(宋申錫)과 환관들을 제거할 계획을 모의했지만 왕수징에게 탐지되고 말았다. 왕수징은 사람을 시켜 송신석이 장왕(漳王) 이주(李湊)를 옹립하려 한다고 무고하였고, 문종은 진상을 조사도 하지 않고 대노하며 왕수징에게 조사하도록 하였다. 왕수징은 기회를 틈타 기병 200명을 보내 송신석의 가문을 몰살하려고 하였다. 이때 마존량이 당당히 나서서 공정하게 말한다. "송신석의 죄상이 분명하지 않거늘 어떻게 명분도 없이 그 집안사람들을 죽일 수 있단 말입니까? 만일에 이런 식으로 하다가 서울이 시끄러워지면 어찌하시겠습니까? 그래도 먼저 몇 분의 재상들을 불러 상의하고 나서 어떻게 할 것인지를 살피십시오." 왕수징은 어쩔 수 없이 우승유(牛僧孺) 등을 불러와 상의한 다음 결국 송신석을 개주사마(開州司馬)로 내보냈다. 이 사건은 마존량에게 큰 충격이 되었다. 송신석이 서울을 떠나던 날 그는 문종에게 상서하여 나이가 들어 병이 많다는 이유로 은퇴를 요구하였다. 문종은 그의 요청에 동의하고 적지 않은 보물을 상으로 하사하는 동시에 고향까지 호위해주도록 했으며, 병으로 세상을 떠나자 선종(宣宗)은 그를 양주대도독(揚州大都督)에 봉하였다.

유승규(劉承規)는 초주[楚州; 관청은 지금의 회음(淮陰) 서남쪽에 있었음] 사람으로, 그 아비는 고급 환관인 내반도지(內班都知)였다. 그는 송 태조 건륭(乾隆) 연간(960~963)에 고반(高班; 비교적 낮은 등급의 환관)의 신분으로 들어갔고, 부지런히 공부한 탓에 송 태조가 즉위한 후 북작방부사(北作坊副使)에 임명되었다. 이후로 여러 차례 황제의 명으로 서울을 나서 조정을 대신하여 여러 공무를 처리하였다. 예를 들면 태평흥국(太平興國) 3년(978)에 천주(泉州)로 가서 할거하던 군벌 진홍진(陳洪進)이 바친 토지와 호구를 접수하는 동시에 부고(府庫)를 안전하게 봉하고, 전담자를 지정하여 관리하도록 하였다. 이듬해 또 황제의 명을 받들어 황하를 치수하게 되자 병사와 인부들을 독려하여 제방의 터진 곳을 막아 강둑을 보호하였다. 옹희(雍熙) 연간(984~987)에 숭의사(崇儀使)에 임명되었다가 낙원사(洛苑使)라는 직위로 옮겼다.

경덕(景德) 2년(1005)에 유승규는 서울에 있는 각 관청 창고의 업무를 관리하는 제거(提擧)직을 맡으면서 내장(內藏)을 30년 동안 관할하는 등 송대 권형제(權衡制; 저울을 사용하는 제도)의 개혁에 두드러진 공헌을 하였다. 송대는 당대의 무게 측정 방법을 그대로 사용하여 24수(銖)를 1량(兩)으로, 16량을 1근(斤)으로 했는데, 수는 10진법이 아닌 2진법으로 누진되었기 때문에 계산이 불편하였다. 당시 태부사(太府寺)의 저울은 예전 그대로여서 측정이 정확하지 않았는데, 외부(外府)의 관리들은 이런 허점을 이용하여 농간을 부려 백성들을 괴롭혔다. 순화(淳化) 3년(992)에 송 태종은 저울관련 법규를 심사할 중임을 사감내장고숭의사(司監內藏庫崇儀使)인 유승규에게 맡긴다고 명하였다. 유승규는 구식저울에서 문제점을 찾아내어 이전의 저울법을 연구하고 동시에 두 가지의 새로운 저울을 설계 제작하였다. 검증을 거치자 새로운 저울들을 대량으로 제작하여 태부(太府)에 나누어주었다. 그리고 전국에 걸쳐 새로운 저울을 사용하도록 하여 이전의 폐단을 제거하였다.

그는 또 내장고를 위해 일련의 규정과 제도를 마련하고 유관 조례를 제정했는데, 이를 ≪내장고 준칙(內藏庫須知)≫이라는 책 5권으로 엮어 황제에게 바쳤다.

송대에는 찻잎을 국가가 전매하는 제도를 시행하였다. 그 때문에 지방관리들은 그 일을 담당하면서 차의 등급을 낮추는 치졸한 행위로 차를 재배하는 농민들을 괴롭혔고, 상인들은 불법적으로 찻잎을 빼돌리는 등의 심각한 폐단들이 나타났다. 유승규는 황제의 뜻을 받들어 찻법(茶法)의 폐단을 제거하고자 새로운 제도를 제정하였다. 이 제도로 인해 찻잎의 유통이 가속화되고 정부의 세수는 대폭 증가되었다. 그는 또 유관 찻법을 정리하여 23책의 ≪찻법조례(茶法條貫)≫를 편집하였다.

유승규는 독서를 좋아하고 도서의 정리를 중시하였다. 일찍이 함평(咸平) 연간에 삼관비각(三館秘閣)의 서적을 정리하는 책임을 맡은 적이 있다. 이후에 또 여러 차례 중요 사적(史籍)의 편수를 관할하기도 하였다. 예를 들어, 경덕(景德) 2년(1005)에 송 진종(眞宗)은 왕흠약(王欽若)과 양억(楊億)에게 역대 군신들의 사적을 편찬하도록 하였고, 유승규에게 명하여 그 일을 관장하게 하여 1,000권에 달하는 ≪책부원귀(冊府元龜)≫를 완성하게 하였다. 또 전약수(錢若水)는 조종(祖宗)실록을 편찬하고 국사를 편수하며 저술과 교감에 참여하는 등 문화 사업에 공헌하였다.

대중상부(大中祥符) 6년(1013)에 유승규는 병이 나자 퇴직을 청하였다. 진종은 즉시 다른 관직인 검교태부(檢校太傅)·좌효위상장군(左驍衛上將軍)·안원군절도관찰유후(安遠軍節度觀察留后)를 수여했으나 마다하였다. 그는 사저로 돌아오자마자 바로 병사하였다. 죽은 후에 좌위상장군(左衛上將軍)·진강군절도사(鎭江軍節度使)에 추증되었고, "충숙(忠肅)"이라는 시호가 내려졌다. 이듬해 옥청궁(玉淸宮)과 소응궁(昭應宮)이 건립되자 이 두 성전(聖殿)에 공신들을 소조했는데, 진종은 유승규 상을 태종의 상 곁에 소조하도록 특명을 내렸다.

진한(秦翰)은 하북성 획록(獲鹿) 사람으로 13세에 입궁하여 소황문이 되었고, 개보(開寶) 연간에 내시고품(內侍高品)으로 발탁되었다. 태평흥국 4년(979)에 송 태종은 북한(北漢)을 멸한 다음 그 기세로 북상하여 요(遼)나라를 쳤다. 요나라는 유목민족인 거란(契丹)이 세운 나라로서, 건국 후에 부단히 남하하여 북방의 영토를 대부분 차지하였다. 이 때문에 중원 왕조는 요에 대응하는 것을 무척 중시하였다. 이 해에 조정은 하양(河陽)절도사 최언진(崔彦進)을 파견하여 군사 수 만 명을 이끌고 연경성(燕京城)을 공격하도록 했는데, 진한이 병마도감(兵馬都監)을 맡았다. 진한은 용맹하고 싸움에 능해 투항을 가장하는 작전으로 수비군을 대파하여 적 만여 명을 죽이고 만여 명을 포로로 잡았으며 만여 필의 말을 노획하였다. 태종은 후한 상을 내리고 중임을 맡겼다. 옹희(雍熙) 연간(984~987)에 영주주박(瀛洲駐泊)과 진주정주고양관삼로배진도감(鎭州定州高陽關三路排陣都監)으로 임명되어 나갔는데, 이 몇 개의 통로는 모두 요나라에 대항하여 싸울 중요한 지역이었다. 순화(淳化) 4년(993)에 회궁하여 압반(押班)직에 임명되었다. 얼마 안가 당항족(黨項族)을 막도록 서쪽으로 전근되었다. 순화 2년(991)에 정난(定難)절도사 조보충(趙保忠)이 송나라에 반기를 들고 요나라에 투항하자 정주(定州)의 수비대장 이계륭(李繼隆)이 명을 받고 죄를 물으러 출병하였고, 진한이 그 군대를 감호하였다. 진한은 조보충이 도망칠까봐서 수레를 타고 앞서가서 성지(聖旨)를 가장해 조보충을 위무하였다. 이계륭이 군대를 이끌고 오는 것을 기다렸다가 조보충에게 밖으로 나가 주인의 예를 다해 맞이하라고 권하여 순조롭게 조보충을 사로잡을 수 있었다. 그 공로가 인정되어 숭의부사(崇儀副使)라는 직위가 더해졌다.

함평(咸平) 2년(999)에 요나라의 소태후(蕭太后)와 요나라의 성종(聖宗)이 송나라를 공격하였다. 송나라는 대장 부잠(傅潛)을 진주정주고양관삼로도부서(鎭州定州高陽關三路都部署)에 임명하고, 진한을 배진도감(排陣都監)으로 삼았다. 요군이 기[祁; 지금의 하북성 무극(無極)] · 조[趙; 지금의 하북성 조현(趙縣)] · 형[邢; 지금의 형대(邢臺)] · 낙[洛; 지금의 영년(永年) 동남쪽]을 공격해오자 국경의 관문에서 위급함을 알리는 편지가 눈이 날리듯이 날아들었다. 그런데도 8만 명이나 이끌고 있던 대장 부잠은 출병하려고 하지 않았다. 진한은 여러 차례 출병을 재촉했지만 소용이 없었고 결국 군대는 대패하고 말았다. 이듬해 요나라의 군대가 대대적으로 휩쓸고 난 뒤 회군을 시작하였다. 진한은 철수하는 요군을 추격하여 막주[莫州; 지금의 하북성 임구(任丘)] 동쪽 30리 되는 곳에서 요군에 치명타를 가하였다. 만여 명의 수급을 취하고 빼앗겼던 백성 수 만 명을 구한 것은 물론 무수한 물자를 노획해 돌아왔다. 송 진종은 진한 등의 사람들에게 포상하고 진한을 정주행영검할(定州行營鈐轄)로 발탁하였다.

함평(咸平) 3년(1000)에 익주[益州; 지금의 사천성 성도(成都)]에서 수비병들이 설날에 무장 폭동을 일으켰다. 도우후(都虞侯) 왕균(王均)을 우두머리로 추대하여 나라를 세우고 국호를 대촉(大蜀), 연호를 화순(化順)이라고 하였다. 송 진종은 이 소식을 접하자 뇌유종(雷有終)을 파견하여 왕균의 난을 평정하도록 하였다. 진한은 천협초안순검사(川峽招安巡檢使)가 되어 직접 전투에 나섰다. 진한은 군대를 지휘하여 다섯 번 싸워 다섯 번 승리를 거두고 10월 1일에 익주에 입성하여 반란을 평정하였다. 송 진종은 진한이 전승을 거둔 데다 몸에 화살을 맞고도 물러서지 않았다는 소식을 듣고 매우 기뻐하며 특별히 조서를 내려 위로하였다. 다음 날 또 부대를 이끌고 왕균을 추격하여 광도[廣都; 지금의 사천성 쌍류(雙流)]에서 적 1,000여 명을 죽이고 말 수 천 필을 노획하였다. 이 공로로 내원사(內園使)에 임명되고 은주자사(恩州刺史)의 직위를 받았다.

이듬해 당항족의 우두머리 이계천(李繼遷)이 영주[靈州; 자금의 영하(寧夏)의 중녕(中寧)과 중위(中衛) 일대]를 함락시켰다. 조정은 진한을 빈녕경원로검할겸안무도감(邠寧涇原路鈐轄兼安撫都監)으로 발령하였다. 진한은 소속된 군사들을 이끌고 우선 적들이 습격해 올 것을 방어하면서 농산(隴山)의 바깥을 순시하고 나서 각 족속들의 우두머리들을 소집하여 대의를 밝히고 조정의 은혜를 역설하였다. 이리하여 얼마가지 않아 3,000여 장(帳; 소수민족은 천막을 집으로 삼았음)이 귀순하여 왔다. 그러나 얼마 되지 않아 경노족(庚奴族)은 그래도 조정에 복종하지 않고 요새지역에 의지해 항거하였다. 진한은 곧 경원의위진융군부서(涇原儀渭鎭戎軍部署)인 진흥(陳興) · 경주주박부서(涇州駐泊部署)인 허균(許均)과 회동하여 먼 길을 돌아 곧장 공격해 들어가 적 수 천 명을 베고 그들의 장막을 불태우고 수많은 소와 말을 노획하였다. 또 진흥(陳興) · 조위(曹瑋)와 함께 무연함박천(武延咸泊川)을 공격하여 장리족(章理族)의 추장(酋長)을 징벌하고 300여 명을 생포하였으며, 소 · 양 · 낙타 · 말 등 3만여 마리를 노획하였다. 농산(隴山) 안팎의 각 부족은 그 기세를 보고 앞 다투어 항복해 왔다. 진종은 진한을 격려하고 아울러 비단도포 · 금대 · 백금 500량 · 비단 500필을 하사하였다.

경덕(景德) 원년(1004) 9월에 요나라의 성종(聖宗)이 남침하여 곧장 전주[澶州; 지금의 하남성 복양(濮陽)]를 함락시켰다. 재상 구준(寇準) 등이 충언하자 진종은 친정(親征)을 결정하였다. 진한을 먼저 전주· 위부[魏府; 지금의 하남성 안양(安陽)]로 보내 군사에 관한 일을 관할하도록 파견하는 동시에 그의 뜻대로 처리해도 된다는 특권을 허락하였다. 얼마 안 있어 또 형락로검할(邢洛路鈐轄)로 임명되어 송의 주력군 그리고 장의각(張猗角)의 세력과 합류하여 요의 군대에 맞섰다. 송 진종이 전주에 도착하면서 진한을 가전서면배진검할(駕前西面排陣鈐轄)에 임명하고, 진영을 관할하게 하였다. 충분한 준비를 거친 송의 군대는 요의 통군사(統軍使)인 소달람(蕭達覽)을 사살하고 전주에서 쌍방이 대치하였다. 진한은 송과 요 사이에 "전연 땅에서의 동맹(澶淵之盟)"이 체결될 때까지 군대를 이끌고 밤낮으로 방어하느라 갑옷을 70여 일이나 풀지 않았다. 진한은 그 공로로 황성사(皇城使) · 입내도지(入內都知)로 진급하였다.

대상신부(大祥神符) 8년(1015) 4월에 황궁에 화재가 발생하였다. 송 진종은 진한과 조위에게 명하여 황궁을 보수할 구체적 책임을 지도록 하였다. 윤 6월에 진한은 보수공사를 지휘하다 갑자기 병에 걸려 궁궐 안 관청에서 64세의 나이로 죽었다. 진한은 변방을 지키는 전쟁에서 용감하게 싸우다 49차례나 부상을 당하기도 하였다. 그가 죽은 후 진종은 마음속 깊이 안타까워하였고, 금군도 눈물을 흘렸다고 한다.

구련재(寇連材)는 직예(直隷; 지금의 하북성) 창평주(昌平州) 사람이다. 15세에 거세되어 궁중에 들어갔는데, 집안에서 물려받은 손재주로 자희(慈禧)의 머리를 빗는 태감이 되었다. 나이가 들면서 자희의 교활함과 낭비벽을 보고는 옳지 않다고 생각되어 몇 차례 간언했지만 아무런 소용이 없었다. 후에 자희의 회계방(會計房) 태감으로 옮기게 된다. 광서(光緖) 21년(1895) 10월에 자희태후는 자신의 질녀인 광서 융유(隆裕)황후의 충동질 속에 근비(瑾妃)와 진비(珍妃)에게 매를 쳤고, 또 아편 흡입도구 한 세트를 광서(光緖)에게 보내 피우게 하여 광서를 폐하기 위한 준비를 꾸몄다. 중일갑오(中日甲午)전쟁이 진행되는 사이에 자희는 "환갑잔치(六十壽辰)"를 크게 벌이고, 아울러 해군경비를 전용하여 이화원(頤和園)을 건설하였다. 구련재는 이 모든 것을 보고 자신도 모르게 우국우민의 강렬한 책임감을 느꼈다. 광서 22년(1896) 2월 10일 아침에 자희가 일어나기 전에 구련재가 그녀의 침대 앞에 꿇어앉아 통곡하며 눈물을 흘렸다. "나라의 위급함이 아침저녁에 달려 있거늘 황태후께서는 선조들이 천하를 걱정하던 것처럼 하시지 않는다 하더라도 황태후 마마의 명예라도 생각하셔야 합니다! 분별하지 않으시고 가무나 즐기시는 것은 백성들의 원한을 사는 일이 아니겠습니까?" 자희는 대노하여 구련재가 미쳤다고 여겨 밖으로 내쳤다.

구련재는 자희에 의해 쫓겨난 후 5일 동안 휴가를 얻어 집으로 돌아가 부모형제와 이별하고 일기 한 권을 남동생에게 건네주었다. 회궁한 후에 평소에 모아두었던 돈을 어린 태감들에게 나누어주고 죽음을 각오하고 간언을 하고자 결심하였다. 2월 15일에 자희에게 상소하여 10개 항목을 건의하였다. 태후가 조정의 정사를 독단하지 말고 정사를 마땅히 황제에게 귀속시킬 것, 이화원의 건설을 중지하고 황상을 연금하지 말 것, 천하 각 처의 관원은 3년을 임기로 하고 연임시키지 말 것, 계속해서 전쟁 준비를 해서 일본과 맞서 싸울 것, 황상에게 후사가 없으니 천하에 문무를 겸하고 재학이 넘치는 자를 선발하여 요순(堯舜)이 선양(禪讓)했던 것처럼 뒤를 이을 수 있도록 할 것 등등이 그 건의 내용이었다. 자희는 상소문을 보고 대노하여 구련재를 불러 물었다. "너의 상소는 네 스스로 쓴 것이냐 아니면 다른 자의 사주를 받아 쓴 것이냐?" 구련재가 "소인 스스로 쓴 것입니다"라고 하였다. 태후는 다시 한 번 말하도록 한 후에 물었다. "본조(本朝)의 관례에 내감(內監)이 국사를 거론하면 참수한다는 것을 아느냐?" 구련재는 "알고 있습니다. 소인이 죽는 것이 두려웠다면 상소하지 않았을 것입니다!"라고 하였다. 바로 신형사(愼刑司)에 가두고 이튿날 북경성 서남쪽 채소시장 입구에서 참수하였다. 구련재는 평온한 얼굴에 전혀 두려워하는 빛이 없이 옷을 단정히 한 채 황궁 쪽을 향해 9배를 올린 후 머리를 숙이고 형을 받았다.

# 조야(朝野)에 세력을 떨쳤던 환관

권세를 잡고 세도를 부렸던 환관은 진한(秦漢) 이후로 계속 있어 왔지만 한(漢) · 당(唐) · 명(明) · 청(淸)의 네 왕조에는 더욱 많았다. 아래에서 한 시대를 횡행했던 몇 명의 대환관을 소개하겠다.

경극 속의 고력사(高力士)

고력사(高力士)는 원래 성이 풍(馮)씨로 어릴 때 거세되었는데 영남토격사[嶺南討擊使; 치소가 지금의 광주(廣州)에 있었음] 이천리(李千里)에 의해 궁에 들어오게 된다. 무측천(武則天)이 그의 영리함을 알아보고는 급사

(給事)로 명해 곁에 두지만 후에 잘못을 저질러 쫓겨난다. 환관 고연복(高延福)이 그를 거두어 양자로 삼으면서 성이 고(高)씨로 바뀌었고, 3년 후에 무측천이 그를 다시 궁중으로 불러들인다. 일 처리가 신중한 데다 조서와 칙령을 전달할 수 있었기 때문에 궁위승(宮闈丞; 후비의 처소를 관리함) 자리를 받는다. 현종이 태자였을 때 환관을 끌어들여 태평공주(太平公主)에게 맞섰다. 고력사는 태자 편에 서서 매일 곁에서 시중을 들었다. 현종이 즉위한 후 개원(開元) 초년(713년부터 시작)에 고력사는 우감문위장군(右監門衛將軍)과 지내시성사(知內侍省事)로 파격 승진한다.

현종 때부터 환관이 중용되면서 능력에 맞는 직무를 수행하게 된다. 즉 3품장군(三品將軍)직을 받을 경우 부절을 지니고 토벌에 나서거나, 사명을 받들어 선전(宣傳)에 나서거나, 군대를 감독하거나, 입직을 서거나, 음악을 가르치거나 하는 중요한 업무를 맡았다. 이 때문에 환관의 세력이 점점 커질 수 있었다.

각 지역에서 올라온 상소문은 먼저 고력사에게 보내졌고, 작은 일은 마음대로 처리하고 큰 일만 상주하였다. 고력사는 현종의 신임을 받아 늘 황제의 궁궐에 머물렀고 외출하는 경우는 아주 드물었다. 현종도 "고력사가 황제 짓을 하니 나의 잠자리가 편안해졌다(力士當上, 我寢則穩)"라고 말할 정도였다. 대신들은 앞다투어 고력사와 결탁하고자 아첨을 해대었다. 우문융(宇文融) · 이림보(李林甫) · 위견(韋堅) · 양국충(楊國忠) · 안록산(安祿山) · 고선지(高仙芝) 등이 바로 고력사를 통해 장군이나 재상 같은 고위직을 얻었던 것이다. 숙종(肅宗)은 태자였을 때 고력사를 둘째형이라는 의미의 "얼씨옹(二兄)"이라고 불렀고, 왕들과 공주들은 어르신의 의미로 "아웡(阿翁)"이라고 불렀으며, 부마들은 어르신의 의미로 "디에(爺)"라고 불렀다.

고력사의 의부인 고연복 부부는 훌륭한 공양을 받았다. 영남절도사는 또 고력사의 고향 반주(潘州)로 가서 고력사의 생모인 맥(麥)씨를 찾아 장안으로 보내었다. 금오대장군(金吾大將軍) 정백헌(程伯獻)은 고력사와 형제관계를 맺었다. 맥씨가 죽었을 때 정백헌은 자식의 예로써 문상 온 사람들을 맞이하였다. 개원 17년(729)에 현종은 고력사의 아비를 광주대도독(廣州大都督)에, 어미 맥씨를 월국부인(越國夫人)에 봉하였다. 고력사는 여현오(呂玄晤)의 딸을 아내로 얻으면서 여현오를 소경(少卿) · 자사(刺史)로 발탁 승진시켰다.

천보(天寶) 초년(742년부터 시작)에 고력사를 관군대장군(冠軍大將軍) · 우감문위대장군(右監門衛大將軍)의 작위를 내리고 발해군공(渤海郡公)으로 승진시켰다. 천보 7년(748)에 표기대장군(驃騎大將軍)의 작위를 내렸다. "안사의 난(安史之亂)" 때 당 현종이 사천(四川)으로 피난할 때 고력사가 성도(成都)에까지 따라갔다고 해서 제국공(齊國公)에 봉해졌다. 후에 상황上皇이 된 현종을 따라 장안으로 돌아오자 또 개부의동삼사(開府儀同三司)에 봉해졌고, 실봉 500호가 내려졌다.

후에 권력을 장악한 환관 이보국(李輔國)의 모함으로 검중도[黔中道; 치소가 사천 팽수현(彭水縣)]로 유배를 당하였다. 보응(寶應) 원년(762)에 사면을 받아 돌아오다가 낭주[朗州; 관할 지역이 지금의 호남성 도원(桃源) 동쪽의 원강(沅江) 유역]에 이르렀을 때 현종이 이미 죽었다는 소식을 듣고 북쪽을 향하여 통곡을 하다 피를 토하고 죽었다.

대종(代宗)은 고력사에게 현종을 시봉하고 호위한 공로가 있다고 여겨 양주대도독(揚州大都督)에 봉하고 현종의 태릉(泰陵) 옆에 묻어주었다.

이보국은 본명이 정충(靜忠)으로 어려서 거세되었는데 생김새는 추했지만 글을 좀 할 줄 알았다. 고력사를 섬기며 40세에 이르러 마구간의 명부를 관할하는 명을 받게 된다. 천보 연간에 그가 가진 가축을 기르는 능력 때문에 한구사(閑廐使)였던 왕홍(王鉷)의 눈에 띄어 태자가 사는 동궁에 추천된다. "안사의 난"으로 현종이 사천으로 몽진할 때 이보국은 태자를 시위하며 따라갔다. 마외파(馬嵬坡)라는 지역에 이르렀을 때 6군(六軍)이 쿠데타를 일으켜 양귀비(楊貴妃)는 목을 매었고 양국충(楊國忠)은 참살되었다. 이보국은 태자에게 병사들을 나누어 삭방[朔方; 영무(靈武)라고도 하는데 치소가 영주(靈州) - 지금의 영하(寧夏) 영무(靈武) 서남쪽에 있었음]으로 가서 부흥을 도모하자고 청하였다. 영무에 도착하자 태자에게 제위에 올라 민심을 안정시키라고 권하였다. 숙종(肅宗)이 즉위한 후에 이보국을 태자가령(太子家令)으로 발탁하여 원수부행군사마(元帥府行軍司馬)의 업무를 겸하도록 하고, 호국(護國)이라는 이름을 하사하였다. 사방에서 상주한 내용을 처결하고 군대를 지휘하는 모든 일을 그에게 위임하여 관리하도록 했던 것이다. 또 숙종을 따라 봉상(鳳翔)으로 갔다는 이유로 태자첨사(太子詹事)라는 자리를 받았고, 이름을 보국(輔國)이라고 고쳤다.

숙종이 장안으로 돌아와 이보국을 전중감(殿中監)·한구(閑廄)·오방(五坊)·궁원(宮苑)·영전(營田)·재접(栽接)·총감(總監) 등의 사(使)에 임명하였고, 또 농우군목(隴右群牧)·경기주철(京畿鑄鐵)·장춘궁(長春宮) 등의 사를 겸하게 하였다. 지덕(至德) 2년(757)에 성국공(郕國公)으로 봉해져 재상을 비롯한 백관들이 상주하는 일들을 모두 이보국이 처결하였다. 또 감찰관리 수십 명을 두고서 관리들의 작은 과실조차도 모조리 정탐하였다. 부(府)나 현(縣)은 감찰 결과에 따라 3사(三司)가 옥사를 결정함에 있어 모두 이보국에게 보고해야 했다. 그러면 이보국은 자신의 뜻대로 처리하고는 황명으로 그리한 것이라고 하면 어느 누구도 이의를 제기하지 못했다.

이보국이 외출을 하게 되면 수백 명이 호종하였고, 천자가 신임하는 환관도 감히 그의 관직명을 부를 수 없어 그저 오랑(五郎)이라고만 불렀다. 재상 이규(李揆)는 산동의 명문대족이었고 또한 직위가 재상이었지만 이보국을 만나면 제자의 예를 갖추고 오부(五父)라고 불렀다. 더욱 심한 일은 숙종이 주관하여 이보국을 위해 사망한 이부시랑(吏部侍郎) 원희성(元希聲)의 조카 원탁(元擢)의 딸을 아내로 맞이하게 해주자 이보국은 바로 원탁을 양주장사(梁州長史)에 임명해주었다는 것이다. 이보국은 원수행군사마(元帥行軍司馬)를 겸하여 대궐의 호위군사인 금병(禁兵)을 장악하였고, 내택(內宅)을 받아 거주하였다.

현종이 사천에서 돌아온 후 홍경궁(興慶宮)에 살게 되었는데, 숙종은 매일 담장 사이로 난 좁은 길에서 상황의 일상생활을 살폈다. 현종은 늘 광대들을 불러 음악을 연주하도록 했는데, 숙종은 또 옥진공주(玉眞公主)·고력사·왕승은(王承恩)·여선원(如仙媛) 등 옛 신하들을 보내어 받들어 모시도록 명하였다. 이보국이 비록 조정을 좌지우지할 정도로 권세를 휘둘렀어도 상황 주변의 구신(舊臣)들은 그를 무시하였다. 그 때문에 이보국은 속으로 그들에게 원한을 품게 되었다. 숙종이 병이 난 틈을 타 황명을 날조하여 태상황을 서쪽 내궁으로 옮기도록 하였다. 궁궐을 옮기는 날에 이보국은 천여 명의 어림군(御林軍)을 이끌고 와서 현종의 주위에서 칼을 빼어들고 말을 달리며 시위를 벌였고, 현종은 놀라서 하마터면 말에서 떨어질 뻔하였다. 고력사가 급히 현종 앞으로 나서며 이보국을 꾸짖었다. "상황께서는 50년 동안이나 천하를 태평하게 다스리신 천자이시다. 이보국, 네놈도 과거에는 가신이었거늘 어찌 이리도 무례할 수 있느냐!" 이보국이 어쩔 수 없이 말에서 내리자 무리 지어 있던 군사들이 "태상황 만세!"라고 일제히 외쳤다. 주변이 수습되자 현종은 고력사에게 "오늘 장군이 곁에 있지 않았다면 짐은 벌써 이보국의 칼에 죽었을 거야!"라고 말하였다.

이보국은 고력사의 모욕을 받고 난 후 가만히 참고 있을 수가 없어 또 성지를 날조하여 옥진공주를 옥진관(玉眞觀)으로 보냈고, 여선원은 귀주(歸州)로 유배시켰으며, 마지막으로 고력사마저도 영남(嶺南)으로 유폐시켜버렸다. 상원(上元) 2년(761)에 또 이보국은 다른 관함(官銜)이 그대로 유지된 채 병부상서(兵部尙書)에 임명되었다. 이보국은 갈수록 교만해져 마침내 재상 자리까지 노렸다. 숙종은 "공훈의 위력으로야 무슨 관직인들 불가하겠냐마는 조정의 인망 높은 신하들이 허락하지 않으니 어찌하겠는가?"라고 하자 이보국은 복야(僕射) 배면(裴冕)에게 자신을 추천하는 상소를 계속 올리도록 하였다. 숙종은 남몰래 재상 소화(蕭華)에게 말하였다. "이보국이 평장사를 겸하려고 해서 경들에게 추천하는 글을 쓰게 했다는 것이 사실이오?" 소화가 대답을 않자 배면에게 물었다. 배면은 "원래 이런 일은 없었습니다. 소신의 팔이 끊어진다고 해도 재상을 겸하게 할 수는 없습니다"라고 말하였다. 소화가 다시 이 일을 아뢰게 되자 이보국은 이들을 원망하였다. 후에 숙종의 병이 위급해지면서 재상도 알현할 수 없는 기회를 틈타 소화가 전횡한다고 모함하는 상소를 올렸다. 그리고는 정사에 간여하지 못하도록 예부상서(禮部尙書)직으로 밀어내었다가 나중에 축출해버렸다.

대종(代宗)이 즉위하자 이보국과 다른 환관 정원진(程元振)은 천자를 옹립한 공을 믿고 교만하게 굴었다. 하루는 대신들이 퇴청한 후 좌우에 사람들이 없게 되자 이보국이 대종에게 "폐하께서는 내전에 앉아만 계십시오. 바깥일에 대해서는 소인이 처리한 결과만을 들으시면 됩니다.(大家但內里坐, 外事聽老奴處置.)" (≪신당서(新唐書)·환관전(宦官傳)≫)라고 말하였다. 대종이 듣고는 심히 불쾌했지만 이보국이 병권을 잡고 있었던 터라 뭐라고 말할 수도 없어 그저 이보국을 상부(尙父)라고 부를 수밖에 없었다. 이로부터 크고 작은 일을 가리지 않고 모두 이 상부가 주관하게 되었다. 얼마 안 있어 또 그를 사공(司空) 겸 중서령(中書令; 재상)으로 책봉하였으니, 이것은 역사상 환관이 정식으로 재상이 된 예라고 하겠다. 후에 정원진이 입궁하여 몰래 대종에게 이보국이 모반하고자 수하의 병사와 장군들을 매수하고 있다고 아뢰었다. 그래서 대종은 성지를 내려 이보국의 행군사마 및 병부상서 겸직을 해임하였다. 이보국은 성지를 받고 대노하며 급히 궁궐로 들어가 대종을 만나려고 궁문 앞에 도착했지만 수하의 장교인 팽체영(彭體盈)에 의해 제지당하였다. 그가 "상부께서는 재상직에서 파직되었으니 이 문을 다시 들어가는 것은 합당하지 않습니다"라고 말하였다. 수하의 장교가 자신을 배신한 것을 보자 이보국은 현기증이 날 정도로 화가 났다. 그리고는 황제가 있는 곳을 향해 "소인이 죽을죄를 지어 폐하를 더 이상 섬길 수 없게 되었으니 지하로 가서 선제를 섬길 수 있도록 해주십시오"라고 아뢰자 성지가 내려 육군왕(陸郡王)에 봉해졌다. 관직에서 파면된 후 이보국은 성밖에서 한가롭게 지내게 되었다. 어느 날 자객이 집으로 침입하여 이보국의 머리와 팔을 잘라갔다. 역사가들은 이 자객이 정원진이 파견한 것이라고 하였다.

동관(童貫)

동관(童貫)은 송대(宋代)에 권세를 지녔던 환관이다. 대환관 이헌(李憲)의

문하에서 나왔는데, 이헌은 서하(西夏) 정벌군의 총감군(總監軍)을 맡은 적이 있는데 동관을 데리고 출정하였다. 아첨에 밝아서 황제의 마음을 잘 헤아렸고 그 덕에 총애를 받았다. 송 휘종(徽宗)이 즉위하면서 항주(杭州)에 명금국(明金局)을 설립하고 동관을 공봉관(供奉官)으로 삼아 서화나 노리개를 구입하는 일을 주관하게 하였다. 전임 호부상서(戶部尙書) 채경(蔡京)이 항주에 있었는데, 동관과 결탁하여 온갖 사악한 짓을 다 저질렀다. 후에 채경은 동관의 도움으로 순식간에 재상의 위치인 상서좌승(尙書左丞)에 올랐다.

채경이 재상이 되자 동관을 중용하였다. 그는 청당[靑唐; 옛터는 지금의 청해성(靑海省) 서녕시(西寧市)에 있었음]을 공격하여 빼앗자고 제의하였다. 그리고는 동관을 감군으로 추천하며, 그는 몇 차례나 섬우(陝右)로 가서 그곳의 지리와 군사 동향을 파악했다고 말하였다. 그리하여 군사 10만 명을 파견했는데, 왕후(王厚)가 통솔하고 동관은 그 군대를 감독하였다. 군대가 황천(湟川; 청해성 경내)에 이르렀을 때 공교롭게도 대궐 안의 태을궁(太乙宮)에서 화재가 발생하여 휘종은 친필서한을 보내어 대병의 서진을 막았다. 동관이 읽어보고는 바로 신발 속에 숨겼다. 왕후가 그 이유를 묻자 동관은 "황상께서 우리에게 빨리 승리를 거두라고 하셨소!"라고 대답하였다. 군대를 보내 4개 주(州)를 수복하게 되었고, 그 공으로 경복전사(景福殿使)와 양주관찰사(襄州觀察使)에 봉해졌다.(≪송사(宋史) · 환자3(宦者三)≫) 숭녕(崇寧) 4년(1105)에는 동관을 희하란황(熙河蘭湟)과 진봉로경략안무제치사(秦鳳路經略安撫制置使)로 삼았고, 이후로도 동관은 여러 차례 승진하여 무고군절도사(武庫軍節度使)가 되어 서하(西夏)를 정벌하였다. 점차 공을 내세우며 교만해져 장교와 관리의 선발에 있어서도 제멋대로 간여하고 조정에는 보고도 하지 않았다. 이는 곧 채경의 권력에 충격을 가하는 것으로 결국 채경과 알력이 생기게 되었다. 후에 동관이 개부의동삼사(開府儀同三司; 개부가 관직을 두고서 3공을 수여하는 것이 관례였음) 직위를 차지하려고 하자 채경이 반대하고 나섰다. "천자를 보좌하는 고관의 자리를 어떻게 환관에게 줄 수 있단 말입니까?"라고 하며 천자의 조서를 받들지 않았다.

동관은 서하를 진압한 공이 이미 오래 전에 지나간 일이라고 여겨지자 또 금(金)나라와 약조하여 요(遼)나라를 공격하고자 하였다. 그래서 정화(政和) 원년(1111)에 동관은 요나라의 허실을 살필 수 있도록 사신으로 가겠다고 주청하였다. 한 대신이 "환관을 황제의 사신으로 삼는다면 남들이 나라 안에 사람이 없다고 여길 것입니다!"라고 하자 휘종이 "거란에서는 동관이 강족(羌族)을 크게 격파한 사실을 듣고 만나고 싶어 하니 동관을 사신으로 파견하여 그들의 허실을 탐색하는 것이 상책이오!"라고 하였다. 동관은 검교태위(檢校太尉; 무관의 관계 중 최고인 1급)가 되어 요나라에 사신으로 갔다 돌아오고 나서 더욱 교만해졌다. 후에 섬서(陝西) · 하동(河東) · 하북(河北)의 선무사(宣撫使)에 임명되었고, 얼마 후 개부의동삼사와 첨서추밀원사(簽書樞密院事)에 임명되었다. 또 태부(太傅) · 경국공(涇國公)에 봉해졌다. 세상 사람들은 채경을 공상(公相; 남자 재상)이라 하고 동관을 온상(媼相; 여자 재상)이라고 하였다.

선화(宣和) 원년(1119)에 동관은 대장군 유법(劉法)을 압박하여 삭방을 공격하도록 하였다. 유법이 불가능하다고 하자 동관이 "그대는 서울에 있을 때는 성상께 반드시 성공할 것이라고 말하더니 지금은 어찌하여 안 된다고 하는 것이오!"라고 말하였다. 유법은 어쩔 수 없이 변방으로 나갔지만 그만 매복을 만나 죽고 송나라 군대는 대패하고 말았다. 동관은 조정에 그 패배를 속이고 대첩을 거두었다고 보고하였고, 백관들은 축하를 하면서도 이를 갈 정도로 저주하였다. 하지만 감히 입을 열 수는 없었다. 동관은 요나라의 군주를 청해 화해하고 서하(西夏)와 다시 관계를 맺었다. 서하는 일찍부터 전쟁을 싫어했음에도 불구하고 동관은 서하가 송을 두려워해서 항복을 원한다고 말하며 공로를 자신에게로 돌렸다. 예전에는 서하 사람들에게 한족의 관직을 주지 않았지만 동관의 추천으로 절도사가 된 자도 나오게 되었다.

동관은 절강(浙江)에서 공봉국(供奉局)을 관할할 때 온갖 수단으로 백성들을 수탈하였다. 후에 주면(朱勔)이라는 자를 보내어 화석강(花石綱)[1]을 꾸리는 등 관리들이 앞장서 백성들을 압박하

1) 북송 말년에 통치계급이 부패하면서 송 휘종은 동경[東京; 지금의 개봉(開封)]에 "수산간악(壽山艮嶽)"을 건설하였다. 주면(朱勔)에게 항주(杭州)의 응봉국(應奉局)을 관할하게 하자 민간에 돌 하나 나무 한 그루라도 쓸만한 것이 있으면 즉각 관청으로 가져가 동경으로

면서 사방의 봉기를 야기하게 되었는데 그 중에 방랍(方臘)이 이끄는 봉기군의 기세가 제일 컸다. 휘종은 동관을 강회형절선무사(江淮荊浙宣撫使)에 임명하고 금병 15만을 이끌고 방랍의 봉기를 정벌하도록 하였다. 방랍의 봉기가 평정된 후에 태사(太師) · 초국공(楚國公)에 봉해졌다.

정강(靖康) 원년(1126)에 금(金)나라가 남침해왔다. 동관은 때마침 태원(太原)에 머물고 있었는데 이 소식을 듣자 곧장 서울로 돌아가고자 하였다. 태원지부(太原知府)의 장효순(張孝純)이 충고하기를 "금나라의 군대가 성 아래에 다다르게 되면 대왕께서는 각 로(路)의 장병들을 소집하여 지원에 힘써 주셔야 합니다. 대왕께서 가시고 나면 군심이 동요할 것이고, 만에 하나 하동지방을 잃게 되면 하북 지방인들 지킬 수 있겠습니까?"라고 하자 동관은 "나는 선무의 명을 받은 몸으로 땅을 지킬 책임이 없다. 내가 남는다고 너희들에게 무슨 소용이 있겠느냐?"라고 화를 내고는 도망치고 말았다. 장효순은 다음과 같이 탄식하였다. "평소에는 동관이 그렇게도 위풍당당하더니 오늘 적들 앞에서는 되레 머리를 감싸 쥐고 쥐새끼 마냥 도망을 치다니, 무슨 낯으로 천자를 뵐 것인가?"(≪송사 · 환자3≫)

동관이 서울에 도착했을 때는 이미 흠종(欽宗)이 즉위하여 친정을 준비하며 동관을 동경유수(東京留守)로 삼으려고 하였다.

---

운반하였다. 이런 무늬가 있는 돌을 운송하는 선단을 "화석강(花石綱)"이라고 하였다.

동관은 명을 받지 않고 상황(上皇)의 남쪽 순시를 받들고자 하였다. 그래서 수만 명의 첩승군(捷勝軍)을 이끌고 어가를 호위하였다. 원래 동관은 섬서 지방에 있을 때 관서(關西) 지방의 많은 장정들을 모집하여 친위부대를 만들고는 첩승군이라고 이름을 붙였다. 이때 황상을 보호한다는 명분이었지만 실제로는 자신을 보호하고자 했던 것이다.

동관이 병권을 잡은 20년 동안 간사한 재상 채경과 함께 사악한 인간이 되어 후궁비빈들과 결탁하고 끊임없이 뇌물을 뿌려 "주변의 부인들과 환관들로 하여금 하나같이 칭찬하게 한(左右婦寺, 交口稱譽)" 덕에 휘종의 치세가 끝날 때까지 신임이 식지 않았다. 권력이 환관들에게로 기울어지면서 백관과 재상들도 대부분 그들에게서 나왔으며, 그들의 극악무도함도 필설로 다할 수 없을 정도였다. 당시에 "통(筒tǒng은 童貫의 童tóng과 발음이 같다)을 부수고, 풀(菜cài는 蔡京의 蔡cài와 발음이 같다)을 뽑아버리면 살기 좋은 세상일세![打破筒(童), 拔了菜(蔡), 便是好世界!]"라는 노래가 유행했다고 한다.

태상황이 조정으로 돌아온 후에 좌간의대부(左諫議大夫) 양시(楊時) 등은 동관과 채경 등의 간신들을 탄핵하였다. 그래서 채경을 비서감(秘書監)으로, 동관을 좌위상장군(左衛上將軍)으로 지위를 강등하였고 나중에 다시 소화군절도부사(昭化軍節度副使)로 강등하였다. 후에 채경은 담주(潭州)에서 죽었고 동관은 길양군(吉陽軍)으로 숨어들었다. 남웅주(南雄州)에 이르러 어사 장징(張澂)에게 쫓기다 계책에 걸려 목이 잘렸다.

왕진(王振)분의 배우

왕진(王振)은 산서울주[山西蔚州; 지금의 하북성 울현(蔚縣)] 사람이다. 어려서 궁중으로 들어가 내서당(內書堂)에서 공부하였다. 후에 동궁에 배속되어 황태자 주기진(朱祁鎭)을 시봉하게 된다. 선덕(宣德) 10년(1435)에 명 선종(宣宗)이 죽었을 때, 태자의 나이가 겨우 9살이었다. 왕진은 이런 이유로 중용되었으며, 황제도 그를 "선생(先生)"이라고 불렀고, 사례감(司禮監)을 맡았다. 왕진은 자신의 분수를 잊은 채 조양문(朝陽門) 밖에 시상대를 세우고는 영종(英宗)에게 경영(京營)의 각 위무관(威武官)들이 말을 타고 활을 쏘는 시범을 열병(閱兵)할 것을 청하였다. 또 성지를 날조하여 자신과 결탁한 거용관(居庸關)의 수비대장 기광(紀廣)을 도독첨사(都督僉事)로 발탁하였다. 그러나 태황태후가 아직 건재하여 정사를 조정의 노신들인 양사기(楊士奇) · 양영(楊榮) · 양부(楊溥)를 중심으로 한 내각의 대신들에게 맡겨 어린 황제를 보좌하도록 하였다. 왕진은 평소에 태황태후에게 밉보여 한번은 하마터면 목이 떨어질 뻔했던 일이 있었다. 태후가 왕진을 내각에 보내 사정을 물어보게 했는데 왕진이 공손하지 못해 태후를 노하게 하였다. 태후는 "네놈이 황제의 생활을 시봉하며 불법적인 일을 많이 저질렀으니 그 죄를 용서할 수 없다. 지금 당장 네놈에게 죽음을 내리리라"라고 호통치며 여관(女官)을 시켜 왕진의 목을 베도록 하였다. 어린 황제가 대신 사정을 했다. 태후가

"황제께서 어리시니 이런 무리들이 자고로 백성들과 나라에 화근이 된다는 것을 어찌 알겠소. 내가 황제와 대신들의 만류 때문에 참는 것이니 이후로 국사에 간여해서는 안될 것이다!"라고 하였다. 왕진은 이 일이 있고 난 뒤부터 한동안 행동에 신중을 기하였다.(≪명통감(明通鑒) 권22≫) 하지만 시간이 지나자 또 방자해지기 시작하였다.

정통(正統) 5년(1440) 3월에 왕진은 4조(四朝)에 걸친 원로 양사기와 양영에게 서슴없이 "조정의 일이 오랜 기간 공들을 수고롭게 하였소. 공들께서는 고령이시니 피곤할 것입니다.(朝廷事久勞公等, 公等皆高年, 倦矣.)"라고 말했다. 이는 곧 그들에게 권력을 양보하고 물러나라는 공공연한 암시였던 것이다. 이듬해 봉천(奉天)·화개(華蓋)·근신(謹身)의 3대전(大殿)이 준공되자 영종은 백관들에게 잔치를 베풀었다. 명조(明朝)의 예법에 따르면 이런 장소에 환관들은 절대로 참석할 수 없었다. 영종은 마음이 안 놓여 사람을 시켜 왕진을 살펴보도록 하였다. 왕진은 미친 듯이 "주공도 문왕을 도왔다는데, 그래 내가 참석해선 안 된단 말인가?"라고 화를 내며 씩씩거렸다. 영종은 이 소식을 접하자 급히 명을 내려 동화문(東華門)의 중문(中門)을 열고 백관들에게 왕진의 입궁을 영접하라고 하였다.(≪수계필기(守溪筆記)≫) 정통 7년(1442)에 태황태후가 세상을 떠나고 세 양(楊)씨마저 죽거나 늙게 되자 왕진은 "결국 통제가 불가능할 정도로 발호하게 되었다.(遂跋扈不可制矣.)"(≪명통감≫ 권22) 태조(太祖) 연간에 3척 높이의 철비(鐵碑)를 세우고 그 위에 "환관은 정사에 간여할 수 없다(內臣不得干預政事)”라는 8자를 주조하여 궁문 안에 둔 적이 있었다. 왕진의 첫 번째 사건은 바로 이 비를 부수어 버린 것이었다. 영종은 죄를 묻기는커녕 오히려 칙서를 내려 그를 포상하였다. 이듬해 또 왕진의 조카 왕림(王林)으로 하여금 금의위(錦衣衛)를 지휘하는 첨사관(僉事官) 자리를 세습할 수 있도록 해주었다. 이 일이 있기 전에는 환관이 관직을 세습하는 경우가 없었다.

왕진은 황성 동쪽에 화려한 저택을 짓고, 또 대규모의 토목공사를 일으켜 대흥륭사(大興隆寺)와 지화사(智化寺)를 건축하였다. 황제가 친히 참석하자 공후(公侯)들이 앞다투어 달려와 참석하였다. 영종이 왕진을 “선생(先生)”이라고 불렀고, 공후와 훈척들은 “노인장(翁父)”이라고 불렀다. 이때부터 왕진에게 순응하는 자는 흥하고 거스르는 자는 망하게 된다.

왕진은 내각 신하들의 진퇴를 마음대로 조종하여 자신의 뜻에 반하는 자들은 남김없이 축출하였다. 충신이나 현량이 이유없이 살해되는 불법적인 일들도 끊임없이 발생하였다. 두드러진 몇 가지의 사례를 통해 그 일부를 살펴볼 수 있다. 정통 6년(1441)에 왕진은 자신의 군사적 능력을 보이기 위하여 영종에게 녹천[麓川; 지금의 운남 서려현(瑞麗縣) 일대]을 공격할 것을 종용했는데, 시강(侍講) 유구(劉球)가 상서하여 이를 막고자 하여 왕진의 노여움을 샀다. 후에 유구는 또 우레가 봉천전(奉天殿)을 뒤흔든 일로 상소하여 득실을 진언했는데, 그 내용이 왕진을 겨냥한 것이었다. 왕진은 마침내 그 수하 금의위를 지휘하는 마순(馬順)을 시켜 유구를 죽일 계획을 세웠다. 한밤중에 자객이 칼을 품고 감옥으로 침입하여 유구의 목과 사지를 잘랐다. 유구는 죽기 전에 큰 소리로 외쳤다. "죽음으로 태조와 태종에게 고하나이다!(死訴太祖、太宗.)"(≪명사기사본말(明史記事本末)≫)

정통 연간에 이시면(李時勉)이 국자좨주(國子祭酒)가 되었다. 왕진의 생일에 조정의 신하들은 모두 축하하러 갔지만 유독 이시면만이 가지 않았다. 왕진은 괘씸하게 여기고 있다가 문묘(文廟) 앞의 고목을 자른 것을 빌미로 이시면에게 100근이 넘는 무게의 형틀을 씌웠다. 당시는 한 여름이었는데도 형틀을 3일씩이나 풀어주지 않자 사람들의 분노를 야기하였다. 국자감(國子監)의 학생 이귀(李貴)를 비롯한 천여 명이 조정 앞에 모여 전당(殿堂)이 울리도록 외쳐대자 그제야 이시면이 풀려났다. 어사 이탁(李鐸)이 왕진과 우연히 마주치게 되었는데 무릎을 꿇으려고 하지 않아 그 즉시 감옥으로 잡혀가 반쯤 죽도록 맞고 철령위(鐵嶺衛)로 쫓겨났다. 부마도위(駙馬都尉) 석경(石璟)이 자기 집의 내시 여보(呂寶)에게 욕을 했는데 왕진은 자신과 같은 사람을 해치는 것이라고 발끈해서는 석경을 감옥에 처넣었다. 환관 장환(張環) · 고충(顧忠)과 금의위의 왕영(王永)은 평소에 불만을 품고 있다가 익명의 편지를 써 왕진의 죄상을 폭로하였다. 일이 터지자 그들은 왕진에게 잡혀 찢겨 죽었고 황제에게는 보고조차 되지 않았다.

왕진은 불교를 신봉하여 영종에게 매년 한 사람씩 승려로 출가시킬 것을 주청하였다. 또 대흥릉사를 대대적으로 보수하기로 하고는 매일 1만여 명을 동원하고 수십만 전을 투입했는데, 그 웅장한 경관은 경사에서 으뜸이었다고 한다. 영종은 친히 "천하제일의 대사원(第一叢林)"이라는 현판을 내리고 승려들에게 불사를 크게 일으키라고 명하는 동시에 친히 그곳에 가기도 하였다.

정통 14년(1449)에 오이라트(瓦剌; 몽고인의 한 부족)의 태사(太師) 에센(也先)이 조정에 말을 진상했는데, 왕진이 마음대로 말의 가격을 깎는 바람에 사자는 분개하며 돌아갔다. 가을 7월에 에센이 대거 쳐내려와 대동(大同)을 공격하자 국경수비대는 다급함을 알리며 서울도 위급하다고 하였다. 왕진은 개인적으로 일거에 이름을 날리겠다는 망상을 가지고 영종에게 친히 정벌에 나서기를 충동질하였다. 병부상서 광야(鄺野)나 시랑 우겸(于謙) 같은 이들이 거듭 친정을 만류했으나 듣지 않았다. 흠천감(欽天監)의 팽덕청(彭德淸)이 천체현상이 경고를 보이고 있으니 만약 출정한다면 아마도 그 위험이 황상에게 미칠 것이라고 하였다. 왕진이 욕을 해대었다. "그대가 어찌 아는가? 만일에 그렇다고 해도 그것 역시 천명일 것이오!(爾何知, 若有此, 亦天命也!)"(≪명사·조내전(曹鼐傳)≫) 신하들이 거듭 만류했지만 황제의 마음은 이미 정해져 친정을 명하였다. 영국공(英國公) 장보(張輔)와 성국공(成國公) 주용(朱勇)을 우두머리로 하는 수십 명의 대신들에게 천자의 수레를 따르게 하고는 50만 대군을 이끌고 출정하였다.

대군이 회래성(懷來城)을 지나 선부(宣府)를 향해 연일 비바람 속에 행군을 한지라 사람이나 말이나 다 지쳐 버렸다. 수일 전에 명군(明軍)이 참패한 전장을 지나면서 곳곳에 흩어진 시신들이 보이자 장교나 사병 모두 간담이 서늘해졌다. 그렇지만 왕진은 오로지 공을 세우겠다는 일념에 대군의 북진을 재촉하였다. 8월 초에 대동에 다다랐다. 이때 병부상서 광야와 호부상서 왕좌(王佐)가 다시 한번 가로막았고 심지어 왕진의 심복과 흠천감 팽덕청까지 나서 재차 천체현상의 불리한 조짐을 빌미로 계속되는 행군을 저지하려고 하였다. 왕진은 어떤 말도 들으려 하지 않았고 오히려 두 명의 상서(尙書)를 풀숲에 무릎을 꿇리는 등 "천체현상의 경고(天象示警)"를 무시하였다. 이때 전방의 대동군이 참패했다는 소식이 전해오자 왕진은 그제야 철군하게 하였다. 수레가 선부에 이르자 상서 광야는 대군을 자형관(紫荊關)으로 이동시켜 지켜야한다고 권고하였다. 왕진은 대노하였다. "썩어빠진 선비들이 어찌 군사에 관한 일을 알겠는가? 다시 언급하는 자는 죽음에 처하리라!(腐儒安知兵事, 再言者死!)"(≪명사 · 조내전≫) 자신의 체면을 유지하고 가문을 빛내기 위해서 왕진은 또 황제에게 자신의 고향인 울주(蔚州; 지금의 하북성 서북부로 산서성에 인접함)로 가기를 요구하였다. 수십 리쯤 갔을 때 왕진은 대군이 자기 논밭의 농작물을 짓밟을까 걱정이 되어 선부에 명하여 길을 바꾸도록 하였다. 이렇게 출정군을 괴롭히는 가운데 오이라트의 대군이 추격해왔다. 형세가 갑자기 다급하게 변했다. 8월 10일에 명군은 황급히 응전하는 바람에 사상자가 심각할 정도로 발생하고 말았다. 13일에 4만의 지원군이 거의 궤멸되었다. 14일에 대신들이 대군을 회래성으로 물리자고 건의했지만 왕진은 또 치중거(輜重車; 군수품 운반수레)가 도착하지 않았다는 이유로 거절하고, 지세가 높고 물이 없는 토목보에 주둔할 것을 고집하였다. 오이라트군의 포위 공격 아래 명군은 모조리 와해되었다. 50만 대군 중 사상자가 "들판을 덮고 냇물을 막을 정도였고(蔽野塞川)", 수행하던 문무대신들은 거의 모두 포로가 되었으며, 영종도 오이라트에게 붙잡혀 갔다. 호위장군 번충(樊忠)은 분개하며 "황상께서 이런 위난을 당하신 것은 모두 왕진이란 놈의 농간 때문이다. 장교와 사병들이 다치거나 죽고 백성들이 도탄에 빠진 것도 이놈이 초래한 것이 아니겠는가? 내가 오늘 천하를 위해서 이 역적 놈을 죽여버리겠다"라고 말하고는 철퇴를 꺼내어 왕진의 머리를 부수고 가슴속의 한을 풀었다. 역사에서는 이를 "토목보의 정변(土木堡之變)"이라고 부른다.

소식이 서울로 전해지자 조야는 발칵 뒤집혔다. 도어사(都御史) 진일(陳鎰) 등은 왕진의 죄를 지적하는 것과 동시에 왕진 일파의 마순(馬順)과 모귀(毛貴) · 왕장수(王長隨)라는 두 환관을 때려죽이고, 왕진의 조카 왕산(王山)을 거리에서 능지처참을 시키고 다른 가솔들도 모조리 참수하였다. 왕진의 재산은 모조리 몰수되었는데, 목록을 보면 금은 60고(庫), 옥반(玉盤) 100개, 높이가 6, 7척에 달하는 산호 20여 그루를 비롯해 기타 보석도 그 수를 헤아릴 수가 없었다고 한다.

영종은 서울로 돌아와 복위한 후에 여전히 왕진을 잊지 못해 그를 위해 "원래의 관직을 회복시켜 주고(官復原職)" 정충사

(精忠祠)를 세우는 것은 물론 묘지명(墓誌銘)까지 쓰게 하였다.

조길상(曹吉祥)

조길상(曹吉祥; ?~1461)은 난주[灤州; 지금 하북성 난현(灤縣)]사람으로 입궁한 초기에 왕진의 문하로 들어갔다. 명 정통 3년(1438)에 녹천[麓川; 지금 운남성 서려현(瑞麗縣)] 선위사(宣慰使)였던 사임발(思任發)이 명나라를 배반하였다. 이듬해 조정은 군대 15만 명을 동원해 사임발을 정벌하도록 하고 조길상을 감군으로 삼았다. 9년(1444)에 성국공 주용·태감 유영성(劉永成) 등이 각각 정병 만여 명을 이끌고서 몽고의 우량카이부(兀良哈部)를 정벌하였다. 14년(1449)에 또 영양후(寧陽侯) 진무(陳懋) 등과 복건(福建)의 등무칠(鄧茂七)이 일으킨 봉기를 진압하러 갔다. 조길상은 출병할 때마다 기민하고 똑똑한 번장(番將)과 사졸을 골라 자신의 군막에 예속시켰다가 돌아온 후에는 그들을 사병으로 양성하였다. 조길상이 집안에 적지 않은 무기와 날랜 병사들을 숨겨두었다는 것은 그의 알 수 없는 음흉한 본심을 읽을 수 있는 대목이다.

정통 14년(1449)에 발생한 "토목보의 정변" 중 영종은 오이라트 부족에게 잡혀가고, 그의 동생인 성왕(郕王) 주기옥(朱祁鈺)이 제위를 이었는데 이가 바로 명 경제(景帝)이다. 이듬해 오이라트 부족이 영종을 명으로 돌려보내었다. 경제는 그를 태상황으로 높여 남궁(南宮)에 모시고 외부와는 일체의 관계를 차단시켰다. 경태(景泰) 8년 정월에 경제가 병이 나자 무청후(武淸侯) 석형(石亨)이 들어가 살펴보고 나와서는 태감 조길상과 도독 장월(張軏)에게 "황상의 병세가 심각하니 태자 책봉을 논의하는 것보다는 상황께서 복위하는 것이 나을 것입니다"라고 하였다. 조길상은 대뜸 "그 좋은 생각이오. 이것은 세상에 드문 공적이 될 것이오!"라며 칭찬하였다. 그들은 또 우부도어사(右副都御使) 서유정(徐有貞)과 연계하여 복벽(復辟; 천자의 복위)의 거사를 논의하는 동시에 주기진(영종)에게 알린 후 정월 16일 밤에 거사하기로 결정하였다.

16일 밤에 서유정은 장월에게 1,000여 명의 사병들을 데리고 장안문(長安門) 밖에 도착하도록 하고, 석형은 각 성문의 열쇠를 받아두었다가 4경(四更; 대략 새벽 1시에서 3시 사이)에 장안문을 열어주어 장월 등이 성안으로 들어와 신속하게 남궁으로 가게 하였다. 거목으로 남문을 깨뜨리고 서유정 · 석형 · 조길상이 들어가 영종을 알현하며 "폐하께서 제위에 오르시지요"라고 하였다. 말을 마치자 명 영종을 부축하여 수레에 앉히고 봉천전을 향해 갔다. 사람들은 영종을 부축하여 봉천전 옥좌에 오르게 하고는 "만세"를 외치며 문들을 열고 종과 북을 함께 울렸다. 서유정이 조방(朝房; 조신들이 조회를 기다려 모이던 방)에 이르러 "상황께서 복위하였소"라고 외치자 신하들은 아무런 생각도 못하고 그저 그를 따라 대전으로 들어가 "만세"삼창을 할 수밖에 없었다. 이 사건을 역사에서는 대궐문을 장악한 정변이라는 의미의 "탈문지변(奪門之變)"이라고 부른다.

명 영종의 복벽이 성공하자 탈문(奪門)에 참여한 주요 인물들은 모두 상을 받았다. 서유정은 병부상서가 되었고, 석형은 충국공이 되었다. 조길상은 사례태감이 되어 오군영(五軍營)·삼천영(三千營)·신기영(神機營)의 3대영의 주력부대를 장악하였다. 상속자 조흠(曹欽)은 소무백(昭武伯)에 봉해져 문하에 관원을 사칭하는 자들을 천여 명이나 먹여 살렸고, 몇 명의 양자들은 도독에 임명되었다. 심지어 동흥(董興)이라고 하는 자는 "탈문지공"을 사칭하여 해녕백(海寧伯)에 봉해지기도 하였다.

조길상과 석형은 "탈문의 공"을 뽐내며 불법을 저지르고 뇌물을 탐하며 백성들의 땅을 강탈하기 일쑤였다. 대신들에게 탄핵을 당해도 과오를 고칠 생각은 않고 오히려 내각의 신하 서유정·이현(李賢)이 사주한 것이라고 의심하며 영종의 면전에서 울며 호소하였다. 영종은 시비를 가리지 않고 탄핵에 참여한 어사를 체포하고 서유정을 강등시켰지만 이현은 어떤 이의 도움으로 처분은 면하였다. 조길상과 석형 두 사람이 더욱 설쳐대어도 조야는 그들을 질시할 뿐 감히 말을 할 수 없었다.

한번은 영종이 내각의 수뇌가 된 이현과 더불어 "탈문"의 일을 얘기하였다. 이현이 말하기를 "'탈문'은 잘못된 것이고 황위는 원래 폐하의 것이었는데, 잠시 경제가 앉았던 것일 뿐입니다. 게다가 경제는 이미 병이 깊었습니다. 경제가 세상을 떠나고 나면 신하들은 자연히 폐하께 복위를 청했을 것입니다. 이 어찌 당연한 순리가 아니겠습니까? 조길상과 석형은 폐하를 위험한 지경에 빠뜨리고서도 그들은 오히려 공적을 가로채고

상을 바라고 있으니 어떻게 이런 도리가 있을 수 있습니까?"라고 하였다. 영종은 그렇다고 시인하고는 "탈문"의 공을 사칭하여 관직을 얻은 자 4,000여 명을 줄이는 동시에 조길상 등과 거리를 두었다. 머지않아 석형 및 그 조카 석표(石彪)가 남모르게 역모를 꾀하며 사사로이 용포를 만든 일이 발각되어 사형에 처해졌다. 조길상은 석형이 끝장나는 것을 보고 두려워하여 최후의 승부수를 던졌다. 하루는 그가 천호(千戶) 풍익(馮益)에게 물었다. "역사상 환관의 자식이 황제가 된 적이 있었습니까?" 풍익이 말하였다. "그대 집안의 조조가 바로 환관 조등(曹騰)의 후손이지요!" 조길상은 매우 기뻐하며 서로 기회를 보아 행동을 같이 하기로 준비하였다.

천순(天順) 5년(1461)에 조흠이 집안에서 사사로이 형벌집행을 남용하다 감찰관(監察官)에 의해 탄핵되었다. 영종은 금의위지휘 녹고(逯杲)에게 이 일을 처리하라 명하고 아울러 칙서를 내려 신하들에게 두루 알리라고 하였다. 조흠은 크게 놀라며 "전에 칙서를 내려 결국 석장군을 체포했었는데 지금도 그때와 상황이 비슷한 것 같으니 너무 위험하게 되었군!"라고 하고는 마침내 조길상과 모반을 결심하였다.

때마침 섬서성과 감숙성의 변경에서 급보가 날아오자 영종은 회녕후(懷寧侯) 손당(孫鏜)에게 서쪽으로 정벌에 나서라고 하였다. 조길상은 자신의 수하인 흠천감의 태상소경(太常少卿) 탕서(湯序)에게 출정할 날을 물어보게 하였다. 출정하는 날에 자신의 아들과 내외호응 작전을 펴기로 결정하고 정변을 일으켰다. 달관(達官)[2]인 도지휘(都指揮) 마량(馬亮)은 역모죄로 멸족 당할 것이 두려워하여 남몰래 자수하였다. 영종은 비밀 상주문을 접하고 즉각 궁중에서 조길상을 체포하였다. 조흠은 정변이 수포로 돌아간 것을 알고도 군대를 이끌고 행동에 옮겼고 군대가 패하자 우물에 뛰어들어 자살하였다. 조길상의 다른 양자들은 모조리 참살되었다. 3일 후 조길상도 잡혀 형장으로 끌려가 능지처참되었다.

유근(劉瑾)은 섬서성 흥평(興平) 사람으로 본성이 담(談)이었다. 후에 환관 유순(劉順)에게 양자로 거두어져 거세되고 궁으로 보내졌다. 먼저 내서당에서 공부를 하였고, 영종과 헌종 때에 어린 내시가 되었다. 효종 때 함부로 말하다 법에 따라 사형을 언도 받았지만 다행히 사면을 받았다. 후에 동궁으로 파견되어 태자를 시봉하게 된다. 그는 안색을 보고 의중을 살필 줄 알아 태자 주후조(朱厚照)와 비교적 친밀한 관계를 다질 수 있었다.

유근(劉瑾)

홍치(弘治) 18년(1505)에 효종이 세상을 떠나고 태자가 즉위했는데, 이가 바로 무종(武宗)이다. 무종 즉위 몇 개월 동안에 유근은 세 차례나 승진하였다. 종고사(鐘鼓司)를 관장했는데, 나중에 신기영(神機營)과 중군이사내궁감(中軍二司內宮監) 태감으로

2) 명대에 몽고인으로 벼슬자리에 오른 사람 - 옮긴이.

승진하여 궁실과 능묘를 건축하거나 화장함과 같은 기물을 제조하는 책임을 졌고, 또 제독경사오천영(提督京師五千營)으로 승진하였다. 그는 마영성(馬永成) · 고봉(高鳳) · 나상(羅祥) · 위빈(魏彬) · 구취(丘聚) · 곡대용(谷大用) · 장영(張永)이라는 7명의 환관들과 한 통속이 되어 못된 짓을 저질러 사람들은 '여덟 마리 범'이라는 뜻의 "8호(八虎)"라고 불렀다. 유근이 바로 8호의 우두머리였다.

무종은 어린 나이에 즉위한 탓인지 놀기를 좋아하였다. 유근 및 그 패거리들은 매일 방법을 바꿔가며 무종에게 사냥 · 가무 · 씨름 같은 놀이를 바치고, 또 몰래 황제를 데리고 나가 놀게 하였다. 이리하여 무종은 급속하게 놀기만 좋아하고 정사에는 관심이 없는 혼군(昏君)이 되어갔다.

효종은 임종할 때 감창(監槍)환관 및 각 성문의 감국(監局)을 없애라는 유언을 했는데, 유근은 무종의 총애를 믿고 이 유언의 집행을 꺼려하였다. 그는 또 무종에게 한가지 계책을 상주하였다. 즉 진수태감(鎭守太監)은 불법적인 수입이 좋은 자리이니 진수태감을 수시로 교체하라는 것과 그들에게 1인당 일만금을 조공조로 요구하라는 것이었다. 또 무종에게 황실 별장의 건립을 주청하고, 380여 곳에 황실 별장을 건립하느라 37,595경(頃)에 달하는 토지를 강점하기도 하였다.

당시에 수상이었던 유건(劉健) · 차상이었던 이동양(李東陽) · 사천(謝遷)이 연이어 상주하여 유근 같은 간신들을 징치하고 조정의 기강을 바로잡으라고 요구하였다. 호부상서 한문(韓文)

등도 이들을 이어 상서하였고, 왕악(王岳) · 범형(範亨) 등 정직한 태감들도 대신들을 지지하며 무종에게 대신들의 의견을 전달하는 동시에 9경(九卿)들과 연합하여 대궐 앞에 엎드려 아뢰었다. 유근은 이 소식을 듣고 깜짝 놀라 밤에 허둥지둥 무종을 배알하고는 상주하였다. "소인들을 괴롭히는 자는 왕악입니다. 왕악이 내각의 신하들과 결탁하여 출입을 막고자 하는 것은 틀림없이 우선적으로 꺼리는 자들을 제거하려는 것일 뿐입니다. 하물며 매나 개로 사냥하는 것이 어찌 나라의 정무에 해가 되겠습니까? 만약 사례감에서 사람을 등용한다면 좌반관이 어찌 감히 이와 같이 하겠습니까?(害奴等者王岳. 岳結閣臣欲制上出入, 故先去所忌耳. 且鷹犬何損萬幾, 若司禮監得人, 左班官安敢如是?)". (≪명사 · 유근전≫) 무종은 대노하였다. "짐이 나라의 주인이거늘 어찌 조정의 신하들에게 제약을 받을 수 있겠는가?" 그리하여 바로 유근에게 사례감을, 마영성에게 동창을, 곡대용에게 서창을 관장하도록 하고, 밤새 왕악 등의 사람들을 체포하여 남경으로 귀양보내어 정군(淨軍; 거세한 사람들)을 담당하도록 명하였다. 유근은 자객을 보내 귀양가는 그들을 죽여버렸다.

이튿날 대신들이 조정에 들었을 때는 사태가 이미 급전직하였고, 유건 · 사천 · 이동양은 사직을 청할 수밖에 없었다. 무종은 이동양만을 남기고, 동시에 초방(焦芳)을 임명하여 입각시켰다. 이로부터 유근은 더욱 기고만장하여 두려워하는 것이 없었다. 그는 항상 무종이 놀이를 할 때를 틈타 주청하여 무종의 신경을 건드렸다. "이렇게 날 귀찮게 할 것 같으면 널 무엇 때문에 기용했겠느냐?" 유근은 즉시 "성지에 따라 행사한다(遵旨行事)"며 자신의 생각대로 조정을 좌지우지하고 관리들을 질책·강등·장형에 처하였다. 그는 여러 구실을 붙여 한문의 호부상서직을 철회하였고, 급사중 여충(呂翀)·유거(劉茝)·대선(戴銑) 등 6명은 유건과 사천을 계속 기용하기를 바랐다고 해서 곤장을 맞았으며, 어사 박언휘(薄彦徽) 등 15명도 똑같은 이유로 매를 맞았다. ……대략 50명이 넘는 사람들이 "8호"에게 거슬러 모두 강직·전출·태장·유배 등을 받아 끝장났다.

유근은 자기에게 거스르는 자들을 배제하는 한편, 자기편을 대대적으로 끌어 모아 수하로 양성하였다. 유건과 사천이 내각에서 쫓겨난 후 유근은 자신의 심복인 초방·유우(劉宇)·조원(曹元)을 내각으로 끌어들였다. 초방은 이부상서로서 문연각(文淵閣) 대학사를 겸하였다. 그는 유근에게 철저하게 아첨하여 "매번 유근을 만날 때마다 반드시 '천세'라고 칭하고 스스로를 '문하'라고 하였다.(每過瑾, 言必稱千歲, 自稱曰門下.)"(≪명사·초방전≫) 유우는 좌도어사(左都御史)가 되었다가 병부상서와 이부상서로 옮기고 다시 문연각대학사를 겸하였다. 조원은 재능이 없음에도 유근에게 달라붙은 후로 병부어사·병부상서를 역임하고 후에 이부상서로서 문연각대학사를 겸하게 된다. 그밖에도 유근은 여러 가지 이유를 들어 수하들을 양성하였다. 무종이 처음 즉위했을 때 보국공(保國公) 주휘(朱暉)가 대동에서 타타르의 왕을 격퇴한 적이 있는데, 이 일로 유근은 관리와 장교 1,560여 명을 전근시키거나 발탁하고, 또 황제의 유시를 전하며 금의위

자리를 수백 명에게 주었다. ≪명사 · 유근전≫의 기록에 의하면 "도지휘 이하의 사람들 중에 승진을 바라는 자들일 경우, 유근이 집에서 쪽지에 '누가 누구의 관직을 수여한다'라고 쓰면, 병부에서는 곧장 그 명령을 받들어 시행하였고 감히 상주하여 토를 다는 자들이 없었다.(都指揮以下求遷者, 瑾第書片紙曰'某授某官', 兵部卽奉行, 不敢復奏.)"라고 하였다.

유근은 매일 무종의 곁에 붙어 있었다. 무종이 조정에서 정무를 볼 때면 무종은 보좌에 앉고 유근은 우측에 섰다. 신하들이 무종에게 절을 올리고 나면 모두 동북쪽으로 읍을 했다. 그래서 사람들은 무종을 "앉아있는 황제(坐着的皇帝)"로, 유근을 "서있는 황제(站着的皇帝)"로 불렀다. 당시에 황제에게 상소문을 올리면 먼저 붉은 표제를 사용해서 유근에게 보냈는데 이를 "홍본(紅本)"이라고 했다. 그런 후에 통정사(通政司)에 올렸는데, 이를 "백본(白本)"이라고 불렀다. 일반적으로 신하들이 유근에게 주는 명함에 이름을 언급할 수 없었으며, "유태감(劉太監)"이나 "정상(頂上)"이라고만 칭하거나 '머리를 숙여 절하며 배알한다'는 의미의 "돈수배품견(頓首拜稟見)"이라고 칭하였다. 스스로를 '문하의 작은 하인 아무개'라는 의미의 "문하소시모(門下小廝某)"라고 칭하였다. 황제의 친인척이나 제후와 훈신들 조차도 감히 동등한 자격으로 대할 수 없었으며 사적으로 그를 만나면 모두들 그에게 머리를 조아리고 읍을 하였다.

유근은 권세를 믿고 불법을 마음대로 저질렀다. 유근은 장전(莊田)을 보수하겠다고 제멋대로 천단(天壇) 뒤쪽의 흙을 파내어

창관지(廠官地) 50여 경을 침해하였고, 관민의 집 3,900여 칸을 허물었으며, 백성들의 무덤 2,700여 기도 파헤쳤다.(≪명사기사본말(明史紀事本末)≫) 그는 또 "서울의 조양문 밖에 땅 수백 경을 넓혀 현명궁을 창건하느라 수십 만 금에 이르는 토목을 소비하였다.(于京師朝陽門外斥地數百頃, 創建玄明宮, 土木之費, 至以數十巨萬計.)"(≪엄산당별집 · 중관고5≫)

유근은 수중의 권력을 이용하여 갖가지 방법으로 돈과 재물을 독직하고 강탈하였다. ≪계세기문(繼世紀聞)≫의 기록에 의하면 정덕 3년(1508)에 유근은 조정으로 황제를 알현하러 온 각 성의 포정사(布政司)들에게 은 2만 량을 받고서야 돌아가도록 허가했다고 한다. 각 관료들은 어쩔 수없이 서울의 부호들에게 돈을 빌릴 수밖에 없었고 돌아간 후에 다시 백성들을 착취하여 "서울에서의 채무(京債)"를 갚았다. 그는 또 서울의 관료를 파견하여 일을 처리하게 했는데, 관료들은 돌아오면 빠짐없이 선물을 바쳐야 했다. 어떤 관료는 선물을 보내지 못해 자살하기도 하였다. 유근은 무게 150근의 큰 형틀인 칼을 만들었는데 많은 대신들이 쓰게 되었다. 예를 들어 급사중 안규(安奎) · 어사 장욱(張彧)이 "조사에 근거하여 돈과 양곡이 상환되었음에도 유근은 뇌물 요구가 채워지지 않았다고 해서 관리를 참여시키는 것은 부당하다고 여기고는 바로 화를 내며 동서의 공생문에서 150근의 칼을 씌웠고(因查盤錢糧還, 瑾索賂不足, 以爲參官不當, 輒發怒, 用百五十斤枷于東西公生門)" "도어사 유맹이 임지에 부임하는 것이 늦게 되자 서울로 잡아와 이부의 문 밖에서 칼을 씌웠다.(都御史劉孟到任延遲, 亦逮至京, 枷于吏部門外.)”(≪계세기문≫ 권2) 어떤 사람은 여러 날 동안 칼을 쓰고 있기도 하였고, 칼을 쓰고 죽은 자들도 수두룩하였다.

유근의 무자비한 행동은 사람들의 분노와 저항을 불러 일으켰다. 정통 3년(1438) 여름에 황제가 다니는 길에서 익명의 편지가 발견되었는데 그 안에 유근의 악행이 낱낱이 열거되어 있었다. 유근은 화가 머리끝까지 나서 곧장 성지를 날조하여 문무백관들을 소집한 뒤 봉천문(奉天門) 아래에서 무릎을 꿇렸다. 유근은 문의 왼쪽에 서서 큰 소리로 질책하며 힐문하다 날이 어두워지자 5품 이하 관원 300여 명을 모조리 옥에 가두었다. 이 날은 무척 더웠는데, 태감 이영(李榮)은 시원한 오이를 내어다 신하들에게 먹였고, 태감 황위(黃偉)도 분개하며 “익명의 편지 안에 쓰인 것은 모두 나라와 백성들을 위한 것이오. 누가 쓴 것인지 당당하게 나서서 인정하시지오. 비록 죽는다 할지라도 굽히지 않는 것이 대장부이거늘 어찌 다른 사람에게까지 연루시킬 필요가 있습니까!”라고 말하였다. 유근은 증오를 마음속 깊이 새겼다. 이튿날 대학사 이동양이 신하들을 구할 방도를 강구하고자 나섰고, 유근도 이 편지가 환관에 의해 쓰진 것일 거라는 소리를 듣고서야 신하들을 풀어주었다. 하지만 주사(主事) 하익(何釴) · 순천추관(順天推官) 주신(周臣) · 진사(進士) 육신(陸伸)은 이미 굶주림과 갈증으로 죽은 뒤였다. 이 일이 있고 난 뒤 유근은 이영을 압박하여 떠나도록 하고 황위는 남경으로 내보냈다. 유근은 이 사건을 통해 자신에게 반대하는 사람이 아직 남아있다는 것을 알았다. 그래서 동창과 서창을 더욱 다그쳐 사방에서 사람들의 언행을 염탐하게 하고, 또 내행창(內行廠)을 두고서 전문적으로 환관들을 체포하여 조사하였다. 심지어 서울에 머물며 임시로 일하던 사람들을 모조리 내쫓았고, 과부들에게 개가하라고 핍박하였으며, 죽은 사람을 즉각 매장하지 않으면 끌어내어 화장시켜버리는 등……서울의 인심을 흉흉하게 만들어 사람들을 두려움에 떨게 하였다.

정통 5년(1440)에 안화왕(安化王) 주치번(朱寘鐇)이 유근을 주살한다는 명분으로 4월에 반란을 일으켰다. 그들은 격문(檄文)을 발하여 유근의 죄상을 낱낱이 열거했는데, 유근은 이 격문을 보자 황급히 숨겼다. 무종은 전임 도어사 양일청(楊一淸)을 기용해 군사를 이끌고 가서 안화왕을 토벌하도록 하고, 태감 장영에게 그 군대를 감시하도록 하였다. 양일청은 제법 능력이 있는 대신으로 유근의 모함을 받은 적이 있었기 때문에 유근에게 심히 불만스러워하고 있었다. 장영은 유근의 '8호' 중 한 사람이었지만 유근의 전횡에 불만을 품었다고 해서 유근에 의해 궁궐에서 내쫓긴 적이 있었다. 이 두 사람은 반란을 평정한 후에 유근을 주살하기로 협의하였다. 양일청은 서울로 돌아온 후 8월 15일에 헌부(獻俘)[3]를 주청하였다. 무종은 무척 기뻐하며 잔치를 베풀어 신하들을 환대했는데 유근도 배석하였다. 한밤중이 되면서 유근이 물러가자 장영은 그제야 주치번의 격문을 꺼

---

3) 전쟁이 끝난 후에 포로를 종묘에 바치는 예 - 옮긴이.

내었다. 무종이 술에 취한 상태에서 그것을 읽어본 후 "유근이 나를 배신했구먼!"라고 하였다. 장영이 "이 일은 시간을 늦추어서는 안되니 폐하께서는 급히 금병을 보내어 역적을 잡아들이십시오!"라고 하였다. 그리하여 그날 밤에 바로 병사들을 이끌고 유근의 저택으로 가서 성지라고 속여 속히 입궁하라고 하였다. 유근이 소리를 듣고 문을 나서자 금군은 곧장 그를 사로잡아 채창(菜廠) 속에 가두었다. 또 사람을 보내어 유근의 내외 저택을 봉쇄하였다. 이튿날 조례를 마친 무종은 친히 유근의 집을 몰수하였다. 위조한 옥새 하나, 천궁패(穿宮牌)[4] 500개, 용포(龍袍) 8벌, 망의(蟒衣)[5] 470벌 및 의갑(衣甲) · 궁노(弓弩) · 옥대(玉帶) 등의 금지품을 압수하였다. 또 유근이 매일 가지고 다니던 두 자루의 부채 안에 비수가 각각 한 자루씩 숨겨져 있는 것을 발견하였다. 무종은 처음으로 "이놈이 정말로 반란을 일으키려고 했군!"라고 하며 대노하였다.

유근은 투옥된 후 오문(午門) 밖으로 압송되어 심문을 받았다. 만조백관들은 이전에 유근의 면전에서 무릎을 꿇은 적이 있었던 터라 지금 그의 면전에서 심문하자니 갑자기 용기가 나지 않았다. 유근 역시 큰소리로 부끄러움 없이 말했다. "조정의 크고 작은 관원들을 모두 내가 기용했거늘 감히 누가 날 심문하려는가?" 부마인 채진(蔡震)이 성난 목소리로 꾸짖었다. "조

4) 궁궐을 드나들 수 있는 증명 - 옮긴이.
5) 대신들의 예복으로 황금색에 이무기를 수놓았다 - 옮긴이.

정에서 사람을 쓴 것을 가지고 어찌하여 네놈이 기용했다고 하느냐! 얼굴을 때려라!" 장교에게 40대의 곤장과 10대의 따귀를 치도록 호령하자 그제야 그의 기세가 꺾이고 죄를 인정하기 시작하였다.(≪단암공연보(端巖公年譜)≫)

황제는 명을 내려 유근을 능지처참하고 3일 후 시체를 꺾고 목을 매달아 두도록 하였다. 사지를 찢을 때, 이전에 해를 당했던 사람들이 앞 다투어 돈을 내고 유근의 고깃덩이를 사다가 억울한 망자의 영전에 바치고 제사를 지냈다.

풍보(馮保)는 심주[深州; 지금의 하북성 심현(深縣)] 사람으로 언제 입궁했는지는 자세하지 않다. 가정(嘉靖) 연간 때 사례병필태감이 되었고, 융경(隆慶) 원년(1567)에 동창을 지휘하면서 어마감(御馬監)의 일을 관장하였다. 사례감에 한번은 장인태감 자리가 공석이었다. 본래는 풍보가 맡을 수 있었지만 대학사 고공(高拱)이 어용감(御用監)의 진홍(陳洪)을 추천하였다. 얼마 안 있어 진홍이 파직되자 고공은 또 상선감(尙膳監)의 맹충(孟沖)을 후임으로 추천하였다. 이 때문에 풍보는 고공을 아주 증오하였다.

풍보(馮保)

장거정(張居正)은 호북 강릉(江陵) 사람으로 고공과 함께 국자감(國子監)에서 임직한 적이 있었다. 처음에는 두 사람의 사이가 괜찮았는데 이후에 갈등이 발생하면서 장거정은 고공의 권한을 빼앗을 준비를 적극적으로 계획하였다. 이때 풍보와 고공이 또 갈등을 일으키면서 풍보와 장거정은 서로 결탁하게 된다. 때맞춰 목종(穆宗)의 병세가 위급하게 되자 풍보는 비밀리에 장거정에게 유조(遺詔)[6]를 기초하라고 알리려다가 고공에게 발각되었다. 고공은 장거정을 탓하며 "어제 밀봉했던 것이 무슨 문건이오? 천하의 대사가 본시 우리 관할이거늘 어떻게 환관과 상의하여 유조를 기초할 수 있단 말이오!(昨天密封的是什么文件? 天下大事本屬我們, 怎么去與宦官商議, 草擬遺詔!)"(≪가정이래수보전(嘉靖以來首輔傳) · 고공 · 장거정≫)라고 하자 장거정은 얼굴을 붉히며 대답하지 못했다.

목종이 세상을 떠나고 나서 풍보는 후비(后妃)의 지원 아래 맹충을 내쫓고 사례감의 장인태감이 되었다. 또 자신과 내각대신으로 하여금 함께 고명(顧命)을 받아 어린 황제를 보좌토록 한다고 유지(遺旨)를 위조하였다. 주익균(朱翊鈞)이 제위에 올랐을 때 겨우 열 살이었다. 등극 의식에서 풍보는 줄곧 황제의 보좌 옆에 서서 내려오려고 하지 않아 조정 전체를 놀라게 하였다. 풍보는 사례감을 관장하였고 동창을 감독하기도 하여 권세가 대단하였다. 고공은 풍보의 권세를 누르고자 6과(六科)의 급사중 정문(程文) · 13도어사(十三道御史) 유량필(劉良弼) 등에게 풍보를 탄핵하는 소(疏)를 올리도록 설득하여 그를 궁궐 밖으로 내쫓으려고 하였다. 풍보는 그 상소문을 보자 바로 숨기고는 장거정과 함께 고공을 내칠 일을 상의하였다. 원래 고공은

6) 황제가 죽기 전에 남긴 조서 - 옮긴이.

목종이 죽고 나서 신종(神宗)이 10살에 즉위한 것을 보고 매우 비통해 하며 내각에서 "열 살 난 태자가 어떻게 천하를 다스리겠는가!(十歲太子, 如何治天下!)"라며 통곡하였다. 이때 풍보는 후비의 처소로 달려가 헐뜯었다. "고공은 태자가 열 살 난 아이에 불과한데 어떻게 황제가 되겠느냐고 질책했습니다!" 후비는 크게 놀랐고 태자도 얼굴색이 변하였다. 이해 6월 15일에 대신들을 회극문(會極門)에 소집시켜 놓고 풍보는 후비와 황제의 뜻을 전하였다. "태자의 보령이 어린 탓에 모든 것을 몇몇 대신들의 보좌에 의지하고 있지만, 대학사 고공처럼 권력을 남용하고 정사를 전횡하면서 황제를 안중에도 두지 않는 태도는 원치 않는다. 지금 고공에게 지체하지 말고 즉각 낙향할 것을 명한다. 만약 따르지 않는다면 법에 의거하여 처단할 것이다!" 고공은 풍보를 축출할 수 있을 거라고 자신했지만, 액운은 오히려 자신의 머리 위에 떨어지고 말았다. 장거정은 황급히 상소하여 고공을 붙들려고 했지만 황제는 허락하지 않았다. 고공이 낙향한 후에도 풍보는 그를 그냥 내버려두지 않았다. 만력(萬曆) 원년 정월에 내시복을 입은 한 사람이 건청궁(乾淸宮)에 들어왔다가 동창에게 붙들렸다. 이 사람은 왕대신(王大臣)이라고 불리는 자였다. 풍보는 장거정과 계획을 꾸미고는 왕대신에게 음식을 들여보내 주며 칼 한 자루를 소매 속에 숨기라고 하였다. 그리고는 고공이 원한 때문에 자신을 보내 황제를 암살하라 했다는 말을 하라고 하였다. 이튿날 심문할 때 금의위가 고문을 가하며 묻자 왕대신은 "어제는 내게 부귀를 보장해 준다고 해

놓고서 지금 내게 고문을 가하다니, 내가 무슨 내각의 고관을 안단 말이오!"라고 말하였다. 금의위는 더 이상 심문하지 못하였고 신하들도 고공은 절대로 이런 일을 꾸미지 않았을 것이라고 힘껏 변호하고 나서자 장거정은 풍보에게 심문을 그만두게 하였다. 풍보는 옻으로 빚은 술을 왕대신의 입 속에 들이부어 벙어리로 만들어 버렸고, 이일은 흐지부지되어 고공도 화를 면할 수 있었다.

신종 때 목종의 황후 진후(陳后)가 인성(仁聖)황태후가 되었고, 신종의 생모인 이비(李妃)가 자성(慈聖)황태후가 되었다. 자성황태후는 신종을 엄격하게 통제하고 있었는데, 풍보는 그런 태후의 뒷배를 내세워 늘 어린 황제를 단속하고 지도했기 때문에 신종은 그를 무척 두려워하였다. 간혹 황제가 어린 환관과 놀다가도 풍보가 오는 것을 보면 바로 옷깃을 고치고 경건한 태도로 "대반께서 오셨군요!(大伴來矣)"라고 말하였다. 신종의 주변에는 손해(孫海)와 객용(客用)이라는 두 명의 환관이 있었다. 이 둘은 자주 신종을 꾀어내어 평복을 하고서 궁궐 밖을 나가 말을 타며 즐겼다. 또 여러 차례 진기한 물건을 바치기도 해서 신종은 두 환관을 무척 총애하였다. 풍보는 이런 상황을 태후에게 보고하였고 태후는 신종을 불렀다. 신종은 두려워하며 장시간 무릎을 꿇고 훈계를 들어야 했다. 풍보는 또 장거정에게 황제를 대신하여 자신을 책망하는 조서를 기초하게 했는데, 그 표현이 지나칠 정도였다. 이때 신종은 이미 열여덟 살이었다. 참으로 참기 어려웠지만 모후의 압력이 두려워 어쩔 수 없이 내각의 대신들에게 공포하였다. 이태후는 신종을 질책하고 나서 또 풍보에게 명하여 손해와 객용을 잡아오도록 하고, 장거정에게는 사례감의 병필태감 손덕수(孫德秀) · 온태(溫太)와 병장국(兵仗局)의 책임자 주해(周海)를 탄핵하도록 하였다. 이후로 풍보가 마음에 들어하지 않는 사람들은 모조리 파면되었다.

풍보의 권세가 갈수록 커지자 공후훈작(公侯勳爵)들은 그를 만나면 모두 머리를 조아리며 "영감(老公公)"이라고 불렀고 문무대신들은 대부분 무릎을 꿇었다. 설사 부마가 머리를 조아린다고 해도 풍보는 손으로 일으키는 시늉만 하는 정도였다. 형부상서 유응절(劉應節)이 풍보의 양자와 마주쳤지만 피하지 않았다는 이유로 파면되는 일까지 발생하였다. 후에 심지어 뇌물을 받아먹고 공주의 혼사를 망친 적도 있었다. 만력 10년(1582)에 황제의 친 여동생인 영녕(永寧)공주는 신분이 낮은 집안으로 시집을 가게 되었다. 그 내막을 보자. 서울의 부잣집 공자인 양방서(梁邦瑞)가 선택되었는데 그때 공자는 중병을 앓고 있었다. 양씨 집안에서는 신분이 높은 집안과 인척관계를 맺기 위해 수만 전의 뇌물로 풍보를 매수하여 태후를 속이고서 혼사에 대한 허락을 받아내도록 하였다. 신혼 첫날밤에 양공자는 갑작스레 코피를 흘리며 죽었고, 공주는 졸지에 과부가 되어 몇 년을 우울하게 보내다 죽었다. 재상 장거정은 일을 할 줄 아는 사람이어서 그 자리에 있는 동안 여러 가지 개혁을 단행했지만, 사가들은 "장거정은 본래 재능이 있었지만, 그가 나라의 권력을 독점하여 맡을 수 있었던 이유는 풍보가 좌우에서 받쳐주었기 때문이다.(居正固有才, 其所以得委任專國柄者, 由保爲之左右也.)"(≪명사 · 풍보전(馮保傳)≫)라고만 평가하였다. 장거정은 풍보와의 관계에 온갖 방법을 동원해 아첨을 해대었는데, 그 대략적인 상황을 알 수 있는 사건이 하나 있다. 어린 내시 하나가 술에 취해 급사중 한 명에게 모욕을 주었다. 내시의 직속상관이 그에게 이미 수십 대의 매를 쳤고, 또 그를 체포하라는 칙명을 주청하였다. 다른 급사중들도 내시를 벌주라는 격렬한 내용을 담아 앞다투어 상소하였다. 하지만 장거정은 오히려 언사가 가장 격렬했던 조삼노(趙參魯)를 서울 밖으로 내치며 조삼노가 어린 내시의 주인을 우롱했다고 하였다. 장거정이 이렇게 한 목적은 바로 풍보의 환심을 사려는 것이었다. 풍보가 무덤 하나를 미리 만들자 장거정은 바로 ≪사례감의 태감 풍공이 미리 만든 수혈에 대해 기록하며(司禮監太監馮公預作壽藏記)≫라는 글을 한 편 지었다. 문장은 달(達) · 충(忠) · 지(智) · 인(仁)이라는 가지가지의 미덕으로 그를 칭송하고 있다. 신종은 풍보를 두려워하고 증오했지만 노여움을 살까봐서 그가 좋아하는 것에 영합하여 여러 차례 그에게 상아도장을 내려주었다. 도장에는 "그대는 충신이라오(汝作舟楫)" "물고기와 물이 서로 만나듯이(魚水相逢)" "바람과 구름이 만나듯이(風雲際會)" 등의 글자 모양을 새겼다고 하니 그야말로 재상의 대우를 해주었던 것이다.

만력 10년(1582)에 장거정이 세상을 떠나자 그의 도당들은 분분히 풍보에게 의탁하여 자신들의 목숨을 부지하고자 하였다. 장거정은 죽기 전에 올린 상소에서 반성(潘晟)의 입각을 추천하였고 풍보는 즉각 그를 불렀다. 어사 뇌사정(雷士楨)·왕국(王國)과 급사중 왕계광(王繼光)은 반성을 기용해서는 안 된다고 하였다. 반성도 소식을 듣고 중도에 상소하여 정중히 사절하였다. 내각대신 장사유(張四維)는 내각의 신하 신시행(申時行)이 반성의 아래에 있는 것을 달가워하지 않는다는 것을 생각하고 반성의 사의를 헤아려 동의하자 신종도 비준하였다. 풍보가 때맞춰 병이 좋아지자 "내가 작은 병에 걸렸다고 해서 어떻게 날 안중에도 두지 않는 것이냐!"라고 욕을 해대었다. 황태자가 탄생하자 풍보는 경사스러움을 빌어 백작(伯爵)에 봉해주기를 요구하였다. 장사유는 선례가 없다는 이유로 반대의 입장을 표하고, 그의 동생 조카인 풍음(馮蔭)을 도독첨사(都督僉事)로 봉하자고 했을 뿐이었다. 풍보는 대노하며 "당신이 누구 덕에 오늘이 있게 된 게야, 감히 날 배신해!(爾由誰得今日, 而負我!)"(≪명사·환관2·풍보≫)라고 하였다.

당시 이태후는 이미 신종에게 정사를 반환했기 때문에 풍보는 의지할 곳을 잃게 되었고 신종 또한 풍보를 아주 증오하고 있었다. 동궁의 옛 환관 장경(張鯨)과 장성(張誠)은 기회를 틈타 신종의 면전에서 풍보의 잘못을 진술하고 풍보의 해임을 촉구하였다. 신종은 이때까지만 해도 풍보를 두려워한 나머지 "만약 대반(풍보)이 궁전에 들어오면 내가 어떻게 해야하오?"라고 하였다. 장경이 "이미 폐하의 뜻이 그러한데 풍보가 어떻게 감히 궁전에 들어오겠습니까?"라고 하였다. 마침 어사 이식(李植)·강동(江東)의 탄핵 주문이 올라왔고, 그리하여 풍보를 봉어(奉

御)로 강등시켜 남경으로 보내버렸다. 풍보를 남경으로 귀양보내려고 할 즈음 태후가 그 이유를 묻자 신종이 "풍보가 장거정에게 현혹되어 그런 것이지 그의 잘못은 없으니 머지않아 불러들이겠습니다"라고 하였다. 당시에 노왕(潞王)이 결혼을 하려는데 보석이 아직 갖추어지지 않은 것을 보고 태후가 묻자 신종은 "염치없는 대신들이 장거정 · 풍보에게 모조리 갖다 주어 보석의 가격이 턱없이 올랐기 때문입니다"라고 하였다. 태후가 "다른 자들을 조사해보면 틀림없이 얻을 것이 있을 것이오"라고 하자 신종이 "하인들이 교활하게 앞질러 숨겼다면 찾을 것도 별로 없을 것입니다"라고 하였다. 사실은 풍보의 집을 수색하여 금은 백여 만과 대량의 진기한 보석들을 몰수하였다. 후에 풍보는 남경에서 죽었다.

위충현(魏忠賢)은 하간부(河間府) 숙녕(肅寧)(지금의 하북성 숙녕현) 사람이다. 그는 주색과 도박에 빠져있었다. 한번은 도박에서 진데다 모욕까지 당해 홧김에 거세하고 이진충(李進忠)이라고 개명한 다음 만력 17년(1589)에 입궁하여 내시가 되었다. 그는 끊임없이 권력을 가진 태감들과 결탁하고 아첨하여 갑자고(甲字庫)로 옮겼다. 또 태감 위조(魏朝)의 추천을 거쳐 황제의 장손 주유교(朱由校)의 생모 왕재인(王才人)에게 보내져 황제의 음식을 주관하였다. 그는 갖가지 수단으로 대태감 왕안(王安)의 비위를 맞추고 주유교의 유모

위충현(魏忠賢)

객씨(客氏)와 결탁하였다.

1620년에 광종(光宗)이 죽고 장손이 제위를 이었는데 이가 희종(熹宗)이다. 희종은 유모를 잊지 않고 즉위 1개월 만에 객씨를 봉성부인(奉聖夫人)에 봉하고, 200량 무게의 네발 달린 용단추와 황금인장 한 개를 하사하였다. 객씨는 궁중에서 원래 위조(魏朝)와 "대식자(對食者)[7]"였는데, 후에 애정이 식자 위충현과 정분이 났다. 위조는 감정이 상해 위충현과 건청궁에서 큰소리로 다투었다. 황제가 나서서 간여하였다. "유모, 누구와 함께 하기를 원하는지 그것만 말하면 내가 결정해 주겠소!" 객씨의 의사에 따라 객씨는 위충현과 함께 황제의 명으로 부부가 되었고 위조는 궁궐 밖으로 내쫓기고 말았다. 객씨라는 뒷배가 생기면서 위충현은 석신사(惜薪司) 태감에서 사례감의 병필태감으로 승진하는 벼락출세를 한다. 이듬해에 황제가 혼인하게 되자 어사 필좌주(畢佐周) · 유란(劉蘭)이 상소하여 객씨를 내보내야 한다고 하자 희종은 그러고 싶지 않아 "황후의 나이가 어리니 유모의 보호가 아직 필요하오!"라고 하였다. 위충현은 권력을 훔치기 위해 내부 조종기구인 내조(內操)를 만들자고 희종에게 종용하였다. 우선 300명의 건장한 환관들을 뽑고, 또 300명의 젊은 궁녀들을 선발하여 매일 군사훈련을 시켰다. 이를 기록하고 있는 시가 있다. "천자는 궁중에서 육도라는 병서를 익

7) 밥을 같이 먹는 사람이라는 의미인데, 일종의 민간의 부부와 같은 사이를 일컫는 말이다 - 옮긴이.

히고, 아리따운 여인들 야만족의 칼춤을 추네. 포화 소리에 전쟁인줄 알고 놀랐건만, 어제 언관이 내조를 두자고 간한 것이었네.(天子宮中肄六韜, 紅粧小隊舞蠻刀. 一聞炮火心驚戰, 昨日言官諫內操.)" [주동곡(周同谷) ≪상원집(霜猿集)≫] 내조의 사람 수가 1만 명으로 불어나면서 위충현이 도움을 받을 수 있는 힘이 되었다.

객씨와 위충현은 서로 결탁하여 온갖 나쁜 짓을 저질렀다. 대태감 왕안(王安)은 사람 됨됨이가 정직한 탓에 객씨나 위충현에게는 눈엣가시였다. 그들은 왕안을 도모하고 그 수하의 사람들을 모두 내쳤다. 이로부터 두 사람은 무슨 일이든 서슴지 않았다. 위충현은 먼저 대학사 유일경(劉一燝)을 겨냥하였다. 유일경이 객씨의 축출을 요구하는 상소를 행한 적이 있었기 때문이었다. 이어서 채 반년도 안되는 시간동안에 세 명의 재상 섭향고(葉向高) · 한광(韓爌) · 주국정(朱國禎)을 내쫓았다. 위충현의 득세는 겨우 7년이었지만 이 7년 동안에 그는 갖은 수단으로 자신에게 반하는 사람들을 모조리 제거하였다. 자신에게 붙지 않는 사람들을 예외 없이 "동림당(東林黨)"으로 지목하였다. 그는 성지를 날조하여 "동림당 사람들 명단(東林黨人榜)"을 발표했는데, 위로는 섭향고 · 고헌성(顧憲成) · 조남성(趙南星) · 고반룡(高攀龍)을 우두머리로 하는 309명이 있었다.

위충현은 사례감 병필태감의 자격으로 동창을 관장하였다. 동창의 특무원들은 사방으로 다니며 제멋대로 굴었다. 이승은(李承恩)은 영안(永安) 대장공주(大長公主)의 아들이다. 집안에 보관되어있던 공주가 이승은에게 준 물건 하나가 특무원들에게 탐지되었고, 위충현은 이승은이 어용의 기물을 훔친 것이라고 모함하여 사형에 처하였다. 중서(中書) 오회현(吳懷賢)은 양달(楊漣)이 위충현을 탄핵한 상소문을 읽고 높은 평가를 내린 적이 있는데, 오회현의 가노가 이 일을 위충현에게 고발하였고, 위충현은 즉각 사람을 보내 오회현을 때려죽이고 그의 가산을 몰수하였다. 이처럼 백성들이 영문도 모른 채 위충현에게서 화를 당하는 경우는 아주 흔한 일이 되었다. 그래서인지 화를 당해도 친척이나 친구들이 나서서 구해낼 엄두를 내지 못했다. 심지어 면회 한 번 하는 것조차도 화를 부를까봐 두려워하였다. 고대장(顧大章)이라는 사람은 위충현의 모함을 받아 옥에 갇히게 되었는데, 그런데도 친척이나 친구 중에 면회 오는 사람이 한 사람도 없는 것을 보고는 한스러운 마음에 ≪길을 가다 옛 사람의 마을 어귀를 지나치며(道經故人里門)≫라는 시를 한 수 지었다. "함거의 먼지가 밤 수레의 끌채를 따르고, 가는 길에 지기라고는 환관들뿐이라오. 다정함을 좋아하는 듯 오늘 밤 달빛도, 이별하는 그대를 나무 사이로 비춘다오.(檻車塵逐夜車轅, 一路知交盡掩門. 猶喜多情今夜月, 斜窺樹隙照離尊.)" 인정이 시들해지면 옛 사람의 뜻을 알고 있는 밝은 달만도 못한 법이다.

위충현은 모함된 자들에게 혹형을 가했다. ≪명사 · 위충현전≫에 "민간에서 불평하다 위충현에게 걸리면 그 즉시 처형되었다. 심지어 피부가 벗기거나 혀가 잘리고 죽음을 당한 사람이 셀 수 없을 만큼 많았다.(民間偶語, 或觸忠賢, 輒被離僇, 甚至剝皮刲舌, 所殺不可勝數.)"라는 기록이 있다. 이런 실례가 하나 있다. 다섯 사람이 여관에서 술을 마시다 갑자기 한 사람이 위충현의 못된 짓을 말하며 곧 끝장날 것이라고 하였다. 다른 네 사람은 말대꾸도 못하고 그 친구에게 말조심하라고 충고하였다. 이 친구는 "위충현이 제 마음대로 한다고 해서 꼭 내 가죽을 벗길 수 있는 것도 아닌데 뭐가 두려운가?"라고 하였다. 이날 한밤중에 누군가 문을 밀치고 들어오더니 말하던 사람을 잡아갔다. 후에 또 네 명이 잡혀갔는데, 체포되어갔던 친구의 손과 발이 문틀에 못 박혀있는 것을 보았다. 위충현이 네 명에게 "이 놈이 가죽을 벗길 수 없다고 했으니 지금 시험해보겠다"라고 하고는 바로 역청(瀝青)[8]을 그 친구에게 뿌려 굳힌 다음 망치로 두드리니 온몸의 가죽이 벗겨졌다. 위충현이 동창을 맡았을 때 범인에게 무게가 300근이나 되는 목에 씌우는 칼을 사용했는데 씌우기만 하면 몇 일 안 가 죽었다. 그렇게 칼을 쓰고 죽은 자만도 6, 70명이나 되었다.

좌부도어사(左副都御史) 양달은 위충현의 온갖 악행들을 목도하고는 도저히 참을 수 없어 결국 다음과 같은 위충현의 24가지 죄상을 탄핵하게 된다. 과도하게 왕명을 빙자하여 사람들을 체포한 일, 문건에 대해 내부에서 마음대로 비준한 일, 선대의 정치적 요체를 파괴한 것, 고명대신들을 잘라낸 것, 후 · 비 · 귀인 등 왕실친족들을 박해한 것, 창(廠)과 위(衛)를 이용하여 개

8) 동식물의 기름을 건류한 흑색의 유기물질로 방부제와 방루제로 쓰이는데 물건의 겉이나 틈새에 바르며, 일명 '피치'라고도 한다 - 옮긴이.

인적인 분기를 쏟아내어 자신에게 반대하는 사람들을 박해하고 내조(內操)를 만들어 비빈들이 거처하는 궁액(宮掖)에 해를 가한 것, 사원에 참배를 나갈 때 통행을 통제하고 길을 청소하게 하여 마치 어가가 나가는 것처럼 한 것……그러나 위충현에 의해 염탐을 당해 황제 앞에 먼저 고발될 줄이야 누가 생각이나 했겠는가? 양달은 아침 조정에서 본래 탄핵의 주문을 올리려고 하였다. 그러나 조정 대신들은 함부로 상주하지 말라는 성지가 내려왔다. 대신들은 격분하였고 조정의 조회가 파한 후에 분분히 상주할 문장을 준비하였다. 급사중 위대중(魏大中) · 어사 유업(劉業) · 태상경(太常卿) 호세상(胡世賞) · 무녕후(撫寧侯) 주국필(朱國弼) 등이 계속하여 백여 통의 소를 올려 위충현을 탄핵하였다. 희종이 이를 묵살해버리자 공부낭중(工部郎中) 만경(萬爆)이 상소하여 "조정의 안과 밖에서 위충현만을 알고 폐하를 모르니 어찌 좌우를 머물게 할 수 있겠습니까?(內廷外朝, 只知忠賢, 不知陛下, 豈可尙留左右?)"라고 하였다. 위충현은 소문을 읽고 나서 환관들에게 명하여 만경을 잡아다 100대의 장을 치게 하였고, 만경은 몇 일 후에 죽고 말았다.

위충현과 간당들은 패를 지어 온 천하에 나쁜 짓을 하고 돌아다녔다. 위충현은 뇌물이나 탐하는 간신 최정수(崔呈秀)를 어사로 기용하였다. 최정수는 은덕에 감사하는 뜻에서 ≪동지록(同志錄)≫을 만들고, 다른 당인들은 ≪점장록(點將錄)≫에 기록하여 충직한 대신 조남성(趙南星) · 고반룡(高攀龍) · 양련(楊漣) · 좌광두(左光斗) 등의 사람들을 모두 동림당 사람으로 취급하여 옥에다 가두고 학대하였다. 기록에 의하면 그들은 매일 매를 맞았는데, "매를 맞은 이들은 모두 허벅지의 살이 다 썩었고(受杖諸君子, 股肉俱腐)", "팔에는 피가 흘러 떨어지고 죽은 사람처럼 바닥에 엎어졌다(臂血流離, 伏地若死人)"고 한다. 좌광두는 "땅바닥에 눕듯이 담에 기대어 앉았는데, 이마는 타서 문드러져 알아보기 힘들고 왼쪽 무릎 아래는 힘줄과 뼈가 다 드러나 있었다.(則席地倚牆而坐, 面額焦爛不可辨, 左膝以下, 筋骨盡脫矣.)" [고공섭(顧公燮) ≪청하한기(淸夏閑記)≫] 일반 백성들의 경우는 옥에 갇혀 비참하게 죽어간 자들이 얼마나 되는지조차 모른다.

위충현 일당들은 대신이나 백성을 박해하는 것은 물론 후비들에게도 박해를 가하였다. 희종의 황후 장씨(張氏)는 천성이 엄격하고 분명했던지라 객씨와 위충현의 독재정치를 깊이 증오하였다. 일찍이 ≪사기 · 조고전(趙高傳)≫을 읽고 나서 여러 차례 황제의 면전에서 객씨와 위충현의 잘못을 언급하는 동시에 객씨를 불러다 법에 의거하여 처단하려고 하였다. 객씨와 위충현은 그녀를 매우 증오하게 되었고 결국 황후 장씨를 장국기(張國紀)의 딸이 아니라 도둑의 딸이라고 모함하였다. 후에 황후 정씨가 임신을 하자 객씨와 위충현은 곤녕궁(坤寧宮)의 궁인을 매수하여 손으로 허리를 안마하는 기회를 틈타 황후의 복중 태아를 유산시키도록 하였다. 이리하여 희종은 후사가 없게 되었다. 광종(光宗)의 선시(選侍)[9]였던 조씨(趙氏)는 광종의 생전에

---

9) 선발되어 궁중에 들어갔지만 이름을 책봉 받지 못한 시녀 - 옮긴이.

는 책봉되지 못했다. 그녀는 객씨와 위충현의 행위를 못마땅해 하였고, 객씨와 위충현도 심히 그녀를 증오한 나머지 결국 성지를 날조하여 그녀에게 자진하도록 하였다. 선시 조씨는 죽기 전에 지난 날 광종이 하사한 물품을 책상 위에 늘여놓고 서쪽의 불상에 절을 하고 나서 자살하였다. 또 희종의 비 장씨(張氏)는 성격이 강직한 탓에 말하는 도중에 객씨와 위충현의 심기를 건드리게 되었다. 그들은 그녀에게 정부가 있다고 모함하여 그녀를 냉궁(冷宮)에 가두고 음식을 주지 않았다. 하늘에서 비가 내리자 유비(裕妃)는 기어나가 처마에서 떨어지는 빗물을 마시다 죽었다. 후비들은 모두 위험이 닥친 것을 알아챘는데, 어떤 후비는 은밀히 박해받을 준비를 하였다. 과연 얼마 안 있어 이성비(李成妃)가 객씨와 위충현을 건드리게 되었다. 위충현은 또 그녀를 냉궁에 유폐시키고 음식을 끊었다. 하지만 이성비는 미리 건량을 처마와 기와 사이에 숨겨놓았기 때문에 보름 동안을 갇혀 있었지만 굶어죽지 않았다. 풀려난 뒤에는 궁인으로 강등되었다.

이와 동시에 위충현은 제멋대로 작당하여 사리사욕을 채웠다. 내각대신 고병겸(顧秉謙)은 본래 예부상서를 맡고 있었는데, 위충현에게 빌붙으면서 3년 후에 재상이 되었다. 그는 "위충현을 잘못 받들었다면 노예처럼 되었을 것(曲奉忠賢, 若奴役然)"이라고 하였다. 《삼조야기(三朝野記)》의 기록에 의하면 "고병겸은 제 자식을 이끌고 머리를 조아리며 환관을 영접하며 말하기를 '본래 삼가 슬하에 의지하고 싶었지만 이 늙은이를 좋아하시지 않을까 봐서 이 때문에 어린 아이를 손자로 여겨주셨으면 하는 것입니다'라고 하자 환관이 고개를 끄덕였다. 당시에 그의 아들은 아직 젖비린내가 날 만큼 어렸는데도 그에게 상보사의 승 자리를 주었다.(秉謙率其子叩首逆閹曰: '本欲拜依膝下, 恐不喜此白須兒, 故令稚子認孫.' 璫頷之. 時其子方乳臭, 卽授之以尙寶丞.)"라고 하였다. 또 풍전(馮銓)이라는 자는 젊지만 경망스러운 용양군(龍陽君)[10] 식의 인물(동성연애자)이었다. 위충현이 탁주(涿州)로 참배를 떠날 때 풍전은 길가에 무릎을 꿇고 영접하며 음식과 숙박에 세심한 주의를 기울였다. 아울러 자신의 아비가 동림당에게 "모함"을 당했다고 울며불며 하소연하였다. 위충현은 그의 아첨과 정성에 만족하여 그를 끌어주어 재상의 자리에까지 오르게 하였다. 풍전은 또 위충현을 위해 은밀하게 대규모의 옥사를 일으켜 충신들을 모해하였다. 특히 그 6부9경(六部九卿)의 총독(總督)과 순무(巡撫)는 수치도 모른 채 위충현을 아버지니 할아버지니 라고 부르면서 스스로를 수양 아들이라고 자처하였다. 그 가운데 가장 유명한 것은 5호(五虎) · 5표(五彪) · 10구(十狗) · 10아(十孩兒) · 40손(四十孫) 등이 있었다. 5호는 최정수(崔呈秀)가 우두머리였는데, 먼저 공부우시랑(工部右侍郞)이 되었다가 후에 병부상서 겸 좌도어사로 옮겼다. 그는 "드나드는 기세가 하도 성대해서 조야를 기울게 할 정도였다.(出入烜赫, 勢傾

---

10) 전국시대 위왕(魏王)의 행신(幸臣)인 용양군이 남색으로 총애를 받아 얻어진 별칭 - 옮긴이.

朝野.)" 이부상서 주응추(周應秋)는 10구의 우두머리로 위충현에게 온갖 아첨을 다했다. 위충현의 악행이 드러난 후에도 여전히 위충현의 다리를 붙잡고 울면서 "아들은 어떻게 살란 말입니까?"라고 할 정도였다. 10아 중 비열하고 수치를 모르는 자는 병과(兵科)급사중 이노생(李魯生)과 제학(提學)어사 이번(李藩)이었다. 이 두 사람은 위광미(魏廣微) · 풍전 · 최정수를 잇달아 섬기다가 마지막에는 위충현의 수양아들이 되었다고 해서 사람들은 "네 명을 주인으로 섬긴 노예(四姓奴)"라고 불렀다. 위충현은 항상 칙령을 내어 일을 처리했는데, 이노생은 그에게 영합하여 상소하기를 "환관을 장악하고 있는 이도 천자이시고, 환관을 사용하는 이도 천자이십니다. 천자의 명령이 환관으로부터 나오지 않는다면 누구에게서 나오겠습니까?(執中者帝 · 用中者王, 旨不從中出而誰出?)"라고 하여 온 조정을 놀라게 하였다.

이 악당들은 자진해서 수양아들과 수양손자가 되고 나서 위충현을 위하여 생사당(生祠堂)을 건립하였다. 절강성의 순무인 반여정(潘汝禎)이 먼저 "동창의 위충현은 근면한 마음으로 나라를 다스리고 백성들을 구휼하는 것을 근심하고 있습니다. ……끝없이 덕을 쌓아왔기에 사당을 건립하여 복을 빌 수 있도록 해 주시기를 공동으로 요청합니다.(東廠魏忠賢, 心勤體國, 念切恤民. ……戴德無窮, 公請建祠, 用致祝釐等因.)"라고 상소하였다. 황제는 뜻밖에도 비준해주고 게다가 영원한 은혜라는 의미의 "영은(永恩)"이라는 이름까지 하사하였다. 이로부터 천하가 나쁜 줄 알면서도 흉내를 내어 건축한 생사당이 남경의 효릉위(孝陵

衛) · 선부(宣府)의 대동(大同) · 산서의 오대산(五臺山) · 노구교(盧溝橋)· 창평(昌平) · 통주(通州) · 산동의 봉래각(蓬萊閣) · 천진(天津) · 개봉(開封) · 호광(湖廣) 등의 지역에까지 두루 퍼졌는데, 그 중 봉강대리(封疆大吏) 염명태(閻明泰)라는 자는 혼자서 계료(薊遼)에 사당 7곳을 건축하기도 하였다. 사당을 짓는 것 외에도 방(坊; 절)의 건설을 주청하였다. 이러한 사당과 절간에 숭덕(崇德) · 보공(報功) · 축은(祝恩) · 광은(廣恩) 등과 같은 이름을 하사하였다. 이런 사당과 절간들을 짓기 위해서는 수많은 백성들의 노역과 재산을 낭비하게 되어 "사당 하나를 짓는데 드는 비용이 많게는 수십 만 금, 적게는 수만 금이어서 백성들의 재물을 착취하고 공금을 횡령하며 벌목해 가는 것은 이루 헤아릴 수 없을 정도였다.(一祠之費, 多者數十萬, 少者數萬, 剝民財, 侵公帑, 伐樹木無算.)"(≪명사 · 염명태전≫)

위충현의 위세는 안팎에서 아첨하며 떠받드는 자들을 직접 대면하면서 갈수록 등등해졌다. 스스로를 상공(上公)에 봉하고, 조카 위량경(魏良卿)을 영국공(寧國公)에, 위량동(魏良棟)을 안동후(安東侯)에, 겨우 두 살밖에 안된 조카손자 위붕익(魏鵬翼)을 안평백(安平伯)에 봉하였다. 황제에 대한 호칭에 대해서도 위충현은 과거에 황제를 "완쉐이예(萬歲爺)[11]", 스스로를 "누삐(奴婢)[12]"라고 하던 것을 "폐하(陛下)"로, 스스로를 "신(臣)"이라고 고쳐 호칭하며 조정의 신하들이 황제에게 하는 것처럼 행세하였

11) 신하와 백성들이 황제를 부르던 말 - 옮긴이.
12) 환관이 황제나 왕비 앞에서 자신을 낮추어 부르는 말 - 옮긴이.

다. 그러나 다른 환관들은 위충현을 쥬첸쉐이(九千歲)라고 불렀고, 지방관리들 중에는 "다섯 번 절하고 세 번 머리를 조아리는 예를 행하며, 구천구백세라고 부르는(行五拜三叩頭禮, 呼九千九百歲)" 자들도 있었다. 그리고 그가 유력할 때면 그 의장이 황제와 같아서 황제의 근위대인 금의위 · 음식과 숙박을 담당하는 주전(廚傳) · 광대들인 우령(優伶) · 갖가지 기예를 하는 백희(百戲)들은 물론 하인들까지 수도 없이 많은 인원이 뒤를 따랐다. 지나가는 곳마다 사대부들은 길옆에 엎드려 절을 하며 "쥬첸쉐이(九千歲)"를 연호하였다. ……

위충현이 마음대로 권세를 부릴 수 있었던 이유 중 하나는 희종에 대한 객씨의 영향을 이용한 것이고, 다른 하나는 희종이 목공예나 칠공예 같은 취미에 빠져있는 것을 이용한 것이다. 주유교가 작은 작업실을 열고 실을 당기거나 선을 그리거나 할 때면 그는 얼른 달려가 상주하였고, 희종은 아주 귀찮아하며 "짐은 이미 알고 있는 일이니 너희들이 알아서 하라!(朕已悉矣, 汝輩好爲之!)"는 말을 되풀이하였다. 또 황제를 광대나 가무기생들과 난잡하게 뒤섞여 놀도록 유인하거나, 온종일 개를 풀어놓고 말을 타게 하거나, 사냥을 다니도록 하거나 해서 황제로 하여금 다른 것은 돌아볼 겨를도 없도록 하였다. 그래서 조정 대신들의 상소문에 대해 처결하는 권한은 모두 위충현에게 맡겨졌고, 위충현은 이 권력을 이용하여 하고 싶은 모든 것을 하게 된다.

천계(天啓) 7년(1627) 8월에 희종이 죽고 그 아우 주유검(朱由

檢), 즉 숭정(崇禎)이 즉위하였다. 숭정은 위충현과 객씨가 권력을 전횡하는 일을 예전부터 보아왔기 때문에 위충현도 불안한 나날을 보내고 있었다. 이때 가흥(嘉興)의 공생(貢生)[13]인 전가정(錢嘉征)이란 사람이 상소하여 위충현이 선제인 희종과 나란한 듯이 행세하며 황후를 위협한 죄, 임금을 무시한 죄, 뇌물을 받는 죄 등의 10대 죄상을 탄핵하였다. 11월에 숭정은 위충현을 봉양(鳳陽)으로 귀양보내어 정군(淨軍)을 맡도록 하였다. 위충현은 봉양으로 떠나면서도 여전히 위세 등등하게 많은 수행원들을 대동하였다. 숭정은 이 사실을 전해듣자 즉각 금의위를 보내 위충현을 잡아오도록 하였다. 위충현의 충복인 이영정(李永貞)이 이 소식을 접하자 즉각 사람을 파견하여 비밀리에 위충현에게 알렸다. 위충현은 자신의 죄업이 무거워 살아남기 어렵다는 것을 알고 도중에 목을 매어 죽었다. 후에 분시효수(分尸梟首)를 당하였고, 객씨는 채찍에 맞아 죽었다. 그들의 시신은 정락당(淨樂堂)에서 화장되어 뿌려졌다.

안득해(安得海)는 직예남피(直隸南皮; 지금의 하북성 남피) 사람이다. 그는 동향인 중에 태감이 되어 입신출세한 사람을 보고는 스스로 거세하고 궁궐로 들어가 태감이 되었다. 함풍(咸豐) 10년(1860)에 영국과 프랑스의 연합군이 북경을 함락하고 원명원(圓明園)을 불태우자 함풍 황제는 후비들을 데리고 열하(熱河)의 피서산장(避暑山莊)으로 도망쳤다. 이때 안득해가 바로 이 수행

---

13) 제1차 과거 시험에 합격한 사람 - 옮긴이.

안득해(安得海)와 자희태후(慈禧太后)

대열에 끼어있었다. 이듬해 함풍제가 피서산장에서 병사할 때 숙순(肅順) 등 8명을 "고명대신"으로 삼고 "모든 정무를 돕도록 하라!(贊襄一切政務!)"라고 유언하였다. 어린 황제의 생모인 나랍씨(那拉氏), 즉 자희태후(慈禧太后)는 대권이 남의 손에 들어가는 것을 달가워하지 않아 함풍 황제의 이복동생인 공친왕(恭親王)과 연합하여 정치권력을 탈취하였다. 황태후의 일거일동은 숙순 등의 감시 아래 있었기 때문에 황태후가 공친왕과 연락을 취하기 위해서는 안득해를 통해 비밀리에 서울로 편지를 보낼 수밖에 없었다. 안득해는 이 공로가 인정되어 총관대태감(總管大太監)이라는 자리에 오르게 된다. 그는 온갖 수단을 동원해 조직을 양성하는 동시에 조정의 신하들과도 널리 교류하였다. 마침내 그의 권력은 조야를 기울게 할 정도에 이른다.

동치(同治) 황제는 열 살이 되면서 이미 사리를 판단할 줄 알았던지 안득해를 아주 싫어하게 된다. 한번은 안득해가 은밀하게 자신을 감시하고 있다는 것을 눈치채고는 화를 내며 "안득해! 모후께서 널 총애하고 계신다고 여기지 말라! 내 언젠가 널 죽여버릴 것이다!"라고 하였다. 안득해는 자희의 총애를 믿고 여전히 함부로 나쁜 짓을 자행하였다. 청나라 궁궐의 문서기록에 의하면, 동치 7년(1868)에 저수궁(儲秀宮) 8품 관직의 태감 안득해는 포상으로 7품의 정대 모자를 쓰게 되었고, 두 달 후에 또 6품 정대인 남령(藍翎) 태감으로 승차했다고 한다.

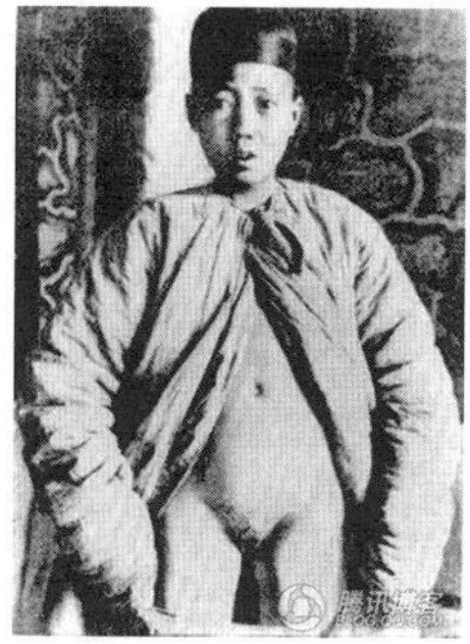

청대(淸代)의 태감(太監)

동치 8년(1869) 7월 초에 안득해는 궁내의 태감 진옥상(陳玉祥) · 이평안(李平安) · 이득희(李得喜) 등의 사람들을 불러 황명을 받들어 소주(蘇州)로 가서 용포(龍袍)를 사들이라 선포하고 그들에게 수행하도록 요구하였다. 별도로 시중을 들 몇 명의 여자 · 여동생 · 질녀 등을 데려갔다. 또 5명의 경호원을 고용하여 수 척의 배를 이끌고 운하를 따라 내려갔다. 배의 양측에는 용봉기(龍鳳旗)를 꽂고, 객실 쪽에는 "황명으로 용포를 구입하러 가는 대신(奉旨欽差采辦龍袍)"이라고 쓴 큰 깃발을 꽂았다. 선상에는 여자 악사들을 두고서 날마다 주연을 벌이고 음악을 연주하게 하였다. 7월 20일에 안득해는 덕주(德州)의 경내로 들어가 그 지방의 관원들을 놀라게 하였다. 지주(知州)인 조신(趙新)은 사람을 보내 사정을 알아보도록 하였다. 돌아와 보고하기를 7월 21일이 안득해의 생일이었는데, 그가 배 위에 용포를 늘여놓으니 수행원들이 용포를 마주하고서 그에게 생일 축하인사를 하더라고 하였다. 조신은 지체 없이 즉각 산동의 순무인 정보정(丁寶楨)에게 보고하였다. 정보정은 곧장 상주하기를 "……우리 왕조의 열성조들께서 이백여 년을 이어오는 동안 지금까지 환관들이 외부인사들과 교제하는 것을 허락한 적이 없었고 또한 태감을 각성에 파견했던 일도 없었습니다. ……용과 봉이 그려진 깃발은 어용으로 사사로운 사용은 금지된 물품입니다. 태감이 궁정에서 천자를 호종하고 심부름을 한다면 스스로 예법을 알아야 하거늘 어찌 감히 법도를 어겨가며 함부로 사용할 수 있습니까? 그들이 파견업무를 수행하러 가면서 여자 악사들을 데리고 가는 것은 더욱 격식에 맞지 않는 것입니다.(我朝列聖相承二百餘年, 從不準宦官與外人交接亦未有差派太監赴各省之事. ……龍鳳旗幟系太監在內廷供使, 自知禮法, 何敢違制妄用. 至其出差携帶女樂, 尤屬不成體制.)"(≪정문성공주고(丁文誠公奏稿)≫)라고 하였다. 상주문은 즉각 서울로 전해져 칙명을 주청하게 되었다. 정보정은 칙명을 주청하는 한편, 신속하게 태안(泰安)의 지현(知縣) 하육복(何毓福)을 독촉하여 안득해를 비롯한 일행 68명을 잡아들여 즉시 제남(濟南)으로 압송하도록 하였다. 순무 정보정이 직접 심문하여 안득해의 몸에서 지방의 공무를 간섭하는 두 장의 종이를 찾아내었고, 옷상자 속에서는 용포 한 벌과 비취목걸이(翡翠朝珠)[14] 한 줄을 발견하였다. 이것이 바로 그의 죄를 입증하는 물증이었다.

정보정의 주문이 올라간 후에 동치 황제는 공친왕(恭親王)·내무부(內務府) 대신을 불러 상의했더니 모두들 "선조들께서는

14) 청나라 때 고급 관원들이 목에 걸고 다니던 목걸이 - 옮긴이.

내감을 두되 도성의 문을 나갈 수 없도록 했고, 이를 범한 자는 죽어도 사면해 주지 않았습니다. 마땅히 즉석에서 처형하여 이로써 선조의 제도를 따라야 할 것입니다.(祖制內監不得出都門, 犯者死無赦, 當就地正法, 以遵祖制.)"라고 하였다. 8월 3일에 황태후의 동의를 거쳐 군기대신이 황제(당시에 나이가 겨우 14세였음) 명의로 하달할 밀지를 입안하였다. "……수행하는 자들로 하여금 증거를 가지고 실체를 확실히 하고, 심문할 필요도 없이 즉석에서 법대로 처리해서 교활하게 꾸며대는 짓을 못하도록 해야 할 것이다.(……令隨從人等指證確實, 無庸審訊, 卽行就地正法, 不準任其狡飾.)" (≪상유당(上諭檔)≫) 정보정이 600여 리를 달려온 조서를 받았을 때 안득해는 이미 참형에 처해지고 난 뒤였다.

이연영(李蓮英)은 직예(直隸; 지금의 하북성) 대성현(大城縣) 사람으로 어려서부터 집안이 가난하여 밀매를 하다 감옥에 들어가게 되었다. 후에 신발을 깁는 업으로 바꾸자 사람들은 "가죽쟁이 리(皮硝李)"라고 불렀다. 함풍(咸豊) 6년(1856)에 동향인 환관 심옥란(沈玉蘭)이 천거하여 궁에 들어가게 되었고, 자희(慈禧)태후의 저수궁(儲秀宮)에 배치되어 전달하는 임무를 수행하는 회사태감(回事太監)에 임명되었다. 그는 기회를 엿보아 처신하는 데에 뛰어나고 손발이 부

이연영(李蓮英)

지런해서 주인의 환심을 얻을 수 있었다. 동치 3년(1864)에 장춘궁(長春宮)의 자희태후에게 전보되어 어전에 파견되는 역할을 맡았다. 그는 안득해가 처형된 사건을 교훈으로 삼아 매사에 조심하며 "공경하는 마음으로 윗사람을 섬기고, 관용으로 아랫사람을 대하였다.(事上以敬, 接下以寬.)"(≪이연영묘지명(李蓮英墓志銘)≫) 동치 11년(1872)에 그는 뜻을 이루게되는데, 6품의 화령(花翎)[15]에 임명되었고 녹봉은 8량 5전의 양곡이었다. 동치 13년(1874), 즉 그가 궁에 들어온 지 17년이 되는 시기로, 저수궁(儲秀宮)에서 문서를 관리하는 우두머리인 장안수령대태감(掌案首領大太監)으로 승진하였다. 그러나 다른 사람의 경우는 입궁하여 30년을 복직했을 때 그것도 큰 과오가 없어야 겨우 수령태감이 되는 정도였다. 동년 자희태후는 또 4품의 정대화령을 이연영에게 내렸고, 연말에 또 담비 모피 윗도리와 담비가죽 마고자를 상으로 내렸다. 이후 20여 년 동안에 그는 단번에 2품 정대화령으로 승진하여 월봉이 48량이나 되었다. 자희태후의 총애가 나날이 더해가면서 저절로 조야의 불안을 야기하게 되었는데, 광

자희태후(慈禧太后)

15) 황족 또는 고관들에게 하사한 모자 뒤에 드리우는 공작의 깃 - 옮긴이.

서(光緖) 12년(1886)부터 조정에서 세 차례에 걸쳐 이연영을 규탄하는 소동이 일어났다. 첫째는 천진(天津)에서 해군을 순시할 때였다. 이홍장(李鴻章) 혼자서 북양(北洋)해군의 설립을 계획하고 광서 12년에 대신을 파견하여 검열해 줄 것을 주청하였다. 자희태후는 이연영을 파견하여 순친왕(醇親王) 혁현(奕譞)과 이홍장을 따라 천진으로 가서 검열하게 했는데, 이 일은 감찰어사 주일신(朱一新)의 간언을 불러 일으켰다. "우리 조정의 법률에는 환관들을 엄격하게 통제하였습니다. ……금년 여름에 해군을 순시하는 역할을 맡은 태감 이연영이 천진으로 갈 때, 가는 길이 떠들썩하여 사람들이 다 놀랐습니다……그러나 종실지친이 군의 의전을 순시해야 하건만, 전과자 무리들이 그 속에 뒤섞여 있으니 장차 어떻게 군대를 힐문하고 그 체제를 존중할 수 있겠습니까?(我朝家法, 嚴馭宦寺. ……乃今夏巡閱海軍之役, 太監李蓮英隨至天津, 道路譁傳, 士庶駭謂……然宗藩至戚閱軍大典, 而令刑余之輩厠乎其間, 將何以詰戎兵而崇體制?)"(≪청사고(淸史稿) · 우재수성예방환사유폐절(遇災修省預防宦寺流弊折)≫) 자희태후는 두 차례나 이연영을 변호하는 조령을 내렸다. 2년 후에 강소(江蘇)의 학정(學政) 왕선겸(王先謙)은 이연영이 과시한 죄를 조목조목 따지고 징계해 줄 것을 요청하였다. "환관들의 근심은 예부터 분명하였습니다…… 총관태감 이연영 같은 자는 천성이 간사해서 방자하고 거리끼는 것이 없습니다. 그는 평소에도 더러운 소문과 못된 행적으로 가득 차서 이런저런 상소문으로 감히 다 드러낼 수가 없습니다.(宦寺之患, 自古爲昭. ……乃有總管太監李蓮英, 秉性奸

回, 肆無忌憚: 其平日穢聲劣迹, 不敢形諸奏牘.)" (≪청사고≫) 상소문의 언사가 격렬하기는 했으나 실제로 아무런 물증이 없었다. 그 당시에 자희태후는 조정 내외의 압력에 쫓기어 이미 정치에서 손을 떼도록 강요받고 있었기 때문에 왕선겸과 따질 겨를이 없었다.

광서 20년(1894)에 중국은 갑오(甲午)전쟁, 즉 청일전쟁(淸日戰爭)에서 패하면서 영토할양과 손해배상 및 국권상실을 의미하는 ≪시모노세키 조약(馬關條約)≫을 체결하게 되자 전국의 여론이 들끓었고 수많은 대신들이 나서서 나라를 망친 조정의 정책을 질책하였다. 감히 자희태후를 직접적으로 비판할 사람이 없었기 때문에 그 창 끝은 이홍장과 이연영을 향하였다. 예를 들어 이연영이 뇌물을 받고서 국권을 상실시키고 국위를 실추시킨 북양군(北洋軍)의 장수들을 비호한 일을 질책했는데, 그 가운데 "강화는 황태후에게서 나왔지만 이연영이 실제로 좌우했다"는 등의 말이 돌았던 것도 그 한 예다.

이연영은 아주 원만한 성격을 가지고 있어 누구에게나 곱게 보였던 것 같은데 아래의 한 사례가 이를 잘 말해준다. 경자의 난(庚子之亂)[16] 후에 태후가 돌아오는 길에 하북성의 관청 보정(保定)에 잠시 머무르게 된다. 자희태후의 침전을 화려하게 준비하고 이연영도 그 곳에서 묵었다. 태후가 잠든 후에 이연영

---

16) 청말에 중국 북방의 인민들이 제국주의 침략에 반대하여 자발적으로 조직한 단체인 의화단(義和團)이 1900년(庚子)에 8국의 연합군이 중국을 침략했을 때 항거했던 사변 - 옮긴이.

은 광서제(光緒帝)를 살피러 나갔다가 잠을 이루지 못하는 황제를 보고 물었다. "폐하께서 어이하여 아직 주무시지 않으십니까?" 광서제가 "이 안을 좀 보거라! 날더러 어떻게 자라는 것이야?"라고 하였다. 이연영이 살펴보니 딱딱한 이불과 방석 그리고 등받이용 베개 외에는 아무것도 없었다. 게다가 그 당시는 한 겨울이었다. 이연영은 황제의 다리를 붙들고 대성통곡을 하며 "소인을 죽여주십시오!"라고 하고는 밖으로 뛰쳐나가 이불을 안고 돌아와 광서제가 편히 자도록 자리를 폈다. 광서제가 서울로 돌아온 후 이연영의 장점을 얘기할 때마다 "만약에 이 엄태(俺答; 만주어로 유모)가 없었다면 내가 지금까지 살아올 수 없었다"라고 하였다.

광서 34년(1908)에 자희태후의 장례를 치르고 난 후 이연영은 "퇴직(退休)"을 청하였다. 융유(隆裕)태후는 그가 궁중에서 오랫동안 일해온 것을 고맙게 생각하여 "원래의 품계로 은퇴해도(原品休致)" 월봉 60량의 돈에 해당하는 곡식을 받도록 허락하였다. 2년 후에 그는 집안에서 병사하였다. 융유태후는 은 1,000량을 하사하고 서울의 서쪽 은제장(恩濟莊)에 있는 태감들의 영지(塋地)에 묻히도록 해주었다.

소덕장(小德張)

소덕장(小德張)은 직예(直隸; 지금의 하북성) 정해현(靜海縣) 여관둔(呂官屯) 사람으로 원래 이름이 장상재(張祥齋)였다.

어려서 가정형편이 어려웠는데, 주인 아들에게 꾸중을 듣고 홧김에 스스로 거세하고 16세에 입궁하여 환관이 되었다. 때는 바야흐로 이연영이 총관대태감으로 있던 시기로, 소덕장은 이연영이 자희태후의 머리를 빗겨주는 일로 총애를 받고, 또 기예를 익혀 자희태후의 환심을 샀다는 소리를 들었다. 그는 자희태후가 희극, 특히 잡솨희(雜耍戲)[17] 구경을 좋아한다는 것을 알고는 희극을 배우기로 결심하였다. 상당 기간 고된 훈련을 거쳐 무대 위에 오를 수 있게 되었고, 마침내 자희태후의 주의를 끄는 데에 성공하여 궁중 희극반의 총 감독으로 승진하였다. 이연영과 자신의 관계가 곤란하게 되는 것을 꺼려 갖은 힘을 다해 이연영에게 아첨하였다. 얼마안가 자희태후의 신변으로 전보되어 팔보(八寶; 붓·종이·먹·벼루·옥도장·인주·향)를 관리하게 되었고, 의복과 장식품 관리도 겸하여 상의총관(尙衣總管)이라는 직함을 받았다. 광서 27년(1901)에 어전선방장안(御前膳房掌案)으로 승진하여 3품 정대를 받았다.

광서 26년(1900)에 영국 · 미국 · 프랑스 등 8개국 연합군이 북경으로 쳐들어왔을 때, 자희태후와 광서제는 황급히 산서성으로 도망쳤다. 가는 길에 굶주림과 추위에 떠는데 공교롭게도 큰비까지 만나 길이 온통 진흙탕으로 변해 나아가기조차 힘들었다. 소덕장이 자희태후를 엎고 진창을 벗어나자 자희태후는

17) 큰 거리나 대중 연예장 따위에서 하는 가무·요술·성대 모사·만담 등의 잡기를 말함 - 옮긴이.

"내가 낳은 아들이 이처럼 효성스럽다면 얼마나 좋을꼬!"라며 탄식하였다.

소덕장은 자희태후의 비위를 맞추면서 동시에 광서제에게도 "충심"을 드러내 보였다. 광서제가 자희태후에 의해 영대(瀛臺)에 연금되었을 때, 소덕장의 배려 덕택에 융유태후의 환심을 얻을 수 있었다. 광서 34년(1908)에 광서제와 자희태후가 잇달아 죽으면서 이연영의 권세는 상실되지만 소덕장은 융유태후의 비호 아래 오히려 총관대태감으로 승진하여 이연영을 대신하고 2품 정대 화령을 받게 된다. 이때부터 그는 손안에 든 권세를 배경으로 뇌물을 탐하며 매관매직을 일삼았고, 심지어 국보를 훔쳐내어 팔아치우기도 하였다. 융유태후의 지지 아래 그는 토목 공사를 크게 일으키고 궁중의 가구를 교체하면서 뇌물을 받아 챙겼다. ≪청궁유문(淸宮遺聞)≫이라는 책의 기록에 의하면 궁중에 불상과 종을 없앤 몇몇 자리가 있었는데, 소덕장은 융유태후에게 수리를 종용하여 국고에서 200여 만원이나 정산하였고, 융유태후가 푸른색 가마로 교체하는데 교체 비용으로 70여 만원을 정산했다고 한다. 그는 또 공개적으로 자신의 사저를 건축하고 처첩을 두는 등 생활이 극도로 사치스러웠다.

선조의 유훈에 따라 청나라의 태감들도 정치적으로 야심을 품을 수 없었지만 그러나 그는 각계의 인사들과 널리 교류할 수 있었다. "복벽(復辟; 복위)"을 기도했던 "변수(辮帥; 장군)" 장훈(張勳)이 바로 그의 막역한 친구였다. 그는 또 수많은 청 왕실의 왕공대신은 물론 민국정부의 요원들과도 결탁하였다. 소덕장은 각종의 관계를 통해 재물을 긁어모아 서울의 교외와 고향 청해에다 전답을 사두었고, 또 북경에다 개인저택과 전당포를 두었다. 1913년에 융유태후가 세상을 떠나자 소덕장은 대세가 기울어진 것을 간파하고 천진(天津)의 조계지(租界地)로 숨어들었다. 그는 그곳에서 12동의 건물을 소유하고서 4명의 처첩에다 수많은 하인들까지 두고서 중국 전체가 공산화 된 이후까지 살았다.

# 처량한 만년과 비참한 말로

환관은 중국에서 2천년의 역사를 지니고 있고 그 수도 수십 만이나 되었다. 환관이라는 이 무리 속에는 소수이기는 하나 공훈을 세우거나 성과를 낸 사람도 있고, 총애를 받아 권력을 농단하거나 나라를 망친 사람도 있다. 전자의 경우는 자연스럽게 역사책에 기록되어 그 이름을 천고에 남기게 되고, 나쁜 짓을 일삼았던 그런 환관들은 대부분 제 명을 다하지 못하고 쫓겨나거나 목이 잘리거나 가산이 몰수되거나 하였다. 수많은 중하층의 환관들은 궁중에서 노역에 시달리다가 늙게 되면 출궁당하여 비참하게 여생을 보내었다. 그들의 출신은 빈천한 데다 어릴 때 거세를 당했기 때문에 후손이 없었다. 입궁한 후에는 궁핍한 생활 속에 과도한 노역으로 시달렸을 뿐만 아니라 신체적 자유도 없었으며, 약간의 잘못이라도 있으면 매를 맞거나 수감되어 형벌을 받고 궁궐에서 쫓겨났다. 심지어는 머리가 잘리거나 멸문을 당하기까지 하였다. ≪만력야획편보유≫의 기록에 다음과 같은 내용이 보인다.

> 명대 내관에 대한 형벌은 일반적으로 모두 법에 의해 처리하였다. 명 후기에는 봉어라는 관직으로 낮추어 사택에서 한가로이 지내게 하였다……또 봉어로 낮추어진 자는 남경의 신방으로 보내어 한가로이 지내게 하였으며, 혹은 봉양의 조릉으로 보내어져 제사를 주관하게 하였다. 그 중 형벌이 무거운 자는 소화로 강등되어 남경의 효릉으로 보내져 향 사르는 일을 맡도록 하였다……형벌이 더욱 무거운 자는 강등되어 내시로 구성된 군대인 정군에 편입되어 남경 효릉을 지키며 농사를 짓도록 하였다. 형벌이 더욱 무거운 자는 손을 죄는 형틀에 채우고 백 대의 매를 쳐 남해로 보내어졌고, 다시 매를 맞아 죽게 되니 열 명 중 한 명도 살아남지 못하였다.
> (明代內官之罰, 一般俱下法司. 明後期, 降作奉御私宅閑住.……又降奉御者, 發南京新房閑住, 或往鳳陽祖陵司香; 其重者降作小火者, 發去南京孝陵司香……又重者, 降充淨軍, 發去南京孝陵衛種菜; 更甚者, 夾四夾, 拶四拶, 打一百. 發南海子常川打更, 則示意殺之, 十無一存者矣.)”

이곳에서 언급한 자들은 환관수령과 품계가 높은 환관들이고, 일반 환관들의 운명은 알 수도 없었다.

많은 환관들은 앞날이 막막하다고 느껴 도망치거나 자살하는 사람이 적지는 않았다. 하지만 더 많은 사람들은 궁중에서 무기한 복무하며 고통스런 세월을 보냈다. 환관 유약우(劉若愚)가 쓴 ≪음주 속에 품은 뜻(酌中志)≫에 다음과 같은 일을 기록하고 있다. 장릉신궁감첨사(長陵神宮監僉事) 포충(鮑忠)은 "많이 배우고 글을 잘 썼지만(多學善書)" 재학은 발휘될 기회를 얻지 못하였다. 그는 매일처럼 바위에 앉아 나뭇잎을 주워 쓸 시를 그 위에 적었다. "맑은 바람 불어오면 계곡으로 날려가듯 스스로 즐거워하며(淸風徐起, 飄揚山谷, 以自娛樂)", "팔십을 넘어 구십을 바라볼 때까지(逾八望九)" 살았다. 왕고(王翶)가 쓴 ≪새장에 갇힌 참새(詠籠雀)≫라는 시가 궁성 안에서 오랜 세월 시달리는 환관의 비참한 정서를 잘 말해주고 있다.

曾入皇家大網羅,　일찍이 왕실이라는 큰 그물에 걸려서,
樊籠久困奈愁何.　새장에 갇힌 것 같은 이 수심 어찌하랴.
徒于禁苑隨花柳,　금원 속의 꽃과 버드나무를 따라 날 뿐,
無復郊原伴黍禾.　교외 들판의 곡식으론 돌아갈 수 없어라.
秋暮每驚歸夢遠,　가을 저녁이면 놀란 듯 꿈속에서 돌아가고,
春深空送好音多.　깊은 봄이면 아름다운 소리 헛되이 보내네.
聖恩未遂銜環報,　성은은 아직도 다 갚지도 못하였거늘,
羽翮年來漸折磨.　깃털은 근년 들어 점점 시들고 있어라.

이런 환관들의 평생 복역은 나이 들어 노쇠한 뒤에야 끝이 난다. 그들은 입궁하면 오랫동안 집안사람들과 거의 연락이 끊

어지고 자식 또한 없어 만일에 벌어 놓은 돈이라도 없다면 만년은 그야말로 처량하고 고독할 수밖에 없다.

태감의 만년 생활에 관한 기록 중에 청대의 사료는 많지만 다른 조대에는 흔치않다. 청나라 초기의 규정에 따르면 태감이 퇴직하거나 병으로 물러나면 백성으로 돌아가도록 하였다. 일반적으로 고향으로 돌아가려고 하면 그 지방 관부의 인표(印票)를 발급 받아야 살 수 있었다. 그들은 정착한 후 세상 사람들의 경시를 받았고, 친척이나 친구들도 그들과 왕래하려들지 않았다. 사람들은 종종 그들을 비난하였고, 집안사람들도 부끄럽게 여겨 심지어 그들을 받아들이는 것조차 원치 않았으며, 죽은 후에도 조상의 무덤에 매장될 수 없었다. 이런 사람들은 집이 있어도 돌아가기 어려웠고, 친척이 있다한들 아는 척하기 힘들었다. 게다가 돈이 없다면 만년은 참으로 견뎌내기 어렵다. 어떤 사람은 버틸 수 없어 서울로 돌아와 살길을 모색하였고, 어떤 사람은 유랑하다 도적이 되거나 거지가 되었으며 어떤 사람은 남자 기생이 되기도 하였다. 상술한 상황에 의하면, 옹정(雍正) 4년(1726)에 황제는 조칙에서 "짐이 오늘 총관 등이 상주한 병든 태감들에 관한 보고서를 읽었는데, 그 중에 단성이라는 아이는 겨우 아홉 살이라고 하니 심히 불쌍하게 생각되었다.……(朕覽今日總管等所奏殘疾久病爲民太監一事, 其中段成才九歲, 情甚可憫.……)"라고 지적하였다. 나이 든 태감들은 2, 30년 동안이나 고역에 종사하였으니 "지금 비록 나이 들고 병이 들어 궁궐 밖으로 내보내야 한다고는 하나 짐은 차마 볼 수가 없구나……물러나 고향으로 돌아가기를 원하는 자들에게는 짐이 은전을 내릴 것이고, 서울에 머물기를 원하는 자들에게는 서울에 머물도록 할 것이다. 또 태감들이 평소에 가업이 있는지 없는지, 스스로 생존할 수 있는지 없는지, 너희 총관들은 스스로 알아야 할 것이다. 그들 가운데 가업이 있는 자들은 서울에 거주할 것을 들어주고, 가업이 없어 살아갈 수 없는 자들의 경우는 자명종의 은량을 사용하건, 경사방의 은량을 사용하건 사람마다 매월 한 량을 내려 스스로 살아갈 밑천으로 구휼해 주거라!(今雖年老有疾, 遽令外出, 朕實不忍……有愿退出回鄕者, 朕自有恩典; 或愿在京居住者, 卽著在京居. 再: 太監等素曰有家業·自己能存活·不能存活, 爾總管等自必知之. 其有家業者, 聽其在京居住; 如無家業不能度日者, 或用自鳴鐘銀兩, 或用敬事房銀兩, 每人每月賞一兩, 以資養贍!)" (≪국조궁사(國朝宮史)≫)라고 하였다. 이 후로 출궁하여 백성으로 돌아가는 태감에 대하여 금지조항을 완화하고 그들이 경성에 살 수 있도록 허락하였다.

환관들은 평생토록 시중드는 것만을 알 뿐 아무런 재주도 없고, 게다가 출궁 때에는 병들거나 나이가 많아 일할 힘도 없었기 때문에 그들을 서울에 살 수 있도록 허락하지 않는다면 어디로 가서 몸을 의탁할 수 있겠는가? ≪늙은 환관의 회고≫에 의하면 태감들에게는 과가(跨街)라고 하는 최후의 길이 또 하나 있었다고 한다. 즉 노쇠한 태감들은 어느 곳으로 가든 그 곳의 공적인 일은 한가로워 할 일이라곤 없었다. 그리하여 태감은 늙어 병이 들면 총관을 통해 모처로 가서 굶어 죽지 않을 만큼의 양식을 수령할 수 있도록 안배되었다. 훨씬 많은 태감들은 사찰이나 도관에 몸을 의탁하였다. 기록에 의하면 청대 북경성 교외에 이렇게 몸을 기탁한 태감을 공양하는 사찰이나 도관이 20여 곳이나 있었다고 한다.[1)] 태감의 양로문제를 해결하기 위하여 태감들은 사찰 안에서 자활조직인 양로의회(養老義會)를 만들었다. 입회는 사람들이 소개해야 했고, 일정한 은량(20량의 은자를 납부해야 했다고 함)을 납부해야 했는데 그러면 목숨이 다할 때까지 공양을 받을 수 있었다. 후에 태감들은 또 은제자선보골회(恩濟慈善保骨會)를 설립하여 곤궁한 태감들을 구제하고, 태감들의 공동묘지를 관리하였다. 또 실직한 태감들을 공양하고 죽은 후에는 장례도 치러주었다. 명대에도 유사한 기록이 있다. 서울 안팎의 사찰 및 동서사반사(東西捨飯寺)에 수십 명의 환관이 있었는데, 나이 들고 병들어 물러난 자들이 이곳에서 살 경우는 땔감과 양식 · 겨울 옷 · 신발 재료만을 공급하여 여생을 마치도록 해주었다고 한다.

어떤 환관은 출궁 후에 의탁할 곳이 없어 살아갈 수 없게 되자 점차 무리를 이루어 강도가 되었다. 예를 들면 ≪만력야획편 · 개엄(丐閹)≫에 "하간과 임구 이북을 지날 때였는데, 무너진 담 중에 내시 수십 명이 숨어있었다. 왕래하는 수레를 만나기만 하면 그들 중 약한 자들이 떼지어 구걸하였고, 강한 자들

1) 이상의 자료는 당익년(唐益年)이 지은 ≪청궁태감(淸宮太監)≫이라는 책을 참조하였다. 요녕(遼寧)대학출판사 1993년 판.

은 순간적으로 말의 고삐를 당겨 말을 멈추게 하고 먹을 것을 찾아내었다. 그 사이에 들판에서는 두 세 명이 말을 타고 한 줄로 움직이면서 고삐를 당겨 안장에서 내려 말의 목을 누르거나 말의 밑을 잡고서 배와 허리 부분의 모든 물건을 빼앗았다. ……(自河間、任丘以北, 敗垣中隱閹豎數十輩, 但遇往來輿馬, 其稍弱者, 則群聚乞錢; 其强者, 輒勒馬銜索犒; 間有曠野中二三騎單行, 則曳之下鞍, 或扼其喉, 或握其陰, 盡括腹腰間所有.……)"라는 기록이 있다.

환관은 일찍부터 집안사람들과 연락을 끊었고, 설사 집안이 있다고 해도 의지하기 어려웠기 때문에 죽은 후에 선영에 묻힐 수도 없었다. 그렇다면 그들은 죽은 후에 어디에 묻혔을까? 기록에 의하면 명대는 자금성(紫禁城) 정북 방향과 내성(內城)의 북안문(北安門) 부근에 안락당(安樂堂)을 설치하고 나이 들어 병이 든 자들을 이곳으로 보내 휴양하게 하였다고 한다. 병으로 사망하게 되면 정락당(淨樂堂)으로 보내어 화장하였다. 정락당 옆에 동서 두 개의 탑이 있고, 탑에는 마른 우물이 있는데 유골을 저장해두는 곳이었다. 청대에는 태감들의 장례를 해결하기 위해서 옹정(雍正) 황제는 1734년에 태감들의 분묘영지를 건설하도록 하고 2만 냥이 넘는 백은(白銀)을 건축경비로 책정토록 명하였다. 영지(塋地)는 지금의 북경 부성문(阜城門) 밖 8리, 별장에서 서쪽으로 2리 떨어진 곳이다. 영지의 면적은 4경 남짓으로 은제장태감공영(恩濟莊太監公塋)이라고 불렀으며, 황제는 참배할 땅 100여 무를 하사하였다. 은제장공영에는 사당도 있어 매년 제사비용으로 은 400량을 내렸고, 태감수령 1명과 무덤을 지키는 사람 4명도 파견하였다. 가경(嘉慶) 연간에 또 백석교(白石橋) 부근의 땅 1경 9무를 하사하고 태감이 지세를 거두도록 했는데, 이는 "많은 태감들이 은제장의 사당에 제사를 올리고, 아울러 태감들이 영지에 필요한 비용을 영원히 충당할 수 있도록 해주기 위해서였다". 민국(民國) 초년에 별장 쪽에 소나무와 잣나무가 3,000여 그루, 비석이 500여 개나 있었다고 전한다. 은제장 영지에 2,700여 명이 묻혔다. 그밖에 서직문(西直門) 밖 조군묘(皂君廟) · 대각사(大覺寺) · 해정(海淀) 일대에도 태감들의 영지가 있었다.

위에서 소개한 것은 일반적인 상황이고, 아래에서는 몇 가지 예를 들어 태감들의 처참하고 굴욕적인 마지막 귀착점을 살펴볼 것이다. 청대의 어전태감 석준봉(石俊峰)은 자희와 융유 두 태후를 모신 적도 있고, 선통(宣統)황제를 모신 적도 있다. 그는 출궁한 후 부동산을 팔아 3,000원을 벌었지만 몇 년 안가 다 털어먹고 어쩔 수 없이 흥륭사(興隆寺)로 들어갔다. 몇 년이 지나도 사람들과 어울릴 수 없게 되자 옛집으로 돌아가고자 하였다. 하지만 기차표를 살 돈도 없고 두 눈마저 거의 실명상태였다. 후에 사찰에 거주하던 가난한 태감들이 몇 푼씩을 갹출하고, 또 작은 장사를 하던 고향 사람이 약간의 돈을 보내와서야 겨우 기차를 타고 고향으로 돌아갔다. 그러나 고향으로 돌아간 후 가난과 병으로 고생하다 얼마 안가 죽었다. 어쨌건 나뭇잎이 떨어져 뿌리로 돌아가듯 고향에서 죽은 셈이 되었다.

정해(靜海)현에서 온 구자진(寇子珍)이라고 하는 태감은 자희태후의 궁궐에서는 "상황을 보고하는 일"을 맡았으며, 융유태후의 궁궐에서는 어제(御製)태감직을 맡은 적도 있어 만청(晩淸) 시기에 출세한 태감이라고 할 수 있다. 그는 고향에 대여섯 무의 땅을 마련하여 집을 짓고 노후를 대비하였다. 나이 들어 출궁해 고향으로 돌아갔지만 살아갈 수 없게 되자 이전에 지어놓았던 다섯 칸짜리 북쪽 정면의 가옥과 동서의 행랑채를 몇 백 원에 팔아 마을 변두리에 네 칸짜리 단층집을 지었다. 후에 홍수가 나서 단층집이 쓸려 가버려 그는 어쩔 수 없이 이웃집 소가(蕭家)의 집에 세 들어 살다 병들어 죽고 말았다. 관이 나갈 즈음 소가는 태감의 관이 정문으로 나가는 것은 자기 집의 "풍수"에 나쁘다고 하며 담을 헐고 관을 내어가라고 하였다. 환관이 되면 살아서도 굴욕을 당하고 죽어서도 경멸을 받아야 했던 것이다!

1994년까지만 해도 생존했던 유일한 태감 손요정이라는 사람이 자신에게 진택천(陳澤川)이라고 하는 스승이 있었다고 하였다. 이 스승이라는 사람이 만년에 굉은관(宏恩觀)에 기거하고 있었는데, 한번은 실수로 넘어져 엉덩이뼈가 부러져 자리를 보존하게 되자 어쩔 수 없이 손요정에게 편지를 보내 자신을 보살펴달라고 했다 한다. 며칠 후에 허약해진 몸을 억지로 지탱하며 손요정에게 말하였다. "내가 너에게 부탁할 일이 하나 있는데……내가 죽고 나면 반드시 고향으로 보내주게나……그리고 내 저 '보물(寶)'도 말이야!" 또 반복해서 중얼거렸다. "잊지 말게……보……보물을 말이야!" 손요정은 그가 죽은 후 저승에서 남자의 몸으로 회복할 수 있도록 “보물”을 관에 넣어주는 것을 잊지 말라는 유언임을 알았다. 그러나 어디를 가야 찾을 수 있을까? 그는 어쩔 수 없이 스승의 물건을 모조리 뒤져야했고, 마침내 기름종이로 싸고 또 싼 “보물”을 찾아내었다. 그제야 노태감으로 하여금 원 없이 떠날 수 있게 해주었다. 그 모습의 처연함은 사람들의 눈물을 흘리게 만들었다!

만년이 꽤 괜찮은 사람도 있다. 그들은 궁중에 있을 때 모아놓은 돈으로 집과 땅을 사고 아내와 자식도 얻어 한 평생 정신적으로 받았던 가지가지의 아픔을 달래었다. 몇 명의 태감을 예로 든다. 신수명(信修明)은 자희 · 융유 · 단강(端康) 등 몇 분 태후의 시중을 들었다. 그는 얼마간의 돈을 들여 400무의 땅을 샀고, 부친의 유언에 따라 모친을 봉양하였으며, 동생에게 아내를 얻어주고, 누이동생을 시집보내주었다. 후에 또 궁에 들어오기 전에 장가들었던 아내를 북경으로 데리고 와 살게 하였다. 자식과 조카들의 공부를 위해서 내무부의 가옥 8곳을 사들이기도 하였다. 민국시기로 접어든 후에도 그는 태감들의 노후와 임종을 위해 동료들과 연락하여 은제자선보골회를 설립하였다.

중년이 되어 출가한 태감 임복전(任福田)의 경우는 궁 안에서 일할 때 경산(景山) 동가(東街)에 세 칸의 북쪽 정면의 가옥을 사들였다. 출궁 후에는 아내를 맞이하여 집에서 한가롭게 지내며 외출도 하지 않고 살았다. 전하는 말에 의하면 한번은 그가 공중 화장실에 갔다가 남들에게 웃음거리가 된 적이 있는데, 그래서 집을 사들이면 자신만이 사용할 화장실을 만들 것이라고 맹세했다고 한다.

물론 수 십 년의 고통을 견디며 돈과 재물을 모은 환관들도 있고, 황제 · 황후 · 태후에게 총애를 받아 비교적 호화롭게 살다가 죽은 후에도 작위를 받은 환관도 있었다. 그러나 그런 사람들은 너무나도 적었다.

## 환관의 죄악을 폭로한 문예작품

2천년 동안에 환관이 생겨나 발전했다가 소멸한 역사를 살펴봤을 때, 그것은 고대 왕조국가의 불필요한 생물이었다는 것을 어렵지 않게 알 수 있다. 이들은 부패세력의 대표였고, 특히 환관의 폐해가 가장 극심했던 동한 · 당 · 명 3대 때는 사회발전에 극도의 해를 끼쳤다. 환관들의 패역무도한 짓은 사회의 동요를 야기하여 민심을 불안하게 만들었다. 강직한 일부 문인들은 자신들의 작품 속에 오랫동안 존재했던 사회현상을 반영하여 환관들의 가지가지의 죄악을 규탄하고 폭로하였다.

당 천보 연간에 설립한 신책군(神策軍)은 당 대종(代宗)에 이르면서 환관이 통솔하는 것으로 바뀌었다. 덕종(德宗) 때는 또

백거이(白居易)

좌우 상(廂)으로 나누고 좌우 호군중위(護軍中尉)를 두었다. 이 군대는 대우도 좋고 세력도 금군(禁軍) 중 최고였다. 신책군은 횡포하게 굴었고 군기는 극도로 문란하였으며, 백성들의 재산을 교묘한 수단이나 힘으로 빼앗아 괴롭히기 일쑤였다. 대시인 백거이(白居易)는 당 후기 환관과 금군의 악행에 대하여 시에다 여러 차례 반영하고 질책하였다. ≪자각산 북촌에 머물며(宿紫閣山北村)≫라는 시 한 수를 보자.

晨游紫閣峰, 아침에 자각봉에 올라 놀다가,
暮宿山下村. 저녁에 산 밑 마을에 유숙했네.
村老見余喜, 촌로가 나를 보고 반가와 하며,
爲余開一尊. 날 위하여 술상을 차려 내었네.
擧杯未及飮, 술잔을 들어 채 마시기도 전에,
暴卒來入門. 난폭한 병졸들 문으로 들이치네.
紫衣挾刀斧, 자색 옷에 칼과 도끼를 들고서,
草草十余人. 행패를 부릴 듯한 십여 명이네.
奪我席上酒, 내 자리의 술을 빼앗아 들고는,
掣我盤中餐. 내 접시의 안주를 가져다 먹네.
主人退后立, 주인은 뒷자리로 물러나 서서,
斂手反如賓. 손님처럼 두 손 모아 잡고 있네.
中庭有奇樹, 뜰 가운데 진기한 나무가 있는데,
種來三十春. 심은 지 삼십 년이 된 것이라네.

主人惜不得，　주인은 아까워하길 그지없건만,
持斧斷其根.　그놈들은 도끼로 밑동을 자르네.
口稱采造家，　관청의 건물을 짓는 관원으로,
身屬神策軍.　소속은 신책군이라고 지껄여대네.
主人愼勿語，　주인은 아무 말도 못하고 섰는데,
中尉正承恩.　중위는 승은을 입은 것이라 하네.

주인과 손님이 연회를 즐기고 있는데 갑자기 악당들이 들이쳐 닥치는 대로 때려 부수었고, 주인은 놀라 움직일 수도 없다. 악당들은 뜰 안의 수십 년 된 아름드리나무 한 그루를 도끼로 찍어내며 황실을 위해 궁실을 지을 목재를 수집하는 사람으로 신책군 소속이라고 으스대었다. 신책군의 환관통솔자가 주인에게 성은을 입었다고 여기라 한 때문에 주인은 말 한마디 할 수도 없었다.

백거이의 또 다른 한 수의 시 ≪숯 파는 노인(賣炭翁)≫에서도 당 헌종(憲宗) 때 환관들이 "궁시(宮市)"를 만들어 공개적으로 백성들의 재물을 약탈하는 상황을 반영하고 있다. 중당(中唐) 이후로 조정에 "궁시"라고 하는 것을 만들고는 황궁에 어떤 물건이 부족하다고 하면 시장에 나가 "구매(買)"했는데, 약간의 돈이나 사용할 수 없는 물건들을 주며 빼앗듯이 구입했는데, 실제로는 공개적으로 약탈한 것이나 다름없었다. 당 덕종 때 이런 상황은 더욱 심해져서 "백망(白望)[1]" 수백 명을 두고서 장

1) 시장에 사람을 보내 이리저리 살펴보고 물건에 원가도 쳐주지 않고

안의 동서 양 시장을 휘젓고 다니며 쓸만한 물건을 보면 "궁시"라고만 말하고 바로 집어가도 물건 주인은 묻는 것조차도 할 수 없었다. ≪숯 파는 노인≫시 속의 숯 파는 노인은 남산에서 나무를 해다 숯을 만들었는데 "얼굴은 먼지와 재를 뒤집어쓰고(滿面塵灰煙火色), 귀밑머리는 다 희어진데다 손은 온통 검댕이(兩鬢蒼蒼十指黑)"가 될 만큼 고생이 심하였다. 밤에 큰 눈이 내렸는데 아침에 노인은 달구지를 끌고 숯을 팔러 성안으로 들어갔다. 몸에 걸친 홑옷에 추위가 뼛속까지 사무친다 해도 좋은 값에 팔 수 없을까봐서 날이 더 춥기를 바랐다. 왜냐하면 "몸에 걸칠 옷과 입에 풀칠할 것(身上衣裳口中食)"을 모두 숯을 팔아 마련할 돈으로 해결해야 했기 때문이었다. 사람도 굶주리고 소도 지쳐 시장 남문 밖 진흙 밭에서 한 숨 돌리는 순간 말을 탄 두 명의 환관이 달려왔다. 그들은 "황명(奉旨)"이라며 소와 달구지를 황궁 쪽으로 끌고 가버린다. 한 겨울의 고생과 온 가족의 의식이 모조리 허사가 될 판인데도 환관들은 몇 자 되지 않는 얇은 비단만을 던져주고는 유유히 사라진다!

작가는 숯 파는 노인의 운명을 통해 당 후기 환관들이 저지르는 횡포와 백성들을 착취하는 죄상을 낱낱이 폭로하였다.

또 ≪고관대작들(輕肥)≫이라는 시에서도 똑같이 "길바닥 휩쓸며 기세등등하고(意氣驕滿路), 먼지 속에 말안장 빛나는데(鞍馬光照塵), 무얼 하는 놈들인가 물었더니(借問何爲者), 사람들은 환

---

그저 가져가는 무리들 - 옮긴이.

관들이라 말하네(人稱是內臣)"라고 규탄하였다. 기름진 말을 타고 득의양양하게 길거리를 달려가는 놈들이 누구냐고 하니 그들을 가리켜 사람들은 득세한 환관들이라고 하였다. 그들은 3품 이상의 문무관원의 복식을 하고서 금군에서 거행하는 연회에 가는 것이었다. 그들은 산해진미를 즐기며 술이야 밥이야 배터지게 먹으며 의기양양해 하였다. 그러나 무거운 세금에다 탐관들의 착취 그리고 가뭄에 허덕이는 백성들에게는 "사람이 사람을 잡아먹는(人食人)" 처참한 상황뿐이었다!

이상 몇 수의 시로부터 당 후기에 황제들은 환관들을 중용하거나 환관이 조정을 간섭하거나 백성들에게 해를 입힌 일단을 살펴볼 수 있었다.

명대는 중국 역사상 환관의 폐해가 가장 극심했던 조대였다. 법을 지키지 않고 제멋대로 행동하거나, 권력을 전횡하여 나라를 어지럽히거나, 잔학무도한 가렴주구를 자행하거나 하는 환관들의 이런 가지가지의 죄악적 행위는 문학 예술가들의 문예창작에 풍부한 소재로 제공되었다. 이 때문에 명대에는 환관을 폭로하고 규탄하는 작품으로 시가뿐만 아니라 소설과 희곡 등 여러 장르의 작품들이 출현하였다.

환관의 악행을 반영하고 있는 명대의 시가는 무척 많다. 예를 들면 하경명(何景明)의 ≪준치(鰣魚)≫라는 시는 명대 황제가 환관을 총애하여 환관들이 권력을 전횡하거나 사치와 향락에 빠져 있는 상황을 폭로하여 "오월의 준치가 벌써 북경에 도착했지만, 여지와 금귤은 조상신에게 진상되지 못했네. 익은 과 일이야 사당에 먼저 바쳐야 했거늘, 신선한 과일을 환관들 집으로 보냈네.(五月鰣魚已至燕, 荔枝盧橘未能先. 賜鮮遍及中璫第, 薦熟應開寢廟筵.)"라고 하였다. 올해의 준치가 여지나 금귤보다 일찍 북경으로 운반되자 황제는 환관을 총애한 나머지 준치를 궁궐 내 환관들의 집에 나누어주었다. 사실 신선한 과일은 먼저 조상신에게 바치는 것이 순서였다. 이 시는 조정 내에서 환관의 높은 지위와 환관에 대한 황제의 총애를 극단적으로 언급하고 있다. 아래에 또 준치가 서울로 운반되는 어려움을 토로하고 있다. 역마는 먼지 속에 달려와 준치의 운송을 독촉하는 명령을 전하였다. 찌는 듯한 날씨라 준치를 운반하는 배는 얼음을 가득 채워 부패를 막아야했다. 준치는 너무도 귀한 것인지라 고관의 집에서나 하사품으로 받을 희망이 있는 것이었다. 앞 구절의 "환관들의 집으로 보내주었다(遍及中璫第)"를 연상해보면 명대의 환관들이 얼마나 사치스러웠는지를 알 수 있다.

명대 만력 연간부터 환관을 광산개발에 대한 감독인 광감(礦監)이나 세금을 거두는 관리인 세사(稅使)로 삼으면서 백성들에 대한 착취는 더욱 가중되었다. 장무순(臧懋循)이 쓴 ≪관문(關河)≫이라는 시는 환관의 권력장악 · 황제의 탐욕 · 정치의 부패 · 민심의 불안정을 질책하고 있다. "관문의 세관 중 절반이 환관들이고, 해마다 거둬들인 돈을 황제에게 가져다 바치네.(關河使者半垂璫, 歲斂金錢入尙方)" 천하 관문의 세관(稅官) 중 절반이 환관이었는데, 그들은 법을 무시하며 뇌물을 챙겼고 갖은 방법으로 백성들을 착취하여 황제에게 가져다 바쳤다. "백년 된 창고엔 부족한 것 없으니, 사해 민심의 불안을 막을 수 있을까?(百年府藏元非乏, 四海人心可重防?)" 오랜 세월 국고에 부족함이 없는데도 착취를 가중시켜 민심이 불안해지고 정치가 문란해져 막을 수 없는 지경이 되어도 두렵지 않다는 것인가? 이 시가 단지 조정에 경고하는 것이라고 한다면 원굉도(袁宏道)의 시 ≪세관의 노래(稅官謠)≫는 절강성 백성들이 환관들의 협박을 견디지 못해 결국 궐기하여 환감(宦監) 손융(孫隆)의 수행원 황건절(黃建節)을 비롯한 몇 명을 때려죽인 용감한 투쟁 상황을 반영한 것이다.

其一

| | |
|---|---|
| 四月水殺麥, | 사월 물난리에 보리 다 죽고, |
| 五月水殺禾, | 오월 물난리에 벼 다 죽어, |
| 茫茫阡陌殫爲河! | 아득했던 논밭 두둑은 강이 되었네! |
| 殺禾殺麥猶自可, | 벼와 보리 다 죽어도 괜찮다 여겼건만, |
| 更有稅官來殺我! | 세관이 득달같이 달려와 날 죽이려 하누나! |

其二

| | |
|---|---|
| 千人奮梃出, | 천 명이 궐기하여 나서니, |
| 萬人夾道看. | 만 명이 길가에서 지켜보네. |
| 斬爾木, | 나무를 자르고, |
| 揭爾竿, | 장대를 쳐들어, |

隨我來, 나를 따라서,
殺稅官! 세관을 죽이자!

其三

稅官來, 세관이 달려오자,
百姓哭. 백성들은 통곡하네.
虎負嵎, 범이 산모롱이에 의지하듯,
猱升木. 원숭이가 나무에 오르듯 설치네.
壯士來, 장사들이 들이치자,
中貴走. 환관들은 달아나네.
十二人, 열두 명 가운데,
三授首. 세 사람은 머리가 잘렸네.
歡樂崇朝夕不及. 환락에 들뜬 조정 저녁이면 망하리.
倏忽頭顱已狼藉, 순식간에 잘린 머리로 어지러운데,
投畀烏鳶烏不食! 까마귀에게 던져줘도 먹지를 않네!

세관들의 횡포를 고발한 ≪세관의 노래≫ 3수는 곤산(昆山) 사람 갈성(葛成)이 이끈 2천여 명의 사람들이 참가한 세관에 맞선 투쟁을 묘사하고 있다. 태감 손융(孫隆)이 강소 및 절강의 세금을 감독하면서 지나치게 세관들을 파견하여 공갈과 협박을 하게되자 연이은 수재로 견딜 수 없었던 백성들은 이판사판이 될 수밖에 없었다. "벼와 보리 다 죽었어도 그래도 괜찮다고 여겼건만, 세관들이 득달같이 달려와 자신들을 죽이려 한(殺禾殺麥猶自可, 更有稅官來殺我!)" 때문이었다. 이리하여 "천 명이 궐기하여(千人奮梃出)" 갈성의 지휘 아래 "나무를 잘라 무기로 삼고, 장대를 들어 깃발로 삼아(斬爾木, 揭爾竿)" 휘두르며 "나를 따라서 세관들을 죽여 버리자!(隨我來, 殺稅官!)"라고 소리치자 수천 명의 사람들이 호응하였고 손융은 기겁을 하고 도망쳤다. 사람들이 손융 수하의 12명의 세관을 잡아 그 중 3명의 머리를 잘랐다. 분노한 사람들은 그들의 시체를 까마귀와 소리개에게 던져주었지만 그것들조차도 먹으려 들지 않았다.

시가(詩歌) 외에도 소령(小令)[2]이 몇 수 더 있는데, 환관이 세도를 부리며 백성들을 못살게 구는 것을 풍자하거나, 환관들이 권력을 농단하며 일세를 좌지우지하지만 반드시 멸망한다는 종말을 비유하거나 하는 내용들이다. 왕반(王磐)의 소령 ≪중려(中呂)·조천자(朝天子)≫를 살펴보자:

> 나팔(喇叭)과 태평소[嗩哪; 즉 쇄눌(嗩吶)]는 가락은 작아도 소리는 크다. 관선의 왕래가 삼실처럼 어지러워도 모두 당신에게 의지하여 성가가 오른 덕이다. 군인이 들으면 군인이 근심하고, 백성이 들으면 백성이 두려워하니, 그곳에서 무엇이 진짜인지 가짜인지 구별될까? 눈에 띄는 대로 이 집을 뒤지고, 저 집을 상하게 하며, 모조리 쓸어 가버렸다.
>
> (喇叭, 嗩哪, 曲兒小, 腔兒大. 官船來往亂如麻, 全仗你擡聲價. 軍聽了軍愁, 民聽了民怕, 那裏去辨什麽眞共假? 眼見的吹翻了這家, 吹傷了那家, 只吹的水淨鵝飛罷!).

---

2) 사(詞)의 형식 중 가장 짧은 것으로 대개 30자 이상 58자 이내로 한 편이 이루어진다 - 옮긴이.

작가는 나팔과 태평소를 환관에 비유하여 그들은 능력은 작은데(曲兒小) 위세는 천하에 떨쳤으며(腔兒大), 환관들이 파견한 관선(官船)의 위세는 너무도 대단해 군대이건 백성들이건 다들 두려워하였고, 누구도 어느 것이 진짜이고 어느 것이 가짜인지 구별할 수 없건만 눈을 부릅뜨고 백성들의 재물을 봤다하면 모조리 훑어 가버린다고 하였다.

그러나 정의로운 작가들은 환관들이 한때 득세할 수는 있겠지만 결국 "빙산이 녹듯이(氷山消融)" 망하고 말 것임을 알고 있었다. 설론도(薛論道)의 소령 ≪중려 · 산파양(山坡羊)≫에서 환관을 "빙산(氷山)"에 비유한 것이 바로 그것이다.

> 높고 큰 기세는 화악을 기울게 하고, 거대한 바람 소리는 길을 가득 채웠네. 서리는 만리에까지 날아가 하늘과 땅을 다 뒤덮었다네. 날씨가 쌀쌀해지자 초목은 시들고, 수많은 별들은 흔들리네. 강호의 선비들은 간담이 찢어질 듯하나, 달빛 아래 낚시나 할 뿐이네. 조야가 다 두려워 떠는 건, 허리를 굽히도록 핍박받은 때문이네. 맹렬한 폭풍처럼 삼동에 네 맘껏 휩쓸겠지만, 너의 교만함은 봄이 오면 사라지고 말게다!
>
> (巍巍乎勢傾華嶽, 赫赫乎風聲載道. 飛霜萬里, 盡把乾坤罩. 凌凌草木雕, 芒芒星斗搖. 江湖裂膽, 罷了嚴光釣. 朝野寒心, 逼彎陶令腰. 狂飆, 三冬任爾飄; 你驕, 一春看爾消!)

환관의 전횡과 포악함이 비록 한 때 뭇 산들을 무너뜨리고 초목을 시들게 하듯 하여 지조 높은 선비들을 두려움에 떨게 하여 은거하도록 하고, 사람들의 굴복을 강요하며, 조야를 전율하게 만들지만 그 권세는 하나의 빙산에 불과해서 봄바람이 불어오기만 하면 일순간에 다 녹아버릴 것이다.

많은 시작(詩作)들이 강남에서 환관들이 한 해 동안 한 짓을 폭로하거나, 유근(劉瑾)이 현명궁(玄明宮)을 건설하면서 끼친 민폐를 비판하거나, 환관이 정치적 권력을 잡고서 군대의 수송경로를 파괴하거나 한 것을 질책하고 있는데, 여기에서 더 이상 장황하게 서술하지는 않겠다.

시가 외에 명말 청초 사이에 환관을 폭로한 적지 않은 희극작품들이 출현했는데, 이암보(李暗甫)의 ≪신전위감마충기(新鐫魏監磨忠記)≫ · 장대(張岱)의 ≪빙산기(氷山記)≫ · 공상임(孔尙任)의 ≪도화선(桃花扇)≫ · 이옥(李玉)의 ≪청충보(淸忠譜)≫ 등과 같은 것들이 바로 그것이다.

≪청나라 충신들의 족보(淸忠譜)≫는 명대 동림당 사람 주순창(周順昌) 등과 소주(蘇州)의 백성들이 환관 위충현 간당들의 박해에 반대했던 실제로 있었던 인물과 사실을 제재로 삼은 시사극(時事劇)이다. 위충현은 득세한 후 도처에 도당들을 긁어모아 생사당(生祠堂)을 짓고 백성들의 재물을 착취하여 자기들과 뜻을 달리 하는 사람들을 제거하였다. 퇴직관원 주순창이 위충현 당인들의 죄악을 통렬하게 비난하다 체포당하자 소주의 백성들이 주순창을 구하기 위해 안패위(顔佩韋)를 비롯한 5인의 지휘 하에 관부를 공격하였다. 이 일로 주순창은 결국 사형에 처해졌고, 안패위 등 5인도 백성들을 구하기 위해 장렬하게 희생되었다. 이것은 현실 정치투쟁을 반영한 대표작으로 후에 ≪5

인의 의로움(五人義)≫이라는 경극(京劇)으로 개편되어 널리 알려졌다. 환관들을 질책하는 노랫말을 살펴보자.

[남루루금(南鏤鏤金)] 위충현과 같은 도적들이 범과 승냥이처럼 동림당을 모함하여 그 뿌리를 자르고, 또 이부의 주순창을 체포하고 충성스럽고 현명한 신하들 해를 입혔네. ……
(嗔魏賊似虎豺, 排陷東林堂, 絶根荄! 又逮周銓部, 忠良遭害. ……)

[전강(前腔)] 초고를 만들어 입에 올린 것은, 간사한 자들을 가리켜 뜰 앞에서 욕을 해대는 것이었다. 차곡차곡 포개듯이 동림당 사람들이 한 말로 뱃속을 가득 채우고, 필사적으로 어진이들의 명성을 얻으려 하였다. ……
(打成草稿在唇牙, 指佞庭前拼罵. 疊成滿腹東林話, 苦掙着正人聲價. ……)

≪도화선(桃花扇)≫이라는 극은 남녀 주인공의 슬픔과 기쁨 그리고 이별과 만남을 통하여 남명(南明)의 흥망으로 연결시켰는데, 그 내용은 위충현 역당의 서자 완대성(阮大鋮)과 마사영(馬士英)을 반대하는 투쟁을 꿰뚫고 있다. 환관의 전횡이 명대의 멸망을 초래했음에도 불구하고 환관의 잔여 세력들은 다시 집권할 시기를 기다렸다. 과연 얼마안가 복왕(福王)이 즉위하자 마사영과 완대성은 권력을 장악한다. 그들은 매관매직하며 백성들의 재산을 착취하는 한편 수하들을 파견하여 동림당과 복사당(復社黨) 사람들을 일망타진하려고 하였다. 극중에 또 환관

무리를 질타하는 몇 단의 단락이 있다:

[천추세(千秋歲)] 위씨 집안의 수양아들이자 또 객씨 집안의 수양아들이라 곳곳이 아들이라는 글자를 피하기 어렵다. 환관의 무리인 최정수(崔呈秀)와 최이경(崔爾耕) 형제는 뜨거운 형제애로 똥을 다투어 맛보고 악창을 함께 빨 정도로 아부하였다. 동림당 속에서는 화살을 쏘아 사람을 죽이고, 서창 속에서는 선을 대어 관계를 맺었으니, 어떻게 사람의 눈을 가리겠는가? 우습구나! 빙산은 녹을 테고 쇠기둥은 넘어지고 말 것을!

(魏家乾, 又是客家乾, 一處處兒字難免. 同氣崔田, 同氣崔田, 熱兄弟糞爭嘗, 癰同吮. 東林裏丢飛箭, 西廠裏牽長線, 怎掩旁人眼. 笑氷山消化, 鐵柱翻掀.)

[월임호(越恁好)] 거세한 아이가 환관이 되면 거세한 아이가 환관이 되면, 그럼 너도 문선왕(공자)에게 절하는 것 허락되리니. 남을 욕보이며 천한 행동을 하고, 학교를 더럽히며, 떳떳하지 못한 무리를 지었다. 황급히 우리 무리를 이끌고 북을 울려 전하며, 완대성을 끝까지 공격하라. 같은 주나 현에 머물지 못하도록 변방으로 몰아내고, 승냥이와 범에게 던져 완전히 쓸모 없는 돼지나 개가 되게 하리라!

(閹兒璫子, 閹兒璫子, 那許你拜文宣. 辱人賤行, 玷庠序, 愧班聯. 急將吾黨鳴鼓傳, 攻之必遠, 屛荒服不與同州縣, 投豺虎只當閑猪犬.)

[옥교지(玉交枝)] 동림당 사람들에 대해 우리 기루의 여인들도 다들 존경하고 귀하게 여긴다오. 환관 양아들의 양아들이 다시 쓰인다면 위씨 집안의 종자를 끊을 수 없으리라!

(東林伯仲, 俺靑樓皆知敬重. 乾兒義子從新用, 絶不了魏家種.)

이런 분노와 배척에는 마사영과 완대성 등 환관들의 잔당에 대해 당시 수많은 사람들의 투쟁이 반영되어 있다.

명대는 소설창작의 전성시대로, 환관의 전횡 · 비열함 · 무치를 반영한 소설이 적지 않다. 그 중에 위충현을 묘사한 것이 제일 많다. 주장조(朱長祚)의 ≪옥경신담(玉鏡新譚)≫은 이름을 ≪역당사략(逆璫事略)≫이라고도 하는데, 바로 위충현의 비열한 행위를 전적으로 기록한 것이다. ≪도올한평(檮杌閑評)≫은 후에 또 이름을 ≪명주연(明珠緣)≫이라고도 했는데, 주로 환관 위충현이 명 희종(熹宗)의 유모 객씨(客氏)와 결탁하여 권력을 전횡하고 나라와 백성들을 재앙에 빠뜨린 추한 역사를 묘사하고 있다. 이 책은 또 창(廠)과 위(衛)에서 특무를 수행했던 환관들이 마구잡이로 사람을 체포하는 것에 항의하는 것과 정직했던 관리 주순창을 구하고자 했던 봉기와 투쟁(앞에서 이미 소개했음)을 기술하고 있다. 만청(晩淸)의 왕무생(王無生)은 ≪중국역대소설사론(中國歷代小說史論)≫에서 ≪도올한평≫과 ≪홍루몽(紅樓夢)≫ · ≪금병매(金瓶梅)≫ · ≪유림외사(儒林外史)≫를 함께 언급하며 "≪금병매≫가 음란함을 묘사하고, ≪홍루몽≫이 사치스러움을 묘사하고, ≪유림외사≫와 ≪도올한평≫이 비열함을 묘사한 것 등등은 모두 대단히 가슴아파하며 종이에 피가 배이 듯이 이루어진 것들(≪金瓶梅≫之寫淫, ≪紅樓夢≫之寫侈, ≪儒林外史≫, ≪檮杌閑評≫之寫卑劣, ……皆深極哀痛、血透紙背而成者也.)"이라고 하였다.

이밖에도 저명한 동노(東魯)의 고광생(古狂生)이 편집한 화본

(話本)소설집 ≪취성석(醉醒石)≫은 명대 중엽 성화(成化) 연간의 환관집단을 두 번씩이나 묘사하고 있다. 그들의 고상한 척하는 추태는 말할 것도 없이 그들이 협박으로 재물을 착취하여 민중의 봉기를 야기한 악행까지 상세하게 기술하고 있다. 이처럼 이 소설집은 환관들의 갖가지 측면을 다 볼 수 있도록 해준다.

물론 환관 자신들이 쓴 작품을 포함하고 있는 문예작품들도 적지 않은데, 환관생활의 외로움과 처량함 그리고 가슴속의 우울함과 답답함을 반영하고 있다. 앞에서 소개한 ≪새장에 갇힌 새를 노래함(詠籠雀)≫이라는 작품이 바로 그것이다. 이 방면의 내용은 소개하지 않겠다.

# 주요 참고서적 목록


1. ≪이십사사(二十四史)≫관련 부분.
2. 유약우(劉若愚) 저: ≪작중지(酌中志)≫, 대만위문도서출판사유한공사(臺灣偉文圖書出版社有限公司), 1976.
3. 진붕(陳鵬): ≪중국혼인사고(中國婚姻史稿)≫, 중화서국(中華書局), 1992.
4. [송(宋)] 원추(袁樞) 저: ≪통감기사본말(通鑑紀事本末)≫, 중화서국, 1979.
5. 정역(丁易); ≪명대특무통치(明代特務統治)≫, 군중출판사(群衆出版社), 1983.

6. 가영화(賈英華): ≪말대태감비문(末代太監秘聞)≫, 지식출판사, 1993.
7. 김역(金易) · 심의령(沈義羚): ≪궁녀담왕록(宮女談往錄)≫, 자금성(紫禁城)출판사, 1992.
8. 뇌이(蕾伊) · 당나희이(唐娜希爾): ≪인류성애사화(人類性愛史話)≫, 중국문련출판공사(中國文聯出版公司), 1988.
9. 서가(徐珂) 편: ≪청패류초(淸稗類鈔)≫관련 부분.

# 옮긴이 후기

흔히 내시라고 불렸던 환관은 궁녀들과 함께 궁중에서 없어서는 안될 중요한 사람들이었다. 황제와 비빈 그리고 수많은 황족들이 궁중에서 이들의 수발을 받지 않고서는 기본적인 생활조차도 힘들었다. 역사 속에서 거대한 발자국을 남긴 이들이야 황제들이겠지만 그들의 발자국 뒤에는 항상 그림자와 같았던 환관들이 존재했었다. 하지만 최고 권력자를 위시한 그 구성원들의 손발이 되어줬던 그들은 대부분 역사에서 그 노고가 칭송되기보다는 늘 한 시대 혹은 한 왕조를 어지럽힌 원흉으로 기록되었을 뿐이었다. 이렇게 된 데에는 아마도 그들이 자신의 남성을 포기한 대가로 생존할 수 있는 길을 얻을 수 있었기 때문일 것이다. 다시 말해서 가혹한 형벌과도 같은 환관의 길에서 얻게된 권력은 당연히 그들의 보상심리와 맞물려 정치적 패륜행위로 나타났다고 할 수 있다.

내가 이들 환관에 관해서 관심을 갖게된 것은 10여 년 전에 중국 난징대학교(南京大學)에서 박사학위과정 당시 논문자료를 수집하며 탐독할 때부터였다. 당대(唐代)의 유명한 문인 원진(元稹)의 연보와 양 당서(唐書)를 보다가 원진이 환관과 다투었던 사건을 발견하였다. 이 사건의 전모를 간략하게 소개하면 이러하다. 원진이 32살 되던 해에 어사대(御史臺) 감찰어사(監察御使)가 되어 한 사건을 처리한 적이 있었다. 그는 이 사건을 종결하고 돌아오는 길에 부수역(敷水驛)이라는 역참(驛站)에 머물게 되었는데, 그 날 군대를 감시하는 감군사(監軍使)로 부임해 가던 환관 구사량(仇士良)과 그의 동료 유사원(劉士元) 등도 공교롭게도 이 역참에 묵게되었다. 그들은 자신들이 왔는데도 인사를 하지 않는다는 이유를 들어 원진에게 시비를 걸고는 채찍으로 원진의 얼굴에 상처를 입혔다. 이 사건은 조정의 관료가 환관에게 모욕을 당한 아주 비상식적인 일이었지만 황제의 총애를 바탕으로 조정을 장악한 환관세력은 조정 관료들을 조종하여 오히려 원진을 외지로 내쫓는 처벌을 내리도록 하였다. 비록 원진의 평생지기 백거이(白居易)를 비롯한 몇 몇 의로운 관료들이 분분히 상소하여 구명하고자 했지만 모두 소용이 없었다.

나는 이 사건의 시말을 보고는 깜짝 놀랐다. 궁궐에서 잡역이나 하는 환관의 신분으로 어떻게 조정의 대신들을 상대로 권력을 휘두를 수 있었는지, 심지어 황제의 옹위와 폐위까지도 좌우할 수 있었는지 그 원인이 무척 알고 싶어졌다. 하지만 유학이라는 그다지 길지 않은 시간에 연구분야에서 한 발 비껴나 있는 주제를 가지고 무작정 시간을 보낼 수는 없는 일이어서 아쉬움만을 간직한 채 후일을 기약할 수밖에 없었다. 그러던 차에 1997년에 출판된 본 역서의 원본을 손에 넣게 되었다. 귀국 후에 역사의 흐름에 따라 환관의 출현부터 소멸까지 전 과정을 개론적으로 소개하고 있는 이 책을 틈틈이 읽었다. 그러던 차에 방송매체에서 조선의 환관 김처선의 일대기를 모티브로 만들어진 사극 <왕의 남자>가 인기리에 방영되는 것을 보고는 일반인들에게 환관에 대해 체계적으로 소개하고 있는 책을 출간하고 싶었다. 그래서 우선적으로 고려했던 책이 바로 이 책이었다. 그 이유는 이 책은 역사서의 기록과 마지막 태감의 기록을 바탕으로 사실적인 서술을 하고 있어 전공자나 일반인들에게도 정확한 정보를 제공할 것으로 보였기 때문이었다.

처음에는 이런 저런 자료들을 바탕으로 써볼까 하다가 나의 글재주로는 감당할 수 없을 것 같아 번역이라도 제대로 해보자 싶어 번역서로 가닥을 잡고 추진하였다. 하지만 이런 학인들의 마음을 다 헤아려줄 세상이 어디 있던가? 역서출판의 욕구는 커져만 가는데 마땅한 지인을 만나지 못해 포기할 까도 생각했었는데 다행스럽게도 이런 번뇌에 한줄기 해결의 빛을 비춰준 분을 만났다. 바로 당대(唐代)의 시불(詩佛)로 불렸던 왕유(王維)의 전체 시가(詩歌)를 완역해내신 울산대학교의 박삼수 교수님이었다. 그 더운 여름방학 때도 연구실에서 연구에 몰두하시던 우직스런 모습은 아직도 내게 깊은 인상으로 남아있다. 천군만 마와도 같은 승낙을 얻고는 바로 중국 출판사와 판권협의를 마치고 작업을 진행하였다. 학기 도중에는 강의나 세미나 등으로 번잡하여 제대로 시간을 집중하지 못했지만 방학동안의 정신적 여유를 투입한 덕분에 큰 무리 없이 지금에 이르렀던 것 같다. 이 역서에서 발견되는 오류는 모두 나의 천학비재함으로 야기된 것인 만큼 모든 책임은 나에게 있을 것이니 강호제현들의 기탄없는 질정을 고대한다.

이 역서가 세상에 나오기까지 큰 관심을 쏟아주신 박삼수 교수님께 다시 한번 감사를 드리고 아울러 어수선한 번역문에 대해 고견을 아끼지 않았던 권용호 박사에게도 감사를 표한다. 끝으로 이 역서가 만들어지는 전 과정에서 애써주신 울산대학교출판사 관계자 분들께도 감사를 드리고 싶다.

2009년 6월

마장골 寓居에서 이상천